U0531012

内蒙古师范大学七十周年校庆学术著作出版基金资助出版

唐代黠戛斯历史研究

王洁 著

图书在版编目(CIP)数据

唐代黠戛斯历史研究/王洁著.—北京：商务印书馆，2022(2023.9 重印)
ISBN 978-7-100-21695-1

Ⅰ.①唐… Ⅱ.①王… Ⅲ.①黠戛斯—民族历史—研究—中国—唐代 Ⅳ.①K289

中国版本图书馆 CIP 数据核字(2022)第 172912 号

权利保留，侵权必究。

唐代黠戛斯历史研究
王洁 著

商 务 印 书 馆 出 版
(北京王府井大街36号 邮政编码100710)
商 务 印 书 馆 发 行
三河市春园印刷有限公司印刷
ISBN 978-7-100-21695-1

2022 年 12 月第 1 版　　开本 880×1230　1/32
2023 年 9 月第 2 次印刷　　印张 9⅝　插页 1

定价：59.00 元

目 录

绪 论 …………………………………………………… 1
  一、黠戛斯历史研究现状 …………………………… 2
  二、黠戛斯相关文献史料 …………………………… 13
  三、唐代黠戛斯历史研究的价值与意义 …………… 18

第一章 黠戛斯族名、族源 …………………………… 21
  第一节 汉文史籍中的黠戛斯族名 ………………… 23
    一、唐代汉译的黠戛斯族名 ……………………… 23
    二、黠戛斯汉译族名的由来 ……………………… 26
  第二节 黠戛斯族源 ………………………………… 29
    一、黠戛斯族源与突厥的关系 …………………… 31
    二、黠戛斯族源与李陵的关系 …………………… 38
    三、黠戛斯族源与铁勒的关系 …………………… 47
    四、黠戛斯族源蠡测 ……………………………… 48

第二章 黠戛斯早期历史 ……………………………… 53
  第一节 汉代坚昆历史 ……………………………… 53

一、史册中的坚昆 …………………………………………… 54
　　二、汉魏南北朝时期坚昆的活动区域 ……………………… 58
　第二节　唐前期的坚昆历史 ………………………………………… 61
　　一、隋唐时期黠戛斯的活动区域 …………………………… 61
　　二、坚昆与北方诸族的关系 ………………………………… 68
　第三节　唐太宗设立坚昆都督府 …………………………………… 74
　　一、坚昆都督府的设立 ……………………………………… 75
　　二、坚昆都督府与唐朝的隶属关系 ………………………… 77
　　三、坚昆都督府对坚昆历史的影响 ………………………… 83

第三章　黠戛斯汗国的历史 …………………………………………… 86
　第一节　黠戛斯与后突厥、漠北回鹘的关系 ……………………… 87
　　一、黠戛斯与后突厥汗国的关系 …………………………… 88
　　二、黠戛斯与漠北回鹘汗国的关系 ………………………… 96
　第二节　黠戛斯汗国的形成 ………………………………………… 100
　　一、见于诸文献记载的形成时间 …………………………… 100
　　二、黠戛斯汗国形成时间考辨 ……………………………… 102

第四章　黠戛斯汗国的政治与军事 …………………………………… 110
　第一节　黠戛斯汗国的社会政治 …………………………………… 110
　　一、黠戛斯汗国的政治 ……………………………………… 111
　　二、黠戛斯的习惯法 ………………………………………… 119
　第二节　黠戛斯汗国的军事 ………………………………………… 121
　　一、黠戛斯军队的数量与构成、装备 ……………………… 121
　　二、黠戛斯军队的职官 ……………………………………… 127
　　三、黠戛斯若干军事史实 …………………………………… 129

第五章 黠戛斯汗国的对外关系 ……………………………… 154
第一节 黠戛斯与北方诸部的关系 ……………………… 154
一、黠戛斯的属部 ……………………………………… 155
二、与黠戛斯关系密切的各部 ………………………… 158
三、与黠戛斯接触的其他各部 ………………………… 162
第二节 黠戛斯汗国与唐朝的关系 ……………………… 165
一、黠戛斯数度遣使求封 ……………………………… 166
二、唐朝迟迟不予黠戛斯封册的原因 ………………… 184
三、唐朝对黠戛斯可汗的册封 ………………………… 193
四、黠戛斯与唐的后续来往 …………………………… 197

第六章 黠戛斯汗国的经济与文化 ……………………………… 200
第一节 黠戛斯汗国的经济 ……………………………… 200
一、畜牧、狩猎与农业 ………………………………… 201
二、采矿冶炼与手工业 ………………………………… 209
三、黠戛斯的商业 ……………………………………… 218
四、黠戛斯的赋税 ……………………………………… 228
第二节 黠戛斯汗国的习俗 ……………………………… 229
一、黠戛斯生活习俗 …………………………………… 230
二、黠戛斯文化习俗 …………………………………… 236

第七章 后黠戛斯历史 …………………………………………… 252
第一节 回归叶尼塞河流域 ……………………………… 253
一、黠戛斯可汗牙帐的南迁 …………………………… 254
二、黠戛斯未汗王蒙古高原的原因 …………………… 257
三、黠戛斯从天山、金山的回归 ……………………… 263

第二节　辖戛斯国王府 ··· 266
　　第三节　大蒙古国的征服 ··· 273

结　论 ··· 279

附　录 ··· 282
参考书目 ··· 286
后　记 ··· 299

绪 论

黠戛斯是唐时期北方民族之一，活跃于剑河（今叶尼塞河）流域，是今新疆境内柯尔克孜族与中亚吉尔吉斯族的先民。西汉时，黠戛斯以"坚昆"之名，初见于汉文史册。历经魏晋，至隋唐时期，黠戛斯与唐朝建立联系。唐文宗开成五年（840），黠戛斯击败统治漠北的回鹘汗国，并迫使回鹘余众西迁，由此对蒙古高原乃至中亚历史产生了重大影响。

黠戛斯历史较为悠久，先后接触过匈奴、丁零、鲜卑、柔然、突厥、漠北回鹘、契丹、蒙古等具有一定历史影响的古代北方民族，同时也受到各民族诸多的影响。公元前3世纪，坚昆与丁零曾被匈奴冒顿单于征服。匈奴分裂以后，南匈奴呼韩邪单于入塞，北匈奴郅支单于西迁并定都坚昆地。匈奴败亡后，坚昆得以摆脱匈奴的控制。其后，鲜卑崛起并占据匈奴故地，坚昆一度被纳入檀石槐鲜卑大联盟的统治范围。公元6世纪，突厥兴起后，木杆可汗向北扩张，将黠戛斯征服。唐太宗贞观二十二年（648），唐朝在黠戛斯设立坚昆都督府。公元8世纪初，黠戛斯形成汗国，被后突厥汗国视为北方强敌。为了反击后突厥的征服，黠戛斯除了联合属部共同作战，还参与了唐朝打击后突厥的军事行动。唐玄宗天宝三载（744），漠北回鹘继突厥之后，成为蒙古高原的霸主。黠戛斯作为回鹘的北方劲敌，曾遭到回鹘的重创。开成五年（840），在与漠北回鹘二十多年的较量后，黠戛斯最终击败了漠北回鹘汗国。由于黠戛斯深入追击西迁、南下的回鹘余众，其势力影响也远至中亚。此后，黠戛斯历史鲜见汉文文献的记载。公元10世纪，由波斯、阿拉伯文献记载可知，黠戛斯仍然是汗国。黠戛斯与辽朝有往来，曾作为"辖戛斯国王府"成为辽朝的属国之一。13世纪时，大蒙古国兴起，黠戛斯（乞尔吉思）分别由两个君主统领，分为乞儿吉思和谦谦州两个地区。成吉思汗先后两次出兵，将他们彻底降服，其后该地纳入蒙元的统治区域。

一、黠戛斯历史研究现状

目前，对黠戛斯的历史研究较为薄弱，仅见数篇专题研究论文发表，另因历史上黠戛斯与突厥、回鹘多有联系，故学界对突厥、回鹘历史研究偶尔也会涉及黠戛斯。因此，相比之下间接的研究成果较为丰富。纵览已经发表的黠戛斯研究相关论著，大致集中在以下几个方面：

（一）突厥碑铭的研究成果

鄂尔浑流域发现的古突厥碑铭中，出现了 Qïrqïz 一名，由此引发了域外学者对其族名来源及其语法意义的解读。法国伯希和（Paul E. Pelliot）、苏联的巴托尔德（В. В. Бартольд）等学者，认为与 Qïrqïz 对应唐代汉文文献中的黠戛斯，并相继提出了"坚昆"一名是其蒙古语的写法、黠戛斯是汉代坚昆的复数写法等观点。由此，引起国内外学者对黠戛斯历史的关注与研究。法国学者路易·巴赞（Louis Bazin）《突厥历法研究》（1991）一书，利用叶尼塞黠戛斯碑铭，主要研究了黠戛斯与突厥历法相关的问题。苏联学者A.伯恩什达姆（А. Н. Бернштам），利用碑铭史料撰写了《6至8世纪鄂尔浑叶尼塞突厥社会经济制度（东突厥汗国和黠戛斯）》，通过对叶尼塞碑铭记载的研究，探究了黠戛斯的社会经济问题。

鄂尔浑的古突厥碑铭显示，Qırqız与后突厥汗国、回鹘汗国的历史密切相关。因此，研究后突厥汗国、漠北回鹘汗国的对外关系问题，就不可避免地涉及与黠戛斯的关系。日本学者岩佐精一郎通过对后突厥碑铭的相关研究，撰写了《突厥毗伽可汗碑文の紀年》（1936）一文，其中就谈及后突厥汗国袭击黠戛斯的问题。法国学者勒内·吉罗（R. Giraud）《东突厥汗国碑铭考释——骨咄禄、默啜和毗伽可汗执政年间（680—734）》，利用后突厥汗国的碑铭，研究了骨咄禄、默啜和毗伽可汗执政年间（680—734）的后突厥汗国的历史，并分析了黠戛斯被后突厥汗国袭击的相关问题。日本学者大泽孝撰写的《イェニセイ河流域の突厥文字銘文石人について—その作成年代を中心に—》（1992）和《8世紀初頭のイェニセイ・キルギズ情勢—バルス・ベグの出自と対東突厥征伐計画をめぐって—》（1996），《イェニヤイ・キルギズの信仰文化に関する歴史民俗学的研究》（2005）等三篇论文，也围绕碑铭的记载探讨了后突厥汗国对黠戛斯袭击问题。

美国东方学会（American Oriental Society）前主席、罗德学院教授张国平（Michael R. Drompp），可谓英语学界研究黠戛斯历史的专家，曾先后发表了两篇关于黠戛斯历史研究的论文。其中一篇题为《鄂尔浑传统的终结：公元840年以后黠戛斯在叶尼塞河区域的活动》(Michael R. Drompp, "Breaking the Orkhon Tradition: Kirghiz Adherence to the Yenisei Region after A. D. 840", *The Journal of the American Oriental Society*, 1999, Vol. 119, no.3. 中译文发表在《内蒙古师范大学学报》2014年第5期)。他利用突厥文碑铭与汉文史料，研究了公元840年以后黠戛斯在叶尼塞河区域的活动。另一篇题为《早期至蒙古统治时期的叶尼塞河黠戛斯》("The Yenisei Kyrgyz from Early Times to the Mongol Conquest")的论文，原文发表于穆拉特·奥卡克主编的《突厥人：早期时代》(*The Turks: Early Ages*, Yeni Turkiye, 2002)，也主要利用汉文史料辅以突厥文碑铭记载，对黠戛斯早期历史做了全面的研究。其专著《中国唐朝与回鹘帝国的崩溃》(*Tang China and the Collapse of the Uighur Empire: A Documentary History*, Brill, 2005)涉及唐代与回鹘汗国以及黠戛斯人的历史研究。

国内学者对鄂尔浑-叶尼塞碑铭的研究，主要是对铭文原文的翻译与考证。王静如先生发表了《突厥文回纥英武威远毗伽可汗碑译释》(1938)一文，是研究突厥碑文的早期成果，极具参考价值。芮传明《古突厥碑铭研究》(1998)和耿世民《古代突厥文碑铭研究》(2005)两部突厥文研究专著，分别将碑铭翻译成汉文。芮传明还利用碑铭记载，考证了黠戛斯与后突厥汗国的关系问题。此外，还有数篇突厥文碑铭的研究论文，其中有李经纬的《突厥如尼文〈苏吉碑〉译释》(1982)一文，《苏吉碑》是黠戛斯唯一具有历史信息的碑铭，对黠戛斯历史研究具有重要意义。林梅村的《九姓回鹘可汗碑研究》(1999)，涉及了漠北回鹘汗国与黠戛斯的关系。与突厥文碑铭相关的语言学研究，有胡振华《柯尔克孜语言文化研究》

(2006)，该书对黠戛斯叶尼塞文献使用的字母、黠戛斯文献语言的特点等作了研究。书中收录了四通叶尼塞黠戛斯的碑铭，是相关历史研究的重要参考资料。

罗权与李鑫鑫合作发表的《叶尼塞河碑铭所见唐代黠戛斯的社会生活》（2021），以叶尼塞突厥文碑铭为中心，对唐代黠戛斯社会、经济、文化状况展开探讨。是近年来黠戛斯研究的力作。

（二）黠戛斯族名、族源及其分布相关研究

国内外学者对黠戛斯历史的研究，最早始于其族名、族源及分布情况。苏联学者巴托尔德撰写的《中亚突厥史十二讲》（1984），讲到中亚突厥及突厥语族各部历史源流，谈到了黠戛斯的族名与族源问题。在该书注释中，作者还列举了几位苏联学者关于黠戛斯族名问题的研究论文。如祖也夫（Зуеб）《坚昆的名称》、彼得罗夫（Петрóб）《关于〈吉尔吉斯〉一名的词源学》、巴斯可夫（Баскв）《关于〈吉尔吉斯〉族名的来源》等未见汉文译文的论文。此外，巴托尔德的《突厥蒙古诸民族史》（2003）一文，也简略述及黠戛斯的族名问题。

加拿大学者蒲立本（E. G. Pullcyblank）发表的《柯尔克孜族称考》（"The Name of the Kirghiz"，1990），通过比照古突厥文族名Qïrqïz，对古代黠戛斯各个历史时期的汉译族称、柯尔克孜族名复原等问题进行了考证，为黠戛斯族名考证的重要成果。

国内早期涉及黠戛斯族名、族源地理位置等问题的文章，有马长寿撰写的《突厥人与突厥汗国》（1957），述及突厥与黠戛斯的关系。岑仲勉先生编纂的《突厥集史》（1958），对黠戛斯相关问题做

了校注与考证。周连宽先生的《丁零的人种和语言及其与漠北诸族的关系》(1987)，谈及黠戛斯的族源及地理位置。

专门以黠戛斯的族名、族源、地理位置为主题的研究论文，见于台湾学者陈庆隆博士的研究，题为《坚昆、黠戛斯与布鲁特》(1975)，该文利用语文学知识论证了黠戛斯在不同时期的三个族名的寓意、语源，包括汉代"坚昆"、唐代"黠戛斯"、清代移居天山的柯尔克孜部落，以及"布鲁特"等称谓。另外，该文还研究了黠戛斯的地理位置的变迁问题。崔明德的《李陵·拓跋氏·黠戛斯》(1995)一文，通过考察李陵及其后代的迁徙，揭示了李陵、拓跋氏和黠戛斯三者的关系，并针对"黠戛斯是李陵后裔"问题，探讨了北方民族的寻根现象，提出了少数民族的寻根现象和认同心态。薛宗正撰写的《黠戛斯的崛兴》(1996)一文，是专门研究黠戛斯早期历史的论文。探讨了黠戛斯的种族组成问题，认为坚昆是"由黄、白两系人种合建之国"，认可坚昆是"李陵苗裔"的说法。但较之族源问题，文章更关注黠戛斯崛起的历史背景、黠戛斯汗国由盛转衰的原因等问题。

黠戛斯作为北方民族之一，还出现于敦煌藏语文献。日本学者森安孝夫研究并发表的《敦煌藏语史料中出现的北方民族——DRU-GU与HOR》(1983)一文，对涉及的各部都做了较严密的考证，其中也讲到黠戛斯的活动区域。唐代汉文文献记载，黠戛斯原驻剑河（今叶尼塞河）。法国学者韩百诗（Louis Hambis）《谦河考》(1999)一文，考证了中世纪的剑河与元代的谦河的位置。

唐开成五年（840），黠戛斯击溃漠北回鹘汗国，并南下唐边、西征远至中亚。故此，波斯人的史料记载，也多少涉及黠戛斯分布的问题。国内有关研究，如周锡娟的文章《从〈世界境域志〉看唐末五代时西域突厥诸部的分布》(1983)一文,就利用了波斯文《世界境域志》的记载,考证了西域突厥诸部的分布。蒋其祥、周锡娟合写的《九至十三世纪初突厥各部的分布与变迁》(1983)一文,也利用《世界境域志》《突厥语大词典》《世界征服者史》和《史集》等四部外文史籍,探讨了9至13世纪突厥各部的分布与变迁,其中涉及黠戛斯西征及其分布问题。

(三)黠戛斯汗国历史的相关研究

目前为止,黠戛斯历史研究的成果,主要集中在黠戛斯汗国时期。研究者关注的多数是这个历史阶段的某些具体问题,因此缺乏较全面系统的研究。如,郭平梁的文章《从坚昆都督府到黠戛斯汗国》(1985),大要叙述了6到9世纪的黠戛斯历史。巴哈提·依加汉发表了《9世纪中叶以后黠戛斯的南下活动》(1991)一文,利用中外文献研究了黠戛斯汗国击溃回鹘后的军事动向。贾丛江的研究成果《黠戛斯南下和北归考辨》(2000),论证了840年以后,黠戛斯依照先西部后东部的战略部署,分阶段经略东部天山地区和漠北高原,以期成为游牧各民族新的宗主的历程。认为公元9世纪60年代初兴的仆固系北庭回鹘(高昌回鹘汗国的前身)将黠戛斯分别从东部天山地区和漠北草原逐回叶尼塞河流域的故土。华涛的论著《西域历史研究(八至十世纪)》(2000),也间接涉及了黠戛斯汗国在天山东部的统治问题。

隋唐时代不仅是我国封建社会的鼎盛时代,也是我国多民族统一获得空前发展的重要阶段。黠戛斯几经曲折终于称雄于蒙古草原,同时,也与中原王朝发生了密切的联系。郑元珑撰写的《隋唐时代黠戛斯部与中原王朝关系初探》（2004）一文，梳理了黠戛斯与唐朝的关系。唐武宗朝时，黠戛斯使者曾几度入唐，宰相李德裕撰写了给黠戛斯可汗的国书，为研究者提供了唐与黠戛斯联系的珍贵史料。中外学界相继发表了多篇相关研究论文，如日本学者中岛琢美以《會昌年間に於けるキルギス使節団の到来に就ついて（一）》（《史游》1983年第10期，第5—16页）为题，探讨了会昌年间，黠戛斯多次派出使者与唐往来问题。美国学者张国平也关注到了这个问题，写作了题为《唐朝与回鹘汗国的崩溃：一部文献史》（Tang China and the Collapse of the Uighur Empire: A Documentary History, Brill, 2005, pp.125-158）的论著，利用李德裕《会昌一品集》收录的唐武宗朝给黠戛斯可汗的文书，剖析了唐朝与黠戛斯的关系。利用唐回复黠戛斯的几份国书史料，齐会君用日文发表了《唐のキルギス宛国書の発給順と撰文過程——ウイグル交替期を中心に》(《東洋學報》第100卷，2018年）一文。文中参考了中岛琢美的研究，围绕唐代国书的撰写先后顺序与撰写过程，探讨唐代国书撰写问题。

2019年，原中国社会科学院历史研究所内陆欧亚学研究中心主办的综合性学术期刊——《欧亚学刊》（新第9辑），为吉尔吉斯（柯尔克孜）历史文化研究专号，收录了近年来的几篇黠戛斯历史研究成果。其中几篇中文论文包括：余太山的《坚昆地望小考——兼说鄄韩即坚昆》，文中据《穆天子传》卷二所见"鄄韩"，考证其应为"坚昆"前身，对坚昆族源提出了新的见解。贾衣肯《唐前期坚昆（结骨）国与唐朝的交往》，详述了坚昆与唐朝的往来。朱萧静题为《黠戛斯"朝贡"考》的论文，主要利用了宋代文献《册府元龟》的记载，细数了黠戛斯与唐朝的贡赐往来并汇聚成表倍增参考价值。李锦绣也利用李德裕的《会昌一品集》，发表了《会昌、大中年间黠戛斯来唐的翻译问题》,但他与中岛琢美、张国平及齐会君等人的研究侧重角度有别,以语言翻译为切入点进行了分析研究。此外,孙昊发表了《10世纪契丹西征及其与辖戛斯人的交通》一文,涉及辽与辽代辖戛斯的关系。青格力的研究《〈蒙古秘史〉第239节与蒙古征服乞儿吉思等森林百姓事件》,探讨了成吉思汗大蒙古国对乞儿吉思的征服历史。白玉冬的研究题为《E68(El-Baji)叶尼塞碑铭译注》,译文有一定的研究意义。贾衣肯对《通典》《唐会要》《太平寰宇记》《新唐书》有关"结骨"(黠戛斯)文献的要注汇成一文,详细介绍了相关文献。此外,李鸣飞的《元代吉利吉思中文史料要注》,介绍了元代的吉利吉思史料。本期《欧亚学刊》还汇集了近年来详尽的黠戛斯相关历史研究索引,对黠戛斯与吉尔吉斯历史研究极具参考意义。

苏联学者胡德雅科夫(Ю. С. Худяков)的论文《连接古丝绸之路和南西伯利亚的商道》("The Commercial Routes Binding 'The Great Silk Road' with Southern Siberia", 1996)一文,收录于联合国教科文组织及中国社会科学院考古研究所编纂的《十世纪前的丝绸之路和东西文化交流》(新世界出版社,1996),作者利用了多语种文字的文献史料,论证了丝绸之路有关的南西伯利亚商业通道。对研究黠戛斯与丝绸之路的问题,具有非常重要的参考价值。

(四)关于元代乞儿吉思的相关研究

元代乞儿吉思相关问题,可参见周清澍先生的《元朝对唐努乌梁海及其周围地区的统治》(1978)、周清澍撰《中国大百科全书·元史》"吉利吉思"条。韩儒林先生的《唐努都波》(1943)、《唐代都波》（1978）、《元代的吉利吉思及其邻近诸部》（1979）等论文，探讨了唐代黠戛斯与其邻部的关系以及元代的吉尔吉思部的历史。周清澍与韩儒林先生的研究成果，是吉利吉思历史研究的里程碑，具有重要意义。乌兰的研究《蒙古征服乞儿吉思史实的几个问题》（1979）一文，厘清了蒙古征服乞儿吉思史实的几个重要问题。那木吉拉的研究论文《〈元史·地理志·西北地附录〉吉里吉思传说考述》（1997），分析了突厥语族等北方民族，存在把数字"四十"当成象征数或吉祥数文化的习俗。王颋《金山以西交通与耶律大石西征路线新证》（2002），考证了耶律大石西迁时，遇阻乞儿乞思事件的真伪，并给予肯定。刘正寅的《〈史集·部族志·乞儿吉思部〉研究》（2013）一文，将波斯原文《史集·部族志·乞儿吉思部》逐句翻译成汉文，纠正了以往版本的多处错误，对研究乞儿吉思历史具有重要的参考价值。

（五）关于今柯尔克孜族的研究

黠戛斯是今柯尔克孜族的远祖，所以，有关柯尔柯孜族的研究不免涉及古代的黠戛斯。《柯尔克孜族简史》（1986）一书，比较全面地简要梳理了从汉代的坚昆到现代的新疆柯尔克孜族的历史。杨富学撰写的《古代柯尔克孜人的宗教信仰》（1997）一文，探讨了古代黠戛斯人的宗教信仰问题。孟楠发表的《古代黠戛斯人"剺面"习俗小考》（2004）及《黠戛斯人剺面习俗研究》（2007）两篇文章，利用13世纪的史料，如柏朗嘉宾的《柏朗嘉宾蒙古行纪》和《鲁布鲁克东行纪》以及《玛纳斯》的相关的记载，得出乞儿吉思人和柯尔克孜人有剺面习俗的结论，进而推论唐代的黠戛斯人也存在剺面的习俗。

此外，杜荣坤、郭平梁合作撰写的《柯尔克孜族的故乡及其西迁》（1982）、郭平梁《十至十八世纪初的乞儿吉思》（1983）、阿斯卡尔·居努斯的《西迁前后柯尔克孜族经济生活的变化》（2003）、张彦平的文章《柯尔克孜图腾文化的内涵及嬗变》（1993）一文，考察了从古至今的柯尔克孜图腾文化。熊坤新、王换芳、梁秀玲合作的《柯尔克孜族伦理思想述评》（2006）等文章。以上论文，从研究现代柯尔克孜人的角度，论及柯尔克孜族的古代历史。

总括来讲，当今学术界对黠戛斯历史，鲜有研究更缺之全面的研究。即使涉及该族的学术研究，也是主要针对某些史料丰富、清晰的具体问题的考证。黠戛斯历史研究整体比较薄弱，需要在总结现有成果的基础上，展开更加系统、深入的研究。

（六）相关学位论文

除了作者的硕博学位论文之外，还有为数不多的涉及黠戛斯研究的学位论文，分别是南京大学巴哈提的博士学位论文《蒙古兴起前金山地区及其周围的突厥语诸部》（1991），涉及黠戛斯的南下与黠戛斯在金山地区的活动。内蒙古大学齐达拉图的硕士学位论文《乃蛮部历史若干问题研究》（2010），认为乃蛮的族源与黠戛斯有关。云南民族大学甘长新的硕士学位论文《贡赐体系下的黠戛斯与唐朝关系》（2012），围绕贡赐体系下唐朝对黠戛斯的羁縻之策，以及唐朝与黠戛斯彼此认同的程度和现实需求展开了探讨。内蒙古大学通拉嘎的硕士学位论文《叶尼塞鲁尼文碑铭译注与相关社会文化初探》（2017），拉丁字母转写并用中文翻译了 50 通叶尼塞鲁尼文碑铭，探讨了碑文所涉及黠戛斯的相关社会文化。

（七）俄罗斯学者的考古研究

目前，作者获悉的还有为数不多的俄罗斯学者的研究论文，也可供参考。如 Ю. С. 胡德雅科夫与 Е. В. 科维切夫两位学者，就分别发表了《论中世纪时代外贝加尔与南西伯利亚的文化联系》（1996）、《东外贝加尔的中世纪焚尸葬墓及其民族文化的阐释》（1996）等文，探讨了黠戛斯文化的影响。Ю. С. 胡德雅科夫还撰写了《萨彦—阿尔泰古代和中世纪游牧民的武器窖藏》（"The Arms Treasures of the Ancient and Medieval Nomads of the Region and Sayan and Altai Mountains", 2015），探讨了所发现的武器窖藏所具有的实际意义。雷巴科夫（N. I. Rybakov）撰写的《8—10世纪叶尼塞吉尔吉斯人的混淆不清的观点肖像学中的事实》（"Syncretic Beliefs of the Yenisei Kyegyz in the 8-10 Centuries: Facts Iconography", 2015）一文，通过对祭祀岩石画像的研究，探究了宗教信仰。索维托娃（O. S. Sovetova）的题为《根据岩画探究米努辛斯克盆地古代居民文化联系》（"Cultures Intercommunication of Minusinsk Basin Population in Antiquity through Rock Art", 2015）一文，根据岩画探究了米努辛斯克盆地古代居民文化联系。

总括来讲，当今学术界对黠戛斯历史的研究，多以间接涉及，鲜有具体研究，更缺乏全面的研究。因此，黠戛斯历史研究需要在总结前人成果的基础上，展开更加系统、深入的研究。

二、黠戛斯相关文献史料

唐代黠戛斯的基本史料，主要是汉文古籍和鲁尼文碑刻铭文。苏联考古学家吉谢列夫所著的《南西伯利亚古代史》（1981），是古代黠戛斯研究的主要考古学参考资料。记录黠戛斯历史的文字史料，汉文文献少且零散，可供参考的鄂尔浑——叶尼塞碑铭古鲁尼文文献，篇幅不多还多有重复。其他不同语言的文献的史料，如波斯文、阿拉伯文的历史地理文献，虽然也有一定的参考价值，但有些记载却不甚明了。这也是史学界对黠戛斯相关史料的共识。

（一）汉文传世史料

"鬲昆"作为唐代黠戛斯最古老的族名，初见于汉代史册。司马迁撰《史记·匈奴列传》，记载了匈奴冒顿单于北服"鬲昆"。东汉班固所撰《汉书》的《匈奴传》《傅常郑甘陈段传》等传，族名始译作"坚昆"，并载匈奴郅支单于曾以"坚昆"为都。陈寿撰写的《三国志·魏书·乌丸鲜卑东夷传》时，引用了鱼豢的《魏略·西戎传》，其中，提到了坚昆的方位。汉代及魏晋以后，文献再无详细记载。

唐以前的汉文文献传世史料，对黠戛斯的历史及其演变均鲜有记载。随着黠戛斯与唐建立联系，史官考其为汉代"坚昆"之后，复再以"坚昆"相称。自此史官对黠戛斯的记载逐渐由略到详。《隋书》和《北史》的《铁勒传》、《周书》和《北史》的《突厥传》等专传，提及了黠戛斯的分布、族源及多种族名称谓，鲜有史实记载。

由于唐以前汉文史籍的记载，较为匮乏且族名译写不一，以至于唐代杜佑编撰《通典》时，竟将黠戛斯的内容分别列为《坚昆》与《结骨国》两目。虽然《通典》对黠戛斯历史的记载也较为简略，但仍堪称最早的黠戛斯专门史。

唐武宗会昌年间，黠戛斯击溃漠北回鹘。此间，唐武宗朝与回鹘、黠戛斯来往的诏、敕等官方文书，均由时任宰相李德裕书写，后收入李德裕的《会昌一品集》。该文集对研究黠戛斯汗国与唐朝的关系，主要涉及唐朝对黠戛斯击溃漠北回鹘汗国的态度、黠戛斯如何得到唐朝册封等问题。因此，唐朝官员文人的文集，也是研究黠戛斯历史的重要参考依据。

后晋刘昫撰写的《旧唐书》，将黠戛斯相关的内容夹杂在回鹘历史中一并叙述，虽内容不多但史实较为详实。宋代欧阳修、宋祁等编写《新唐书》时，其列传中卷二百一十七上为《回鹘传》，卷二百一十七下为回鹘相邻各部的传记，其中《黠戛斯传》的记载，内容较为丰富，因而是研究黠戛斯历史的最基本史料。但《新唐书·黠戛斯传》的前半部，杂合前此的黠戛斯史料，内容多有拼凑、讹误，所以，利用时需仔细辨别。《新唐书·黠戛斯传》后半部分，唐代黠戛斯的记载则比较详实，涵盖了黠戛斯政治、军事及经济方面的重要信息，是黠戛斯历史研究的主要依据。

与《新唐书·黠戛斯传》相佐的同类史料，见于宋人撰写的《资治通鉴》《太平寰宇记》《唐会要》《册府元龟》《唐大诏令集》等文献。司马光《资治通鉴》的《唐纪》武宗朝的史料，补充了《新唐书·黠戛斯传》记载，可与《新唐书》相佐并互补。宋人乐史所撰的《太平寰宇记》也辟有《黠戛斯传》，较之《新唐书·黠戛斯传》也补充了新的史料。王钦若等编纂的史学类书《册府元龟》汇集了黠戛斯与唐往来的史料，亦可补《新唐书·黠戛斯传》。宋人王溥等编纂的《唐会要》、宋敏求等编纂的《唐大诏令集》等文献，可谓是上述所列史籍、唐代诏令等文献的汇编，所以，佐证的作用不容忽视。

辽、金、元时期的黠戛斯史料，《辽史》涉及的内容相对较多，其中将黠戛斯族名译写作"辖戛斯"。作为辽的属国，辖戛斯与辽朝还有使者往来。辽亡时，耶律大石西迁途中还遭遇辖戛斯。因此，《辽史》是了解唐宋以后黠戛斯历史流向的基本史料。此外，《金史》《元史》也有零星记载，参考价值甚微。

明代四夷馆用汉文译写的《蒙古秘史》，称黠戛斯为乞尔吉思，被成吉思汗的大蒙古国所征服。所以，《蒙古秘史》也是研究黠戛斯后续历史的重要史料。此外，《圣武亲征录》也是这一历史时期能相互印证的史料。清代董诰等辑录整理的《全唐文》与宋代宋敏求整理的《唐大诏令集》相佐，亦可作为唐代诏令史料的重要参考资料。

现代学者将匈奴、突厥与回鹘史料，做了系统的疏证并汇编成册，如林幹先生的《匈奴史料汇编》、岑仲勉的《突厥集史》、刘美崧《两唐书回纥传回鹘传疏证》及薛宗正编写的《突厥稀见史料辑成》等。唐代黠戛斯与突厥、回鹘接触较多，因此，这些史料汇编也为黠戛斯研究提供了便利。

（二）古突厥文碑铭

汉文传世史料记载，黠戛斯人与突厥人都使用古突厥文字，因此，古突厥碑铭也是了解黠戛斯历史的第一手资料。

18世纪上半期，叶尼塞河流域发现了古突厥文（又称卢尼文、鲁尼文）碑铭，研究者曾先后整理出版了叶尼塞碑铭文集。如俄国学者马洛夫（S. E. Malov）的《突厥叶尼塞文献》(*Yeniseyskaya pismennost*, 1952）及瓦西里耶夫（D. D. Vasil'ev）整理的《叶尼塞河流域突厥如尼文文献汇编》(*Korpus Tyurkskikh Runicheskikh Pamyat-nikov Basseyna Eniseya*, 1983）等。属于黠戛斯的碑铭遗存，主要有《乌尤克·塔尔拉克碑》《乌尤克·阿尔汗碑》《乌尤克·土兰碑》《苏吉碑》（又名《黠戛斯之子碑》）等。碑文内容多涉及逝者前世的财产，虽鲜有完整史实，但仍是研究其经济以及宗教等问题的重要依据。

1889 年，俄国考古学会东西伯利亚分会以亚德林采夫（N. M. Yadrintsev）为首组成蒙古考古队，在鄂尔浑河流域的和硕柴达木（Koshotsaidam）湖畔，发现了属于 8 世纪初突厥贵族的《阙特勤碑》《毗伽可汗碑》，加之《暾欲谷碑》，为后突厥汗国的"三大碑铭"。此后，还陆续发现了漠北回鹘汗国的《磨延啜碑》《九姓回鹘可汗碑》等碑铭。由于都是使用古突厥文刻画的碑铭，故此，与叶尼塞碑铭连称为鄂尔浑－叶尼塞碑铭。这些碑文记载的内容，都是与黠戛斯有直接接触的突厥、回鹘人所刻写，因此，补充了中文史料的不足，对研究黠戛斯历史具有重要价值。对古突厥鲁尼文碑铭的整理、研究，国外可见苏联学者克利亚什托尔内的成果。作者利用大量突厥鲁尼文碑铭汇编成书的《古代突厥鲁尼文碑铭——中亚细亚史原始文献》，为碑铭文献的检索提供了便利。此外，克利亚什托尔内还发表过《铁尔痕碑》等文，也可作参照。

国内学者胡振华编写的《柯尔克孜语言文化研究》一书，依据瓦西里耶夫《叶尼塞河流域突厥鲁尼文献全集》、马洛夫《突厥叶尼塞文献》、鄂尔浑《古突厥文》等研究成果，翻译了上述黠戛斯碑铭。这些碑铭的记载，涉及黠戛斯的政治、经济、宗教等方面的内容，极具学术研究价值。耿世民编著了《古代突厥文碑铭研究》一书，将上述突厥、回鹘的碑文翻译为中文，为古代黠戛斯研究提供了后突厥与黠戛斯关系方面的重要参考。

（三）其他语种的汉译外文文献

见于其他语种的文献资料，对黠戛斯研究也具有一定的参考价值。黠戛斯作为北方民族之一，记载于敦煌藏经洞发现的藏语文献中。日本学者森安孝夫整理的《敦煌藏语史料中出现的北方民族——DRU-GU 与 HOR》，其中有关于黠戛斯地理分布的史料。苏联瓦·弗·巴托尔德整理的《加尔迪齐著〈记述的装饰〉摘要——中亚学术旅行报告（1893—1894 年）》，讲到了通往黠戛斯的道路。波斯学者志费尼的《世界征服者史》、波斯人拉施特主编的《史集》等波斯文专著，反映了黠戛斯人后裔乞儿吉思人的相关历史。阿拉伯文献也详略不同地提到了黠戛斯，如佚名阿拉伯人撰写的《马卫集论中国、突厥、印度》，记载了公元 10 世纪末至 11 世纪初突厥诸部落向西迁徙的史实，反映了古代中国与中亚诸民族的关系，为研究中古突厥历史尤其是黠戛斯历史，提供了重要参考。此外，伊本·忽尔达兹比赫《道里邦国志》、麻赫默德·喀什噶里著《突厥语大词典》，还有波斯人编纂的《世界境域志》等，这些域外文献作为当事人的听闻或后世人的整理，提供了一些黠戛斯地理分布的信息，可与其他史料互证。这些史料都为黠戛斯研究提供了一定的参考价值。

（四）相关考古学成果

古代黠戛斯处于今南西伯利亚地区，俄罗斯考古工作者通过发掘，出土了许多重要的文物。作为实物史料对研究社会生活、文化习俗与宗教信仰等问题，具有重要的参考价值。

苏联考古学成果集大成的专著，当首推蒙盖特撰写的《苏联考古学》（1963），系统介绍了南西伯利亚的考古学文化传承，其中涉及黠戛斯的考古发现。考古学家吉谢列夫的专著《南西伯利亚古代史》（1981），通过对南西伯利亚的考古发现，记录了该地区的考古资料，对研究黠戛斯的经济和文化，具有非常重要的参考价值。

中蒙考古工作者曾联合考察了蒙古国境内的突厥、回鹘遗址，成果见于塔拉、恩和图布信主编的《蒙古国浩腾特苏木乌布尔哈布其勒三号四方形遗址发掘报告》（2006年）。这一调查成果对我们全面了解回鹘及黠戛斯的历史，同样具有参考意义。

三、唐代黠戛斯历史研究的价值与意义

黠戛斯历史研究，具有极其深远的历史与现实意义。首先，黠戛斯历史跨度较大，汉代始见于汉文史册，至唐代达到鼎盛，曾隶属于唐朝。8世纪他们进军漠北高原，击溃漠北回鹘汗国。10世纪以黠戛斯汗国闻名中亚。直至13世纪，被大蒙古国灭亡。其后裔是今国内的柯尔克孜族与中亚的吉尔吉斯族，至今仍然活跃于新疆柯尔克孜自治州与吉尔吉斯共和国。今俄罗斯的哈卡斯人所居之地，

曾是黠戛斯人聚居之地。黠戛斯历史于他们而言，同样具有重要意义。其次，黠戛斯历史影响深远，公元840年，黠戛斯击败漠北回鹘汗国并致使回鹘西迁，从此黠戛斯声名远播，同时也导致天山地区政治格局的重新构建，因而对中亚历史也产生了重大影响。再次，黠戛斯的历史作用不可低估，黠戛斯汗国终结了突厥语族在蒙古高原的统治，为蒙古语族各部得以西进高原创造了条件，扩大了发展空间，并使其迅速发展，从而推进了高原的蒙古化进程。为蒙古民族共同体的形成，创造了有力的发展空间。

今以汉文文献《新唐书》卷二百一十七下《黠戛斯传》为黠戛斯历史研究的基本史料，参考古突厥文碑铭的记载，结合南西伯利亚考古资料，运用语文学知识，对黠戛斯的族名族源、地理位置及其兴衰流变，黠戛斯汗国的建立、对外关系、政治与军事、经济、文化等方面，加以较为全面的探讨。

在此，本书拟将黠戛斯历史划分为三个主要阶段，之所以如此分期，原因在于汉文古籍中黠戛斯汉译族名的历史演变，与其不同历史时期的发展密切相关。对其历史阶段的划分，便以汉文文献对坚昆、黠戛斯的称谓为分期的依据。黠戛斯族名，始见于《史记·匈奴列传》，司马迁初译作"鬲昆"。班固撰《汉书·匈奴传》又以"隔昆""坚昆"等汉字，表示该族的族名。其后汉文文献，又相继出现了"纥骨""契骨""黠戛斯""辖戛斯""乞儿吉思""古利吉思"等诸多名称。虽然名称不同，汉字译写也存在差异，但这些族名均指代不同时期的黠戛斯，已是学界不争的事实。因此，拟以黠戛斯族名的汉文译写为线索，展开古代黠戛斯的历史研究。

第一阶段，为黠戛斯早期历史（公元前3世纪—公元8世纪初），追溯了黠戛斯远祖的历史。因其初以坚昆族名见于汉文史籍，故暂以公元前3世纪为其历史上限。公元7世纪，始与唐朝有往来。此间，汉文史籍多以汉代的"坚昆"族名相称。唐太宗贞观年间，受唐太宗封为坚昆都督府。

第二阶段，黠戛斯汗国历史时期（公元8世纪中叶—10世纪），汉文文献所见的坚昆之名，沿用至唐开成五年（840）之前。7世纪，古突厥鲁尼文碑铭始见 Qïrqïz 族名（黠戛斯），汉字译写为黠戛斯始于贾耽。8世纪初，黠戛斯被视为后突厥、漠北回鹘的北方强敌。黠戛斯汗国最终击溃了漠北回鹘汗国的牙帐，回鹘余众被迫西迁南下。黠戛斯进军漠北之举，改变了漠北及中亚的统治格局。胜利后的黠戛斯却没有驻足蒙古高原，在短暂的南下西征之后，旋即回归了故地叶尼塞河流域。

第三阶段，为后黠戛斯历史时期（公元11世纪—13世纪），梳理交代了黠戛斯的流向。殆至辽代，黠戛斯汗国成为辽的属国之一，《辽史》载其名为辖戛斯国王府。大蒙古国时期，族名译写作"乞儿吉思"，被成吉思汗所征服。

囿于能力与史料所限，研究尚浅，还请方家不吝指教。

第一章　黠戛斯族名、族源

唐太宗经略漠北，始置坚昆都督府。其后历太宗、高宗、中宗、玄宗等朝，直至乾元年间（758—760），唐代的汉文古籍皆以"坚昆"族名相称。唐德宗朝宰相贾耽，始汉译为"黠戛斯"，被唐武宗朝及其以后各朝所沿用。

黠戛斯相关汉文史料比较匮乏，尤其是关于其族名、族源以及地理位置的史料记载，或语焉不详，或较为零散，展开研究具有一定的难度。研究发现，北方民族族名的汉文译写，往往因为不同时代汉语语音的差异，导致不同的译音。对此，韩儒林、亦邻真、刘迎胜等前辈都撰文发表过自己的看法，并提出相应的译写规范，为我们的研究提供了参照。[①]

国内外学者亦不乏对黠戛斯族名、族源、地理位置等相关问题的研究，尤其是族名的相关研究。[②] 加拿大学者蒲立本，曾发表《柯

[①] 韩儒林：《关于西北民族史中的审音与勘同》，《穹庐集》，河北教育出版社2000年版，第226—232页。刘迎胜：《古代中原与内陆亚洲地区的语言交往》，载王元化主编：《学术集林》卷7，上海远东出版社1996年版，第167—199页。

[②] 陈庆隆：《坚昆、黠戛斯与布鲁特考》，《大陆杂志》第51卷，1975年第5期。崔明德：《李陵·拓跋氏·黠戛斯——兼论汉唐时期北方少数民族的寻根现象和认同心态》，《烟台大学学报》（哲学社会科学版）1995年第1期。薛宗正：《黠戛斯的崛兴》，《民族研究》1996年第1期。蒋其祥、周锡娟：《九至十三世纪初突厥各

尔克孜族称考》一文，将柯尔克孜族各个历史时期的族称，与古突厥文的族名 Qïrqïz 进行对照，从语言学的角度考证了这种变异，并认为搞清这一问题对研究古代突厥语言具有重要意义。[①] 黠戛斯族源问题的研究中，苏联吉谢列夫提出黠戛斯是汉代坚昆与丁零"相混"形成的民族[②]。另外，有的学者在对丁零的研究中，涉及了黠戛斯的族源问题。如王日蔚文《丁零民族考》[③]、周连宽文《丁零的人种和语言及其与漠北诸族的关系》[④]。关于黠戛斯地理位置问题，国外学者的相关研究成果甚微，仅有法国学者韩百诗（Louis Hambis）撰写的《谦河考》、日本学者森安孝夫文《〈敦煌藏语史料中出现的北方民族〉——DRU-GU 与 HOR》等等。[⑤]

在此，参考前人研究成果、对现存汉文史料进行梳理和考证，以探究不同历史时期黠戛斯的族名及地理位置，以及族源等问题。

部的分布与变迁》，《新疆社会科学》1983 年第 4 期。亦邻真：《中国北方民族与蒙古族族源》，《亦邻真蒙古学文集》，内蒙古大学出版社 2001 年版，第 552 页。

① 参见李祥瑞、牛汝极编《阿尔泰学论丛》，新疆出版社出版 1984 年版，第 124—134 页。

② 〔苏联〕C. B. 吉列谢夫：《南西伯利亚古代史》下册，中国社会科学院考古研究所图书资料室编，新疆社会科学院民族研究所 1981 年版，第 118 页。我国也有赞同这一观点的学者，如周连宽《丁零的人种和语言及其与漠北诸族的关系》，林幹：《突厥与回纥历史论文选集》，中华书局 1987 年版，第 76 页。薛宗正：《黠戛斯的崛兴》，《民族研究》，1996 年第 1 期。

③ 原载《史学集刊》，1936 年第 2 期。论文摘要收录于林幹《突厥与回纥历史论文选集》，中华书局 1987 年版。

④ 原载《中山大学学报》，1957 年第 2 期。收录于林幹《突厥与回纥历史论文集》，中华书局 1987 年版。

⑤ 〔法〕韩百诗：《谦河考》，耿昇译，《蒙古学信息》1999 年第 1 期。〔日〕森安孝夫：《〈敦煌藏语史料中出现的北方民族〉——DRU-GU 与 HOE》，陈俊谋译，《西北史地》，1983 年第 2 期。

第一节　汉文史籍中的黠戛斯族名

唐代及至金元，包括黠戛斯族名在内，史籍相继出现了"纥骨""契骨""黠戛斯""辖戛斯""乞儿吉思""吉利吉思"等诸多汉译族名称谓。

一、唐代汉译的黠戛斯族名

前此，已就唐太宗朝的坚昆等族名，构拟还原并明确了其族名是译自原蒙古语的族他称。在此，利用语文学方法对唐代黠戛斯族名的译写，予以辨析、构拟还原。可以肯定黠戛斯汉译族名，应为译自古突厥语的 Qïrqïz 族名，是黠戛斯的族自称。

汉文文献记载北方民族的族名，几乎每个民族都有多种译写形式。究其原因不外两种：一是有些民族自行改名所致，如回纥就曾向唐朝上奏"请易回纥曰回鹘，言捷鸷犹鹘然"①，改族名"回纥"为"回鹘"。其二，就是历代中原史官对同一民族的族名，采用了不同的汉字来表示，以致文献中同一民族出现了多种称谓。黠戛斯族名的汉文译写，则属于后一种。

唐太宗贞观年间，黠戛斯君长初次来朝，此后较长的历史时期内，史官均以坚昆相称。除坚昆族名外，见于《新唐书·黠戛斯传》

---

① ［宋］欧阳修、宋祁：《新唐书》卷217上《回鹘传》，中华书局1975年版，第6124页。

所载的唐代黠戛斯族名，还有"古坚昆国也。……或曰居勿，曰结骨。……故后世得其地者讹为结骨，稍号纥骨，亦曰纥扢斯云"①。这些不同汉字译写的族名，可构拟为还原如下：

（1）居勿［居（九鱼切·见鱼合三），勿（文弗切·明物合三）］，只在《新唐书·黠戛斯传》中出现过一次，可构拟为 * kǐo-mǐwət。此处，"坚昆"被称为"居勿"似乎是方言所致。

（2）结骨［结（古屑切·见屑开四），骨（古忽切·见没合一）］可构拟为 * kiet-kuət。

（3）"坚昆"在唐代仍读作 * kien-kuən。

（4）"纥骨"还是隋时读音，《唐书》作者只是转录而已。

（5）纥扢斯［纥（古核切·见麦开二），扢（古忽切·见没合一），斯（息移切·心支开二）］，大约音值是 * kæk-kuət-sǐe。此种译法已经基本接近突厥语的发音了。

（6）黠戛斯［黠（胡八切·匣黠开二），戛（古黠切·见黠开二），斯（息移切·心支开二）］，在唐代的大致读音就是 *ʀæt-kæt-sǐe，五代时，袭用了唐人的叫法，对该族仍以黠戛斯相称。

从两汉至唐代，黠戛斯族名先后出现的鬲昆、𩳱昆、坚昆、契骨、纥骨、结骨、居勿等不同汉译族名的原因，与音译与方言发音有关。从汉代至唐代，这些族名的发音基本相近，只是表示的汉字不同。以族名的首字为例：

（一）鬲昆、𩳱昆，首字分别是"鬲（ge 又音 ji）"、"𩳱（ge 又音 li）"，𩳱、鬲同音。②

---

① 《新唐书》卷 217 下《黠戛斯传》，第 6147 页。
② 王力:《同源字典》，商务印书馆 1999 年版，第 269 页。

（二）坚、契、结、居等字，从方言上考察，也皆有关联。如"坚（jian），自关而西曰锴（kai），吴扬江淮之间曰鐕，音启（qi）"①。鐕字与"契、锲"同源同音②。在方言中"锲，音结"③，反之"结，锲音"④。所以，"契"与"结"同音。"结"在古汉语中也属于多音字，有 jie、ji 两个读音⑤。"居"也有 ju、ji 两个读音⑥，当"居"取 ji 音时，"居"与"结"就同音。由此可见，以上族名的头一个字，即坚、契、结、居均属同音。仅"纥"字例外未找到对应。从前面列出的音值构拟上，表明该族族名的后一个字的音也基本相似。其原因就在于汉语语音的韵母，从上古至唐代经历了从韵尾辅音 -n 到 -t 的演变，声母基本并无多大变化。⑦因此，虽然汉文文献中黠戛斯族名有多种称谓，却并非是其名称多变所致，而是随汉语语音的演变及汉语各地方言不同，历代史册才出现了不同的汉字译写形式。

其次，是族名所译自的语源不同。以上坚昆等族名，是中原史官对原蒙古语读法 *Qirghun 的译写。"纥扢斯""黠戛斯"等两个族名的汉语音译，则是唐人根据唐代的语音及译音规律，直接译自古突厥文 Qïrqïz 名字。尾音 s 与 z，在汉语西北方方言中，均为舌尖前擦音，发音部位相同，唯有清浊之别，故而 s 亦与 z 通。所以，Qïrqïz 中的 -z 音，便汉译作"斯"⑧。

---

① 周祖谟校、吴晓铃编：《方言校笺及通检》，科学出版社 1956 年版，第 15 页。
② 王力主编：《王力古汉语字典》，中华书局 2000 年版，第 183 页。
③ 周祖谟校、吴晓铃编：《方言校笺及通检》，第 36 页。
④ 同上书，第 159 页。
⑤ 王力主编：《王力古汉语字典》，第 921 页。
⑥ 同上书，第 237 页。
⑦ 岑仲勉：《突厥集史》，中华书局 1958 年版，第 729 页。
⑧ 李树辉：《尉犁地名和柔然源流考》，《新疆大学学报》（哲学·人文社会科学版），2007 年第 2 期。

二、黠戛斯汉译族名的由来

自唐太宗贞观至唐肃宗乾元年间，唐朝都以"坚昆"或"结骨"相称。殆至唐肃宗乾元年间（758—760），因为漠北回纥击败了黠戛斯并阻断了通唐之路，黠戛斯与唐的联系中断。黠戛斯的相关信息，唐人只能通过来往的回纥使者、商人口中获得。与古突厥文碑铭中"Qïrqïz"对应的"黠戛斯"族名的汉字译写，始自唐德宗朝贾耽。[①] 唐德宗贞元十七年（801），贾耽上《古今郡国县道四夷述》四十卷，依据回鹘使者的描述，将"坚昆"之名，依唐音译做"黠戛斯"。[②] 至于族名的来源，贾耽似也不知所由。

唐武宗会昌元年（841）八月，回鹘乌介可汗遣使告难"言本国为黠戛斯所攻，故可汗死，今部人推为可汗"[③]。随后黠戛斯也派使者赴唐告破回鹘之事。时黠戛斯与唐朝的联系已逾近百年，时任宰相李德裕依其发音，将其族名音译为"纥扢斯"。因此，首封回复黠戛斯的国书，题为《与纥扢斯可汗书》。后来经过考察前朝往事，在"商量册命时，奏请依贾相公《华夷述》，便以黠戛斯为定"[④]。并解释改译的原因，是由于"黠戛斯国号皆依蕃书，译字所以不同"[⑤]。此后

---

① 发现于鄂尔浑河流域的古突厥碑铭，比较著名的有暾欲谷碑、阙特勤碑、毗伽可汗碑等三大碑，撰刻时间属于8世纪初。早于色楞格河发现的8世纪中期的漠北回鹘碑铭。
② [宋]王溥：《唐会要》卷100《结骨国》，中华书局1955年版，第1785页。
③ [后晋]刘昫：《旧唐书》卷18上《武宗本纪》，中华书局1975年版，第588页。
④ [唐]李德裕：《会昌一品集》卷6《与纥扢斯可汗书》，上海古籍出版社1994年版，第33页。
⑤ 《会昌一品集》卷6《与纥扢斯可汗书》，第33页。

便沿用了贾耽所译的"黠戛斯"一名,晚唐人才将太宗朝的"坚昆"改称为"黠戛斯"。

《新唐书》《唐会要》均成书于宋代,其中都提到了族名问题。《新唐书·黠戛斯传》载黠戛斯族名源于回鹘。因"乾元中,为回纥所破,自是不能通中国。后狄语讹为黠戛斯,盖回鹘谓之,若曰黄赤面云,又讹为戛戛斯"①。《唐会要》解释坚昆族名读音"转为黠戛斯者,盖夷音有缓急,即传译语不同。其或自称黠戛戛斯者,语急而然耳。访丁译史云:黠戛是黄头赤面义,盖回鹘呼之如此"②。由此可知,史官对黠戛斯族名的译写,有两种解释。其一,黠戛斯族名的读音,原本应读为"黠戛戛斯",因为急读而发"黠戛斯"之音,是黠戛斯的族自称;其二,是源于回纥(鹘)的族他称。"黠戛斯"一词,在回鹘语中意为"黄头赤面"。

8世纪初的后突厥汗国,在鄂尔浑河流域留下了刻有古突厥文的碑铭,其中出现了Qïrqïz一名。黠戛斯之所以能引起国外学者的关注,实际上源于鄂尔浑古代突厥文碑铭的发现与解读。因此,古突厥碑文相关的记载当是最好的佐证。

据伯希和、巴托尔德等考证,Qïrqïz对应唐代汉文文献中的黠戛斯。③汉文文献的记载关于黠戛斯族名的由来,源于继突厥之后兴起的回鹘人对该族的称呼;而据突厥文碑铭记载,此前突厥人就已经称其族名为"黠戛斯"。如"暾欲谷碑"第一石东面第三行记载:

---

① 《新唐书》卷217下《黠戛斯传》,第6149页。
② 《唐会要》卷100《结骨国》,第1785页。
③ 〔苏联〕威廉·巴托尔德:《中亚突厥史十二讲》,罗致平译,中国社会出版社1984年版,第31页。

"强大的黠戛斯可汗是我们的敌人。"[①] 于是，汉文传世文献与突厥文碑铭的记载出现了抵牾。此外，考察"黠戛斯"一名的读音，可发现回鹘语 serig（黄色），与古突厥文 Qïrqïz 的发音上好似并不相同。通过利用民族语文学方法构拟，"黠戛斯"一词，可读作 *ræt-kæt-sĭe。黠戛斯的汉语音译族名，是贾耽直接译自突厥语的 Qïrqïz 一名，黠戛斯族名是其族自称。[②] 汉文文献记其得名于回鹘的说法，并不完全准确。

殆至辽代，《辽史·属国表》将"黠戛斯"转写作"辖戛斯"，《金史》又称其为"纥乞斯"。辽金元时期，对"黠戛斯"族名的音译，更加接近于突厥语 qïrqïz 的发音。《元史》中又有"乞力吉思""吉利吉思""乞儿吉思""乞里吉思"等多种译写。原因在于唐代西北方言的 ẑi 音，在元代读作 er。[③] 至于元人对其族名的解释，亦邻真先生认为，从古突厥文看，把 khïrkhïs 解释成 khïrkh（四十）加 khïs（女）并没有这个词义。[④] 在今柯尔克孜族的古老史诗《玛纳斯》中，柯尔克孜族源传说中用"柯尔克居孜"表示四十个部落，指代柯尔克孜联盟。[⑤] 可知，"四十"当指四十个联合的部落。

研究发现，黠戛斯族名从两汉至唐代，先后有多种汉字译写形

---

① 《暾欲谷碑》，耿世民：《古代突厥文碑铭研究》，中央民族大学出版社 2005 年版，第 99 页。
② 参见芮传明《古突厥碑铭研究》，上海古籍出版社 1998 年版，第 247 页。
③ 参见韩儒林《关于西北民族史中的审音与勘同》，《穹庐集》第 232 页。
④ 参见亦邻真《中国北方民族与蒙古族族源》，《亦邻真蒙古学文集》，第 552 页。
⑤ 居素普·玛玛依演唱，《玛纳斯》汉译工作委员会编译：《玛纳斯》第 1 部卷 1《柯尔克孜族的由来·四十个部落的传说》，阿地里·居玛吐尔地翻译，新疆人民出版社 2012 年版，第 12 页。

式。从语文学的角度，可考这些族名的发音基本相近，只是所用汉字不同而已。而形成多种不同译写形式的具体原因，大可归结为汉语语音的历史演变、汉语各地方言的差异，以及不同的语源等方面。鬲昆、坚昆等族名，刘迎胜先生认为这是中原史官对原蒙古语读法 *Qirghun 的译写。① 但纥仡斯、黠戛斯等族名，则不属于原蒙古语的转写，当是译自古突厥语。② 其后的乞儿吉思等族名译写，则更接近于古突厥语的发音。综上，唐以前黠戛斯的"坚昆"族名源于原蒙古语的译写，至少说明了黠戛斯与操原蒙古语的古代民族有过历史接触，才使其得以为中原人耳闻；而其译自古突厥语的族名，表明黠戛斯受突厥文化的影响并发生了突厥化的转变，殆至唐代"其文字言语，与回鹘正同"当是其最好的注解③。厘清与辨别历史文献中北方民族的族名，尤其是同一民族出现不同族名的原因，并由族名译写而追溯其历史发展的脉络与流变，或可为探其族源提供科学合理的依据。

第二节　黠戛斯族源

黠戛斯族源的记载，始见于唐太宗时诏撰的《周书·突厥传》。史官将契骨（黠戛斯族名的异写）列入突厥起源的传说，出现了黠

---

① 刘迎胜：《古代中原与内陆亚洲地区的语言交往》，王元化主编：《学术集林》卷 7，第 173 页。
② 李树辉：《尉犁地名和柔然源流考》，《新疆大学学报》（哲学·人文社会科学版）2007 年第 2 期。
③ 《新唐书》卷 217 下《黠戛斯传》，第 6148 页。

戛斯与突厥同源的说法。《隋书·铁勒传》则将黠戛斯归为与铁勒同族①;《新唐书·黠戛斯传》载"其种杂丁零","人皆长大、赤发、皙面、绿瞳,以黑发为不祥。黑瞳者,必曰陵苗裔也"②。唐中宗曾言"而国与我同宗",即黠戛斯与李唐同宗的说法。此说在武宗朝被再度提起,因而,又出现了黠戛斯为李陵后裔的说法。由此可见,汉文文献记载黠戛斯族源出现了多种说法,除了"杂丁零"、"李陵后裔"等两种说法,还被当作铁勒一族。不同文献对黠戛斯族源的记载,不仅较为复杂,还出现了欧罗巴、蒙古利亚等人种特征。不可否认的一点,历史上阿尔泰语系诸民族的接触与融合,是导致黠戛斯血缘成分复杂的主要因素。

基于坚昆人的欧罗巴人种与蒙古利亚人种双重特质,研究者们也都各执己见。由《周书》突厥同源的传说,吉谢列夫认同黠戛斯是丁零与坚昆的混合种族。③另有学者依据《隋书》记载,将黠戛斯划入铁勒诸部。④也有学者认同《新唐书》的说法,认为黠戛斯必是源出欧罗巴人。⑤但囿于史料的零散与记载的简略,暂且还不能得出准确的结论,尚有待相关佐证的发现。

总括以上黠戛斯族源诸说,以"突厥说"、"李陵后裔说"较有影响。在此,据文献史料与考古资料,对黠戛斯的族源加以辨析。

---

① [唐]魏征等:《隋书》卷84《北狄·铁勒传》,中华书局1973年版,第1879页。
② 《新唐书》卷217下《黠戛斯传》,第6147页。
③ [苏联]C.B.吉列谢夫:《南西伯利亚古代史》下册,第118页。我国学者薛宗正也认同此说,参见薛宗正《黠戛斯的崛兴》,《民族研究》1996年第1期。
④ 参见王日蔚《丁零民族考》,林幹:《突厥与回纥历史论文选集》,中华书局1987年版,第39页。
⑤ 参见周连宽《丁零的人种和语言及其与漠北诸族的关系》,《中山大学学报》1957年第2期。文中参考引自林幹:《突厥与回纥历史论文选集》,第55—85页。

一、黠戛斯族源与突厥的关系

黠戛斯与突厥同源的记载，始现于唐朝令狐德棻等修撰的《周书》卷50《突厥传》。述及古代突厥人的起源，《周书》载有多种传说。其中一则曰：

> 或云突厥之先出于索国，在匈奴之北。其部落大人曰阿谤步，兄弟十七人，其一曰伊质泥师都，狼所生也。谤步等性并愚痴，国遂被灭。泥师都既别感异气，能征召风雨。娶二妻。云是夏神冬神之女也。一孕而生四男：其一变为白鸿；其一国于阿辅水、剑水之间，号为契骨；其一国于处折水；其一居践斯处折施山，即其大儿也。①

这则突厥起源的传说，提到了与突厥初祖相关的三部。据此记载，其历史当上溯及匈奴时期。汉代的坚昆在匈奴之北，居于阿辅水（今俄罗斯阿巴坎河）与剑水（今俄罗斯叶尼塞河）之间。匈奴冒顿单于时"匈奴最强大，尽服从北夷"，疆域逐渐扩大向"北服浑窳、屈射、丁零、鬲昆、薪犁之国"②。秦汉时期，如果以阿尔泰山为中轴线划分的话，匈奴以北的北方民族各部大多环绕阿尔泰山一带居住。"薪犁"是位于今阿尔泰山西北的部落，即俄罗斯鄂毕河的上

---

① ［唐］令狐德棻：《周书》卷50《异域下·突厥传》，中华书局1971年版，第908页。
② ［汉］班固：《汉书》卷94上《匈奴传》，中华书局1988年版，第3751、3753页。

游;"坚昆"则居于阿尔泰山东北,叶尼塞河上游;索国当也处于阿尔泰山脉的践斯处折施山(今俄罗斯叶尼塞河上游地区),后发展为突厥始祖。①

因匈奴的征服,北方各部"楼兰、乌孙、呼揭及其旁二十六国皆已为匈奴。诸引弓之民并为一家,北州以定"②。各部相互之间当会自然而然地发生联系。故此,北方民族相互的交融与影响也是在所难免的。其后,丁零、呼揭与坚昆各部的相互位置,汉代文献亦有记载:"呼得国在葱岭北,乌孙西北,康居东北,胜兵万余人,随畜牧,出好马,有貂。坚昆国在康居西北,胜兵三万人,随畜牧,亦多貂,有好马。丁令国在康居北,胜兵六万人,随畜牧,出名鼠皮、白昆子、青昆子皮。此上三国,坚昆中央,俱去匈奴单于庭安习水七千里。"③康居国临都赖水(今哈萨克斯坦的塔拉斯河)。东汉末年,呼揭(乌揭、呼得)当居于今阿尔泰山的中部和北部④;坚昆国在今俄罗斯叶尼塞河的上游,阿尔泰山的东北方向,应在康居东北;丁令国(即"丁零",位于今俄罗斯的贝加尔湖以南),也在康居东北、坚昆国的东南。三部距离匈奴的庭帐安习水(鄂尔浑河)的距离,也并非均等,而是各有远近。其中丁令最近,不过千余里。坚昆和呼揭也不过两三千里。此上三国,坚昆居中央,丁令在坚昆东,呼

---

① 钱伯泉:《乌揭——阿尔泰历史和草原丝路的早期主人》,《西域研究》2000年第4期。
② 《汉书》卷94上《匈奴传》,第3757页。
③ [晋]陈寿撰、[南朝宋]裴松之注:《三国志》卷30《魏书·乌丸鲜卑东夷传》附鱼豢撰《魏略·西戎传》,中华书局1959年版,第862页。此处略去对文献记载错误的考证过程。
④ 钱伯泉:《乌揭——阿尔泰历史和草原丝路的早期主人》,《西域研究》2000年第4期。

揭在坚昆西。此间已不见索国的记载,当被匈奴征服后致使其部众离散、迁徙而后或再重组。

殆至匈奴郅支单于西走,"因北击乌揭,乌揭降。发其兵西破坚昆,北降丁令,并三国。数遣兵击乌孙,常胜之。坚昆东去单于庭七千里,南去车师五千里,郅支留都之"①。匈奴的征服使坚昆等三部再次见载史册,独不见其邻部索国的踪迹,说明他们或已别迁他处。

由上述史料梳理可知,《周书·突厥传》所载与索国相邻的各部,分别是以白鸿为图腾的丁零部、契骨(汉代坚昆、唐代黠戛斯)与呼揭(乌揭、呼得)等三部。如传说所言,三部与突厥先祖是在阿尔泰山脉大略空间范围内,相邻而居的地缘关系,而非血缘相通的族源关系。因此,契骨(黠戛斯)与突厥,是由同一祖源衍生的不同部落的观点,意即黠戛斯族源的突厥说②,其实并不可取。所以,唐代魏征所撰的《隋书·突厥传》述及突厥起源时,并未采用《周书》中突厥与契骨(黠戛斯)"同源"的说法。③

从现在可见的资料入手,我们不可否认黠戛斯与突厥在社会经济、文化等方面,的确存在诸多相近之处。例如,他们都精于冶铁并崇尚铁。早期突厥人曾被柔然汗国胁迫至金山之南,成为柔然的"锻奴"④,并"工于铁作"⑤。黠戛斯地富产铁矿石,其人也掌握了冶炼技术,出产的铁矿还"常以输突厥"。⑥

再者,黠戛斯人也使用古突厥语,与突厥、回鹘等语言文字相

---

① 《汉书》卷94下《匈奴传》,第3800页。
② 马长寿:《突厥人和突厥汗国》,上海人民出版社1957年版,第7页。
③ 《隋书》卷84《北狄·突厥传》,第1863页。
④ 《周书》卷50《异域下·突厥传》,第908页。
⑤ 《隋书》卷84《北狄·突厥传》,第1863页。
⑥ 《新唐书》卷217下《黠戛斯传》,第6147页。

通。黠戛斯"其文字语言，与回鹘正同"①，"谓月为哀（āy）"，"哀"是突厥语"月亮"的意思。唐武宗会昌二年（842），黠戛斯击溃回鹘后，遣使者踏布合祖使唐，商议与唐联合歼灭回鹘余众问题。因言语不通，需要翻译。时任中书译语人（翻译）的是回鹘人石佛庆。宰相李德裕担心与黠戛斯使者的谈话，有些言语"不便于回鹘者"②。因为他也许不会准确翻译出来，或将机密泄露给在京的回鹘人，于是建议从外地借调译语人充当翻译。由此可知，黠戛斯语与回鹘语是相通的。至于文字的相通，还可见于在叶尼塞河上游发现的古代鲁尼文碑铭，也正因与鄂尔浑河流域碑铭的文字基本相近，而被连称作"叶尼塞-鄂尔浑碑铭"。因此，公元7世纪，黠戛斯当属于突厥语族。③根源在于历史上的阿尔泰语系诸语族，始终处于接触融合的动态发展中。因此，黠戛斯语言、文字无疑受到突厥、回鹘的影响。再则，阿尔泰语系各部语言的借用，也是古代北方民族非常普遍的历史现象。

尽管在经济、文化上，突厥与黠戛斯有许多共性，然而，其各自固有的文化传统仍有明显的差异。据汉文文献的相关记载，黠戛斯与突厥各自图腾及风俗习惯等方面，存在着诸多不同之处。

首先，丧葬习俗方面，黠戛斯人与突厥人虽然"大率相同"，但仍然存在差异。黠戛斯人死后，有焚尸收骨入葬的习俗。④突厥人死

---

① 《新唐书》卷217下《黠戛斯传》，第6147页。〔苏联〕威廉·巴托尔德：《中亚突厥史十二讲》，罗致平译，第32页。
② 《会昌一品集》卷15《论用兵》，第96页。
③ 〔俄〕巴托尔德：《突厥蒙古诸民族史》，〔日〕内田吟风：《北方民族史与蒙古史译文集》，余大钧译，云南人民出版社，2003年，第277页。
④ ［唐］杜佑：《通典》卷200《结骨国》，载"火葬收其骨，踰年而为坟墓"，王文锦点校，中华书局1988年版，第5493页。《太平寰宇记》沿袭了《通典》的记

后，实行火葬而后掩埋骨灰的葬俗①。突厥人丧葬过程中，逝者离世与发丧之日，先后有两次剺面的习俗②。黠戛斯人既有"丧不剺面"也有"剺面"的记载。由于缺乏相应的佐证，详情不得而知。黠戛斯与突厥逝者的墓前设施，也有区别。突厥人死后"表为茔，立屋，中图画死者形仪，及其生时所战阵状"③。即在墓前建屋并图画逝者生前的景象。开元十九年（731），突厥将领阙特勒战亡，玄宗不仅遣使金吾将军张去逸、都官郎中吕向奉玺诏吊祭，还"为刻辞于碑，仍立庙像，四垣图战阵状，诏高手工六人往，绘写精肖，其国以为未尝有，默棘连视之，必悲梗"④。突厥人于死者墓前立屋的遗迹，今仍可见⑤。至今，在黠戛斯所在的叶尼塞河上游却尚未发现墓前建筑的遗迹。

其次，突厥有收继婚的习俗⑥。黠戛斯是否有收继婚习俗，汉文文献不见明确记载。但据《新唐书》载"其俗大率与突厥同"⑦，或许黠戛斯也有收继婚的习俗。黠戛斯人婚俗中，文身是完全有别于突厥人的婚俗。黠戛斯人"妇人嫁讫，自耳以下至项亦黥之"⑧，女子以"黥项"来区别其已婚或未婚。

  载。《新唐书·黠戛斯传》记载，黠戛斯人死后"乃火之，收其骨，岁而乃墓"，第6148页。
① 《新唐书》卷215上《突厥传》，第6028页。
② 《周书》卷50《异域下·突厥传》，第910页。
③ ［唐］李延寿:《北史》卷99《突厥下》，中华书局1983年版，第3288页。
④ 《新唐书》卷215《突厥下》，第6054页。
⑤ 塔拉、恩和图布信主编:《蒙古国浩腾特苏木乌布尔哈布其勒三号四方形遗址发掘报告（2006年）》，文物出版社2008年版。
⑥ 《隋书》卷84《北狄·突厥传》，第1876页。
⑦ 《新唐书》卷217下《黠戛斯传》，第6148页。
⑧ 同上。

婚丧习俗之外，狼图腾崇拜是古代突厥文化的主要特征。[1]突厥于"旗纛之上，施金狼头"，突厥的卫士也被称作狼（附离）。[2]考古发现也证实了突厥的狼图腾崇拜。1969年，蒙古人民共和国考古学家道尔基苏荣在布古特（距后杭爱省以西10公里处）发现一个墓葬群，其中就有一个浮雕装饰的石碑，石碑顶端是一个狼形，狼肚下方有一个站立的人形，其中的寓意是非常明显的。[3]《突厥语大词典》记述突厥各部新生儿出生时，人们并不问"生了女孩还是男孩"，而是问"生了狐狸，还是狼"[4]。因为男孩生性勇敢，被突厥人比作狼，此俗显然也与狼图腾崇拜有关。

唐人段成式的《酉阳杂俎》记载"坚昆部非狼种"，可见黠戛斯人的图腾不是狼。他们自认为是神与牛的后代[5]，他们的牲畜是"牛、羊，牛为多，富农至数千"[6]。在中亚旅行家的行纪中，也出现了"有些黠戛斯人崇拜母牛"[7]的记载。黠戛斯人对牛的崇拜，在南西伯利亚的考古发现中也得到印证。黠戛斯《别格烈碑》铭文，有"我杀

---

[1] 〔美〕L. H. 摩尔根：《古代社会》上册，杨东莼译，商务印书馆1977年版，第280页。
[2] 《周书》卷50《异域下·突厥传》，第909页。
[3] 〔日〕吉田丰、森安孝夫：《ブゲト碑文》，〔日〕森安孝夫、〔蒙〕オチル：《モンゴル国現存遺蹟·碑文調查研究報告》，中央ユーラシア学研究会1999年，第122页。
[4] 〔中亚〕穆赫默德·喀什噶里：《突厥语大词典》第1卷，校仲彝等译，民族出版社2001年版，第453页。
[5] 〔唐〕段成式：《酉阳杂俎》卷4《境异》，"其先所生之窟在曲漫山北，自谓上代有神与牸牛交于此窟"。张仲裁译注，中华书局2017年版，第591页。
[6] 《新唐书》卷217下《黠戛斯传》，第6147页。
[7] 〔俄〕瓦·弗·巴托尔德：《加尔迪齐著〈记述的装饰〉摘要——〈中亚学术旅行报告（1893—1894年）〉的附录》，王小甫译、陈继周校，《西北史地》，1983年第4期，第110页。

死了七只狼，我并没有杀害虎和鹿"此类的描述。① 黠戛斯人杀掉了狼，并未伤害虎、鹿等动物，表明虎和鹿可能是他们的图腾。除了对牛的崇拜，黠戛斯还尚"虎"。阿尔腾库尔碑亦有"järdäki Bars tägimä rdämligmä ükmä dim……/ 我离开了我的虎氏族土地上的我的高贵的伙伴……"的记载。② 恰库尔碑的铭文里，也几次出现过"虎"字，并多用作人的名字，如"Älči čur küč Bars/ 使臣啜尔，凶猛的虎"；"Tuz baj küc bars külüg/ 威猛的图兹巴依，著名的虎"。经过苏联学者考证，恰库尔碑的主人是黠戛斯社会的高贵人物——"光明王子/Jaruq tägin"，也就是突厥阙特勤和默棘连（毗伽可汗）两碑文提到的黠戛斯巴尔思匐（拔塞匐），即虎汗。③ 从以上碑文可知，虎是黠戛斯人的图腾，寓意着高贵与勇猛。突厥、回鹘崇拜狼图腾，而黠戛斯人猎杀狼，这也在侧面说明两者没有族属关联。

图腾崇拜是他们的原始萨满教信仰的反映。④ 图腾（Totem）首先标志一个群体，一个群体中的亲密成员属于同一图腾。牛是黠戛斯人的图腾，虎、鹿、雪豹、鹰等也是黠戛斯人的图腾，这些图腾代表着黠戛斯不同部落或氏族的祖先⑤。突厥、回鹘的狼图腾崇拜，而黠戛斯人猎杀狼，说明两者在族源不可能有关联。

---

① 〔苏联〕A. 伯恩什达姆：《6至8世纪鄂尔浑叶尼塞突厥社会经济制度（东突厥汗国和黠戛斯）》，杨讷译，郝振华校，新疆人民出版社，1997年版，第221页。
② 同上书，第222页。
③ 同上书，第224页。
④ 杨富学：《古代柯尔克孜人的宗教信仰》，《中国北方民族历史文化论稿》，甘肃人民出版社2001年版，第245—256页。
⑤ 〔法〕列维施-特劳斯：《图腾制度》，渠敬东译，梅非校，商务印书馆2012年版，第95页。图腾理论有"从某种角度来看，动物有可能大致相当于祖先"的说法。

黠戛斯与突厥同源的记载，只能说明历史上北方各民族的接触、融合、影响与传承，导致了阿尔泰语系诸民族之间存在着诸多的共性。唐高宗永淳元年（682），后突厥汗国兴起后，黠戛斯人也逐渐使用突厥语言、文字，发生了突厥化的演变。[①]但黠戛斯民族具有自己独特的传统习俗，在其内部世代传承且根深蒂固。如果从各自的传统习俗、图腾等民族等固有特质分析，黠戛斯显然与突厥有着本质的差别。黠戛斯仅仅是突厥语民族，而不是突厥族裔，是当今中外学术界不争的史实。[②]

二、黠戛斯族源与李陵的关系

黠戛斯族源的"李陵后裔说"始自唐代，但考历史上被追以"李陵后裔"的民族，并不止唐代黠戛斯一族。究汉文文献记载追祖李陵的现象，可上溯至南北朝时期。文献记载所见，如《宋书·索虏传》曰："索头虏姓托跋氏，其先汉将李陵后也。陵降匈奴，有数百千种，各立名号，索头亦其一也。"[③]《南齐书·魏虏传》曰："初，匈奴女名托跋，妻李陵，胡俗以母名为姓，故虏为李陵之后，虏甚讳之，有言其是陵后者，辄见杀，至是乃改姓焉。"[④]考古发现的墓志中，也有追祖李陵的现象。[⑤]

[①] 李树辉：《古代回鹘文史诗〈乌古斯可汗的传说〉有关问题考辨》，《新疆文物》2004年第1期。由此可见，黠戛斯语言与突厥语的关联。
[②] 〔苏联〕威廉·巴托尔德：《中亚突厥史十二讲》，罗致平译，第33页。
[③] 〔梁〕沈约：《宋书》卷95《索虏》，中华书局2018年版，第2321页。
[④] 〔梁〕萧子显：《南齐书》卷57《魏虏》，中华书局2014年版，第993页。
[⑤] 参见宁夏回族自治区博物馆、固原博物馆：《宁夏固原北周李贤夫妇墓发掘简报》，《文物》，1985年第11期。

黠戛斯远居叶尼塞河上游，距中原较为遥远。唐太宗经略漠北，联合铁勒各部击败了突厥汗国。此后坚昆（黠戛斯）随漠北铁勒各部南下朝见，才开始与唐朝往来。黠戛斯族源系"李陵后裔说"，始自唐中宗朝。据《新唐书·黠戛斯传》载：

> 闻铁勒等已入臣，即遣使者献方物，其酋长俟利发失钵屈阿栈身入朝，太宗劳享之，谓群臣曰："往渭桥斩三突厥，自谓功多，今俟利发在席，更觉过之。"俟利发酒酣，奏愿得持笏，帝以其地为坚昆府，拜俟利发左屯卫大将军，即为都督，隶燕然都护。高宗世，再来朝。景龙中，献方物，中宗引使者劳之曰："而国与我同宗，非它蕃比。"属以酒，使者顿首。玄宗世，四朝献。①

唐太宗贞观二十二年（648），坚昆酋长俟利发失钵屈阿栈入朝，太宗以其地为坚昆都督府。此后直到高宗朝，坚昆再次朝献。太宗、高宗两朝，均未提及"同宗"之事。唐中宗景龙三年（709），黠戛斯使者三次入唐，"中宗引使者劳之曰：'而国与我同宗，非它蕃比。'"② 可见，黠戛斯唐朝同宗的说法，语出唐中宗。至唐玄宗朝又四次来朝献，也不见此说。

贞元十七年（801）左右，唐代史学家杜佑撰成《通典·边防典》，述及边裔各部，描述结骨人"身悉长大，赤色，朱发绿睛。有黑发者，以为不祥"③。杜佑已知黠戛斯人的双重特征，但也没有提

---

① 《新唐书》卷217下《黠戛斯传》，第6149页。
② 同上。
③ 《通典》卷200《结骨国》，第5493页。

及与李陵的关联。同年，同时期的贾耽也完成了《海内华夷图及古今郡国县道四夷述》四十卷①。贾耽汉译了黠戛斯族名、讲到了通达黠戛斯的交通，唯独没有提及族源与李陵的关联。殆至唐文宗开成五年（840），黠戛斯击溃漠北回鹘后，遣使入唐告知回鹘败亡西走，武宗朝宰相李德裕重提中宗朝的话题并追宗李陵②。唐武宗会昌二年（842）冬十月，黠戛斯使者踏布合祖入唐，会昌三年（843），踏布合祖一行返回。李德裕书写《与纥扢斯可汗书》交与踏布合祖带回。书中就一再提及同宗之缘，言"可汗既为雠怨，须尽残夷；倘留余烬，必生后患。想远闻庆快，当惬素心。闻可汗受氏之源，与我同族"；"我国家承北平太守之后，可汗又是都尉苗裔，以此合族，尊卑可知"。③李德裕援引唐中宗追祖李陵，故以黠戛斯与李唐同族为由，使李唐与黠戛斯同宗说升温。其后汉文文献也沿袭了"黠戛斯自称李陵之后，与国同姓"的记载④。"李陵后裔"说与李德裕《会昌一品集》的提法，不无关系。唐人段成式（约803—863），曾任秘书省校书郎，所著《酉阳杂俎》卷四《境异》篇，亦载"其先所生之窟在曲漫山北，自谓上代有神与牸牛交于此窟。其人发黄，目绿，赤鹿髯。其袭髯俱黑者，汉将李陵及其兵众之胤也"⑤。段成式的描

---

① 《旧唐书》卷13《德宗本纪》，第395页。
② ［宋］司马光编著：《资治通鉴》卷247，唐武宗会昌三年（843），中华书局1956年版，第8098页。此间黠戛斯数度遣使入唐，唐与黠戛斯来往的国书，均由武宗朝宰相李德裕撰写，并收录于其《会昌一品集》。《资治通鉴》载："自回鹘至塞上及黠戛斯入贡，每有诏敕，上多命德裕草之。"言明唐武宗会昌年间的文书，基本都出自李德裕之手。李德裕在国书中不断提及唐朝与黠戛斯的宗族之亲，且直接追宗李陵。
③ 《会昌一品集》卷6《与纥扢斯可汗书》，第34页。
④ 《旧唐书》卷195《回纥传》，第5213页。
⑤ 《酉阳杂俎》卷4《境异》，第591页。

述，显然是沿用了李德裕的说法。

至宋人欧阳修等撰《新唐书·黠戛斯传》，述及黠戛斯人族源，始出现了"种杂丁零""人皆长大，赤发、皙面、绿瞳，以黑发为不祥""黑瞳者，必曰陵苗裔也"等几种族源及人种学特征的说法。① 宋人乐史所撰的《太平寰宇记》、王溥撰修的《唐会要》、王钦若编纂的《册府元龟》等文献。不仅沿袭了以上说法，还均以时任唐北庭都护盖嘉运撰写的《西域记》为依据，认为坚昆国人有黑发黑眼睛者，则为李陵之后，故其人称是"都尉苗裔"②。《唐会要·结骨国》载"身悉长大，皙面绿睛朱发。有黑发以为不祥"③。接着又载"开元中，安西都护盖嘉运撰西域记云：坚昆国人皆赤发绿睛，其有黑发黑睛者，则李陵之后。故其人称是都尉苗裔，亦有由然"④。《太平寰宇记·黠戛斯》亦载"其人身悉长大，赤发、绿睛。有黑发者，谓之不祥。盖嘉惠撰西域记云：'黑发黑睛者，则李陵之后也。故其自称是都尉苗裔'"⑤。《册府元龟·外臣部·鞮译》篇中承袭了《太平寰宇记》的记载："玄宗开元中，安西都护盖嘉惠撰《西域记》云：'坚昆国人皆赤发绿睛，其有黑发黑睛者，则李陵之后。故其人称是

---

① 《新唐书》卷217下《黠戛斯传》，第6147页。
② 考《新唐书》卷59《艺文志》关于西域的文献，仅列出玄奘《大唐西域记》12卷、辩机《西域记》12卷，未列盖嘉运的《西域记》。宋人乐史撰修《太平寰宇记》与王溥撰修《唐会要》时，似见过盖书。《新唐书》成书较晚，推测彼时其书已佚，故《艺文志》未列出盖氏的《西域记》，但沿用了前人的说法。考古人的编纂原则，佚书也当列出，未列的具体原因今已无从求证。
③ 《唐会要》卷100《结骨国》，第1784页。
④ 《唐会要》卷100《结骨国》，第1785页。
⑤ ［宋］乐史编著：《太平寰宇记》，王文楚等点校，中华书局2007年版，第3820页。考盖嘉惠一名，当为盖嘉运之误，两《唐书》均以北庭都护、碛西节度使盖嘉运见载。独不见盖嘉惠之名。

都尉苗裔，亦有然。'"[1] 宋人撰书者认为，盖嘉运之所以记录了此事，是因为坚昆人有红发、黑发之分。所以，他们把黑发、黑眼睛的坚昆人当作李陵后人，称作"都尉后人"，如今看来似也有道理。但考盖嘉运活跃于开元（713—741年）中期，玄宗下诏设立北庭节度使，旨在防御突骑施、突厥、坚昆等部，设立北庭都护府[2]。盖嘉运为都护，长期驻守西域，虽未见其与坚昆人接触的记载，但或许有过接触，然而其结论却有待考证。唐代始现的"黠戛斯李陵后裔说"，被宋人所撰写的史籍，如《新唐书》《太平寰宇记》所承继。宋代文献不仅沿袭了唐人的记载，还进一步演绎了这个说法。

基于以上文献的记载，学界对这个问题也各持己见。黠戛斯是否为李陵后裔，多数学者持否定态度。如日本学者护雅夫认为，黠戛斯之一部，即黑发黑须黑瞳的一部，乃是李陵及降卒后裔这一传说，已成为正史史源，然尚非信史。[3] 但是，也有学者认同此说。俄国学者俾丘林在《古代中亚各族资料汇编》第一卷中曾为《新唐书·回鹘传》作过注释，他将涉及黠戛斯追祖李陵的记载，直接当成信史："李陵被立为黠戛斯人的国王，灭掉回纥帝国的即是李陵后裔。"[4] 还有学者提出此说是出于北方少数民族的寻根现象和认同心

---

[1] ［宋］王钦若等编撰：《册府元龟》卷996《外臣部·鞮译》，周勋初等校订，凤凰出版社2006年版，第11527页。
[2] 北庭节度使的治所，在北庭都护府（新疆维吾尔自治区吐鲁番县东南）。屯伊州（新疆维吾尔自治区哈密县）、西州（新疆维吾尔自治区吐鲁番县东南）二州境上，统兵二万。"北庭节度使，防制突骑施、坚昆、斩啜，管瀚海、天山、伊吾三军"，《通典》卷172《州郡二》，第4479页。
[3] 参见〔日〕护雅夫《李陵》，中央公论社1992年版。温海清：《北魏、北周、唐时期追祖李陵现象述论》，《民族研究》2007年3期。
[4] 参见〔日〕内田吟风等《北方民族史与蒙古史译文集》，余大钧译，云南人民出版社2003年版，第327页。

态。如崔明德就认为，黠戛斯自称为李陵之后极可能是种假托，其目的是为高攀李唐王朝，进而得到更多的政治支持。与此同时，他又认同了《新唐书》的说法：" 黠戛斯在《汉书》中被称为坚昆，秦汉时期为匈奴所役属，李陵降匈奴后被封为右校王，统领坚昆诸部，李陵之后世子孙很有可能就在此地繁衍。"① 可见，学界对黠戛斯族源与李陵关系的判断并不明朗，仍然有待商榷。

考李陵祖居陇西成纪（今甘肃省秦安县），忠武世家。汉武帝天汉二年（公元前 99 年）夏五月，汉将骑都尉李陵奉汉武帝之命出征匈奴，率五千步兵与八万匈奴兵战于浚稽山（今蒙古国土拉河南，戈壁阿尔泰山脉中段），"兵及食尽" 解围不破，寡不敌众兵败投降匈奴。"单于乃贵陵，以其女妻之"②，匈奴单于欣赏李陵的勇武，将女儿嫁与李陵，又将李陵 "立为右校王"③。同样降于匈奴的卫律为丁灵王，"匈奴爱之（卫律），常在单于左右。陵居外，有大事，乃入议"④。可见李陵的地位还不如卫律。

李陵曾留居匈奴右地二十余年，并受匈奴官职、娶妻生子，且习于 "胡服椎结"，在汉昭帝元平元年（公元前 74 年）病死。北匈奴五单于争立时，"李陵子复立乌藉都尉为单于，呼韩邪单于捕斩之，遂复都单于庭，然众裁数万人"⑤。有学者据此认为 "李陵'降匈奴后'留在匈奴人处，获得了黠戛斯领地，其后裔统治那里，几乎直

---

① 崔明德：《李陵·拓跋氏·黠戛斯》，《烟台大学学报》1995 年第 1 期。
② ［西汉］司马迁：《史记》卷 110《匈奴列传》，中华书局 1988 年版，第 2918 页。
③ 《汉书》卷 54《李广苏建传》，第 2457 页。
④ 《汉书》卷 54《李广苏建传》，第 2458 页。
⑤ 《汉书》卷 94 下《匈奴传》，第 3796 页。

到成吉思汗时"①。在此，不能排除李陵及其后裔和他带的兵众，流落坚昆并与之通婚的可能性。此外，他的儿子曾投靠乌藉都尉单于，呼韩邪单于捕斩乌藉都尉单于后，其子是否也同时遇难，抑或投靠了与呼韩邪单于对立的郅支单于，并跟随郅支单于到了坚昆。此后，李陵之子亦不见于史籍记载。目前为止，并没有可考的史料凭据。

8世纪时，黠戛斯是漠北蒙古高原能与后突厥抗衡的诸部之一，唐朝与黠戛斯结盟，是为了牵制并打击后突厥，并希望让黠戛斯与唐永远保持臣属关系。再者，黠戛斯与唐朝同宗的说法，语出唐朝，而非"黠戛斯自称李陵之后，与国同姓"②，可见史料记载出自中原史官，始出唐中宗之口。然而，时至今日，相关文献与研究，都认为是黠戛斯人自认李陵之后。由于史料缺载，我们无从知晓他们的具体态度如何，是受了唐朝的误导而认可了此说，抑或是他们也有追祖李陵、攀附李唐之嫌。考史籍可知，陇西成纪是以陇西郡为郡望的李氏家族源兴之地，故有陇西李氏之说。始祖源于周秦，显于西汉，但因李陵降匈奴之故，陇西士大夫"耻其不能死节，累及家室"，故"以李氏为愧"③。直到西晋至北周时，陇西李氏重兴，才再度显盛于唐。但可以肯定，唐中宗此说实有隐情。

唐中宗景龙年间，唐与黠戛斯、突骑施结成联盟，制定了联合出击突厥的计划。这一事件在唐朝大臣的上书中略有反映："今闻黠虏（后突厥默啜可汗）擅命，坚昆、娑葛养精蓄锐，以南侵为多事，

---

① 〔俄〕俾丘林：《俾丘林对〈古代中亚各族资料汇编〉第一卷中对汉文史料所作注释摘录》，〔日〕内田风吟等：《北方民族史与蒙古史译文集》，第315—316页。
② 《旧唐书》卷195《回纥传》，第5213页。
③ 《汉书》卷54《李广苏建传》，第2457页。

而人户全虚，府库半减。"①唐中宗景龙三年（709）十一月，黠戛斯使者入唐，"中宗引使者劳之曰：'而国与我同宗，非它蕃比。'"②始见黠戛斯是李陵后裔的说法。同年十二月，又在两仪殿宴请坚昆使者，并再次表示慰问。此是黠戛斯被后突厥偷袭，其可汗遇害后唐中宗的安抚之言。其后，黠戛斯与唐、突骑施于景龙四年（710）制定了从南、北、西三个方向围攻后突厥汗国的计划，部署"坚昆在右，犄角而东"，当时坚昆（黠戛斯）"并累献封章，请屠'突厥'巢穴"③。后因唐中宗暴亡，此次计划最终夭折。

后突厥败亡后，回鹘取而代之成为大漠南北新霸主，黠戛斯又成为牵制回鹘的重要力量。及至唐开成五年（840），黠戛斯攻破回鹘汗国，给唐朝造成不小的震动。因为自回鹘助唐平定安史之乱以后，唐受回鹘困扰多年，黠戛斯攻破回鹘间接地为李唐除去了忧患。因此，当黠戛斯使者来告知此事时，唐朝方面欣然回书黠戛斯可汗，恐黠戛斯不能及时行动，极力鼓动黠戛斯借机消灭回鹘余部，以免其聚众再次复兴。

全此，继唐中宗朝之后，武宗朝"李陵后裔说"再度升温。宰相李德裕回复黠戛斯可汗（或王）的多次书信，都反复强调唐与黠戛斯同宗，劝黠戛斯赶快消灭回鹘余部。如"可汗受氏之源，与我同族"；"我国家承北平太守之后。可汗又是都尉苗裔，以此合族，尊卑可知。昨闻太和公主为可汗兵众所得，可汗以同姓之国，使遣

---

① ［清］董浩等纂修：《全唐文》卷278《宁原悌：论时政疏五篇》，中华书局1983年版，第2820页。
② 《新唐书》卷217下《黠戛斯传》，第6149页。
③ 《全唐文》卷253《苏颋：命吕休璟等北伐制》，第2562页。

归还"。① 强调"今回鹘是国家叛臣，为可汗雠敌。须去根本，方保永安"，为此"可汗须乘此机便，早务芟夷。回鹘未灭以前，可汗勿以饮食为甘，弋猎为乐。励兵秣马，不可暂闲"等。② 由此可见，黠戛斯与李唐同宗的说法，是唐朝借李陵而达到笼络黠戛斯，替唐彻底消灭回鹘的政治目的。美国学者张国平（Michael R. Drompp）的观点一语中的，认为"（黠戛斯）这种与中国贵族的联系，在当时被视为加强黠戛斯统治者威望的手段。这在唐代尤为重要，因为李唐皇室即使不是事实上，也在传统上被认为与李陵有所渊源，如此黠戛斯统治者便与李唐皇室联系起来"③。可见，唐中宗、德宗朝才出现的"黠戛斯李陵后裔说"，唐朝朝廷正是始作俑者和推动者，此说是唐朝实力衰退下的政治产物。

《新唐书·黠戛斯传》是黠戛斯研究的基本史料，考其所载可见"匈奴封汉降将李陵为右贤王"④。然《汉书·匈奴传》已明确记载"单于壮陵，以女妻之，立为右校王"，则李陵实被匈奴所封的"右校王"⑤。《新唐书》将李陵升级为匈奴的"右贤王"，可见，宋人助推了黠戛斯"李陵后裔说"，以致流传于世并影响至今。甚至今天中国新疆的柯尔克孜人或中亚的吉尔吉斯人，都怀疑其族源真的与李陵有关。

---

① 《会昌一品集》卷6《与纥扢斯可汗书》，诏敕中，第34页。
② 同上书，第35页。
③ Michael R. Drompp, "The Yenisei Kyrgyz from Early Times to the Mongol Conquest", Murat Ocak: *The Turks: Early ages*, Yeni Turkiye, 2002.
④ 《新唐书》卷217下《黠戛斯传》，第6147页。
⑤ 《汉书》卷54《李广苏建传》，第2457页。

三、黠戛斯族源与铁勒的关系

历史文献记载中,黠戛斯族源除了与突厥、李陵有关,还长期被误作铁勒一族。南北朝时期,黠戛斯被当作铁勒(丁零-高车)之一部,与拓跋鲜卑结缘。鲜卑早期,拓跋推寅率众南迁大泽(今内蒙古呼伦贝尔西北部的呼伦湖),始于与高车(即汉代丁零后裔)接触。拓跋邻"七分国人"时,"献帝以兄为纥骨氏,后改为胡氏",赐纥骨氏与其兄长为姓。鲜卑七族当指拓跋邻手足七人,而不是其所统领的部人。① 考此纥骨氏的由来,与"坚昆"汉译为"纥骨"有关。② 因"其种杂丁零",遂被当作高车(丁零)的一部,称为纥骨氏。③ 进而以拓跋鲜卑的属部即高车(丁零)人的身份,被编入鲜卑七姓之一。文献记载"其诸方杂人来附者,总谓之'乌丸',各以多少称酋、庶长,分为南北部,复置二部大人以统摄之"④,又如"神元皇帝时,余部诸姓内入者"⑤。可见北魏多以降服的属部的族名为姓氏,如吐谷浑氏,依旧称吐谷浑氏,乌丸氏,后改为桓氏。在此,纥骨当也不例外。无独有偶,纥骨部还被史家误作铁勒(丁零-高车)诸部之一的乌护部⑥。称其居住在伊吾(今新疆维吾尔自治区之

---

① [北齐]魏收:《魏书》卷113《官氏志九·献帝赐姓》,中华书局1974年版,第3006页。
② 《新唐书》卷217下《黠戛斯传》,第6147页。故后世得其地者讹为结骨,稍号纥骨。
③ 王仲荦:《鲜卑姓氏考》,王仲荦:《𪩘华山馆丛稿续编》,山东大学出版社1995年版,第5页。
④ 《魏书》卷113《官氏志十九》,第2972页。
⑤ 同上书,第3008页。
⑥ 《北史·铁勒》:"伊吾以西,焉耆之北,傍白山,则有契弊、薄落职、乙咥、

哈密）、焉耆（今在新疆维吾尔自治区焉耆回族自治县附近）、白山（今新疆维吾尔自治区之天山）等地。

直到唐代，史册仍将黠戛斯与铁勒混为一族。《旧唐书·阿史那社尔传》载阿史那社尔拓设与欲谷设（乙毗咄陆可汗），"分统铁勒、纥骨、同罗等诸部"①。纥骨不是铁勒；同罗本为铁勒一族，二者均与铁勒并列，可见史家并不明了他们的关系。鉴于此，纥骨被视为高车一部，抑或被列入鲜卑纥骨氏等等，也就不足为奇了。

四、黠戛斯族源蠡测

依据汉文史籍的记载，古代黠戛斯族人有黄面、黑发、黑瞳等体质面貌特征。借助古代民族体质人类学分析的结论②，我们通过追溯其历史渊源，期望得到明确的答案确非易事。

蒙盖特《苏联考古学》一书，从南西伯利亚的文化传承上，考察了包括黠戛斯在内南西伯利亚的血缘混杂脉络。阿凡纳羡沃文化（Afanasevo Culture），年代约为公元前 3000 年至公元前 2000 年之初，是南西伯利亚地区时代最早的青铜文化，集中分布于叶尼塞河上游的米努辛斯克盆地和阿尔泰地区。居民属欧罗巴人，不属于

苏婆、那曷、乌护、纥骨、也咥、于尼护等，胜兵可二万"，第 3303 页。《隋书·铁勒传》："伊吾以西，焉耆之北，傍白山，则有契弊、薄落职、乙咥、苏婆、那曷、乌谨、纥骨、也咥、于尼谨等"，第 1880—1881 页。《新唐书·黠戛斯传》因袭《隋书》的记载，称黠戛斯"地当伊吾之西，焉耆北，白山之旁"，第 6147 页。上述文献中的纥骨，实为铁勒乌护部。已为国内外学界所认可。参见〔日〕安部健夫《西回鹘国史的研究》，宋肃瀛、刘美崧译，新疆人民出版社 1986 年版，第 113 页。

① 《旧唐书》卷 109《阿史那社尔传》，第 3288 页。
② 朱泓：《人种学上的匈奴、鲜卑与契丹》，《北方文物》1994 年第 2 期。

蒙古利亚人。其后，安德罗诺沃文化（Andronovo Culture），年代约为公元前2000年至公元前1000年初，是西伯利亚及中亚地区的青铜时代文化。居民属欧罗巴人的一个特殊类型。卡拉苏克文化（Karasuk Culture），年代约为公元前1200年至公元前700年，也是西伯利亚及中亚地区的青铜时代文化分布于南西伯利亚、鄂毕河上游和哈萨克斯坦。从体质特征来看，居民带有一些蒙古人的特点，青铜器与中国北方的青铜器相似。这说明该文化人口自然增长，从中国北部向南西伯利亚等地方迁移了一些部落，无论是人类学资料还是考古学资料都体现了这一现象。[①] 米努辛斯克盆地的塔加尔文化（Tagar Culture），年代约为公元前8至公元前2世纪，是南西伯利亚早期铁器时代文化，分布于苏联叶尼塞河上游米努辛斯克盆地、克拉斯诺亚尔斯克地区和克麦罗沃州东部。塔施提克文化（Tashtyk Culture），年代约为公元前1世纪至公元4世纪，是南西伯利亚早期铁器时代文化。这两种文化的居民构成呈现出欧罗巴人与蒙古利亚人强烈混杂的特征[②]。其后这一地区发展成为公元6至10世纪叶尼塞河流域的黠戛斯文化。

坚昆族源的蒙古利亚人成分，出现时间与来源都较为复杂，族源实则难以辨别。考文献记载，其"种杂丁零"，又因隶属于匈奴，不仅长期与匈奴人杂处，还不免与没入匈奴的中原兵卒杂处，匈奴亡后，西部鲜卑大人控制了匈奴右地。故此，坚昆与鲜卑的通婚融合也在所难免。

汉代古籍记载，丁零游牧于北海（今贝加尔湖一带），西与坚昆

---

① 〔苏联〕А. Л. 蒙盖特：《苏联考古学》，中国科学院考古研究所资料室编，1963年版，第115、117页。
② 同上书，第137、149、150页。

为邻。匈奴冒顿北服诸部中,坚昆与丁零并列。《三国志·魏略·西戎传》载,"坚昆国在康居西(东)北,丁令国在康居北,此上三国,坚昆中央,俱去匈奴单于庭安习水七千里"①,进一步明确了坚昆与丁零相邻地理位置。古籍中坚昆与突厥同源的记载,或许就与丁零、坚昆自古相邻有关。长期的历史接触,使坚昆"种杂丁零"也不无依据。考古发现证实丁零人属于蒙古利亚人,这已是中外学界的基本共识。②公元1世纪初,由于匈奴骑兵的大规模北进,才使坚昆有机会与丁零人直接接触。坚昆与丁零频繁的历史接触,很可能促成了部分蒙古利亚人混入黠戛斯部落。考古证实,南西伯利亚的塔施提克随葬面罩,具有明显的蒙古利亚人特征,而黠戛斯人已被认为是塔施提克文化的继承者。③

匈奴与坚昆的渊源,始于冒顿单于的扩张。坚昆"去匈奴单于庭安习水七千里"④,但自冒顿单于北扩后,坚昆沦为匈奴右地,并长期被匈奴所领属。郅支单于西迁时,留都于坚昆。除郅支单于自领的大军之外,还兼并了伊利目单于"兵五万余人"⑤。匈奴数万兵众以及裹胁或投降的中原兵士,长期占据坚昆所在的叶尼塞河流域。其兵众之多,足以令康居仰仗。为此,康居王"使使至坚昆通语郅支",邀其前往。虽然沿途遭到严寒、瘟疫使兵众大减,但仍有"三千人到康居"⑥。坚昆与匈奴的杂处,相互的融合当在所难免。人类学分析研究表明,古代匈奴人也是复合血缘族群,部分匈奴人属

---

① 《三国志》卷30《魏书·乌丸鲜卑东夷传》附鱼豢撰《魏略·西戎传》,第858页。
② 〔苏联〕C. B. 吉列谢夫:《南西伯利亚古代史》上册,第57页。
③ 同上书,下册,第117页。
④ 《三国志》卷30《魏书·乌丸鲜卑东夷传》附鱼豢撰《魏略·西戎传》,第858页。
⑤ 《汉书》卷94下《匈奴传》,第3800页。
⑥ 同上书,第3802页。

于蒙古利亚人的古西伯利亚类型。故此,匈奴也是黠戛斯部落中蒙古利亚人的来源之一。①

直至汉末,在坚昆(今俄罗斯阿巴坎地区)之地,汉、匈工匠还合力建造了一座中国式的宫殿,有学者称之为"李陵宫"②。但据汉文文献记载,此说当不成立。又《汉书·匈奴传》载,汉末呼韩邪单于与王昭君的女儿须卜居次与其夫婿须卜当夫妇与王莽联系密切,极有可能建造汉式宫殿。因为汉平帝幼时,太皇太后称制,新都侯王莽秉政。为了取悦太后,王莽暗示单于"令遣王昭君女须卜居次云入侍太后,所以赏赐之甚厚"③。须卜当时为匈奴用事大臣右骨都侯,在匈奴拥有一定影响。因为"云常欲与中国和亲,又素与咸厚善",所以拥"立咸为乌累若鞮单于"。须卜夫妇拥立咸为匈奴乌累若鞮单于之后,"遂劝咸和亲"④。故有可能建造汉式宫殿,并出现"天子千秋万岁"与"常乐未央"字样的瓦当。在此,汉式宫殿具体所属已无妨,但足以证明匈奴仍然具有此地,当无可辩驳。

继匈奴之后,鲜卑檀石槐"南抄缘边,北拒丁零,东却夫余,西击乌孙,尽据匈奴故地"⑤。其后,檀石槐分鲜卑部落大联盟为东、中、西三部。西部鲜卑大人所辖范围"从上谷以西至敦煌,西接乌孙为西部,二十余邑"⑥。此时,坚昆、丁零均当在鲜卑西部大人的统

---

① 潘其风:《从颅骨资料看匈奴的人种》,《中国考古学研究》第2集,科学出版社1986年版。朱泓:《人种学上的匈奴、鲜卑与契丹》,《北方文物》1994年第2期。陈靓:《匈奴鲜卑与契丹的人种学考察》,吉林大学博士学位论文,2002年。
② 周连宽:《苏联南西伯利亚发现的中国式宫殿遗址》,《考古学报》1956年第4期。
③ 《汉书》卷94下《匈奴传》,第3818页。
④ 同上书,第3827页。
⑤ [南朝]范晔撰、[唐]李贤等注:《后汉书》卷90《乌桓鲜卑列传》,中华书局1965年版,第2989页。
⑥ 《三国志》卷30《魏书·乌丸鲜卑东夷传》附《魏书》,第838页。

辖范围内。正如《三国志·魏略·西戎传》所言，西部鲜卑"其种非一，有大胡，有丁零，或颇有羌杂处"①。三国时期，鲜卑、丁零等部偕同朝魏，可见接触之频繁。再如"鲜卑附义王轲比能率其种人及丁零大人儿禅诣幽州贡名马"②，可见当时的民族融合程度。坚昆不仅与丁零，甚至与西部鲜卑，也存在着通婚融合的可能性与必然性。

由于黠戛斯地处叶尼塞河上游，距中原太过遥远，与中原王朝的直接往来迟至唐朝，因此汉文文献对其族源的记载不甚明了甚至被汉文史籍记载与突厥、铁勒同源或同族。更由于特定的历史原因，被演绎为汉代李陵的后裔。结合汉文文献的相关记载与考古发现，黠戛斯的蒙古利亚人群成员，或与匈奴、丁零、鲜卑等民族的融合有关。总之，黠戛斯族源较为复杂，尚待进一步考证。

---

① 《三国志》卷30《魏书·乌丸鲜卑东夷传》附《魏略·西戎传》，第858页。
② 《三国志》卷3《魏明帝纪》，第8页。

第二章　黠戛斯早期历史

西汉时期的坚昆，是唐代黠戛斯的远祖。"坚昆"之名，始见于汉代，源于其被匈奴冒顿单于的征服，并未见坚昆与汉王朝直接发生联系。黠戛斯与中原王朝的联系，始于唐太宗朝。东突厥汗国败亡后，漠北铁勒各部纷纷南下附唐。坚昆首领亦随铁勒各部入朝拜见唐太宗，并表达内附意愿。唐朝史官考其为汉代"坚昆"之后，故此，太宗以其君主为都督，设立了坚昆都督府。坚昆都督府的设立，是黠戛斯隶属于唐朝的标志。从此，坚昆与唐朝保持了近百年的隶属关系。天宝末到乾元年间，因受到回鹘重创而阻断了道路交通，才被迫中断了与唐朝的联系。

唐武宗朝，黠戛斯再度与唐取得联系。但唐太宗时期的"坚昆"族名，译写为"黠戛斯"。故此章以汉代坚昆及唐代坚昆都督府为主，是为早期黠戛斯历史。

第一节　汉代坚昆历史

汉代文献有关坚昆的史料少且零散，因此，只能从匈奴的历史记载中管窥其历史的片段。依据零星的记载，可考其族名、居住地、经济等内容。在此略作梳理，以粗略厘清其历史脉络。

学术界对坚昆族名及汉文转写的研究，见于苏联巴托尔德所撰的《中亚突厥史十二讲》，列举了几位苏联学者的族名研究论文。① 台湾学者陈庆隆博士也发表了《坚昆、黠戛斯与布鲁特》一文，论证了黠戛斯在不同时期的族名及语源等问题。

一、史册中的坚昆

公元前3世纪，匈奴冒顿单于建立了统一北方的游牧政权。冒顿单于扩张领土，鬲昆被匈奴征服而首现汉文史册。司马迁《史记·匈奴列传》载，冒顿"北服浑庾、屈射、丁令、鬲昆、薪犁之国"②。班固撰《汉书》时，《匈奴传》中匈奴早期历史基本沿袭了《史记·匈奴列传》的记载，冒顿单于"北服浑窳、屈射、丁令、隔昆、薪犁之国"③，《汉书·匈奴传》以"隔昆"取代了"鬲昆"，实为同一族名的不同汉字译写。利用语文学构拟，可知"鬲昆"与"隔昆"两个族名的读音无二。鬲读音为"古核切·见麦开二"④，昆读音为"古浑切·见魂合一"。鬲昆，在汉代的音值可大体构拟复原为 *kæk-kuən。古代汉语语音中"隔"与"鬲"字，同切同韵，可知

---

① 〔苏联〕威廉·巴托尔德：《中亚突厥史十二讲》，罗致平译，第31页。
② 《史记》卷110《匈奴列传》，第2893页。
③ 《汉书》卷94上《匈奴传》，第3753页。
④ "鬲"字，在汉语中为多音字，分别读作 gě、lì，此处应取 gě 音。鬲又读 lì，"郎击切·来锡开四"，构拟音值 *lik。参考张氏泽存堂影印本：《宋本广韵》，北京中国书店1982年版。王力：《王力古汉语字典》，中华书局2000年版，第1709页。文中汉语古音构拟，均参考王力先生所著的《汉语语音史》《汉语音韵学》，郭锡良《汉字古音手册》等著作。

"鬲"字的读音实与"隔"同,只是汉字的写法不同。[①]汉初"鬲昆"与"隔昆"同音值,因此,"鬲昆"与"隔昆"仍为同一古族。

西汉永光元年(公元前43年),匈奴郅支单于"北击乌揭,乌揭降。发其兵西破坚昆,北降丁令,并三国"[②]。坚昆之名始现史籍,坚昆作为该族的汉译称谓,亦被后世所沿用。如《三国志·魏略·西戎传》亦称作"坚昆"[③]。唐贞观二十二年(648),坚昆酋长入朝,唐太宗以其地为唐朝的坚昆都督府。因此,初唐至唐武宗时期,也以"坚昆"相称。

考"坚昆"一名的首字"坚"字,如同"鬲"读作"隔"一样,只是两字的发音略微变化而已。坚昆可构拟为:坚"古贤切·见先开四",昆"古浑切·见魂合一",在汉代的音值可构拟为 *kien-kuən[④]。可见"坚"(kien)与"鬲"(kæk)发音接近,因此,鬲昆、坚昆读音变化不大。两词首字母的读音,只是从汉代以 -k 为尾辅音的入声字,演化成以鼻音 -n 结尾的阳声字。"坚昆"汉语读音可构拟为 *genkun,原蒙古语读法为 *Qirghun。[⑤]

---

① 刘迎胜《古代中原与内陆亚洲地区的语言交往》一文,指出"鬲"与"隔"两字,在上古的读音相同或相近。并提出上古汉语存在复辅音现象,因此,将"鬲昆"构拟为 *glkun。王元化主编:《学术集林》(第七卷),上海远东出版社1996年版,第173页。
② 《汉书》卷94下《匈奴传》,第3800页。
③ 《三国志》卷30《魏书·乌丸鲜卑东夷传》附鱼豢撰《魏略·西戎传》,第858页。
④ 参见刘迎胜《古代中原与内陆亚洲地区的语言交往》,他提出"隔"与"坚"的中古音的声母均为 g-。"坚昆"可构拟为 *genkun。与"鬲昆"即 *glkun 一样,代表该民族名称的一种原蒙古语读法 *Qirghun。译写规律是民族语中辅音 -r 用辅音 -n 表示。王元化主编:《学术集林》(第七卷),第173页。
⑤ 刘迎胜《古代中原与内陆亚洲地区的语言交往》,参见王元化主编《学术集林》(第七卷),第173页。国内学者亦邻真与刘迎胜见地相同,也认可坚昆读法与原蒙古语有关。

唐人解释"坚昆"一名的寓意，有"坚者不朽之名，昆者有后之称"的说法。① 而将汉译的"坚昆"一词，两字拆开分别解释的说法，实际上并不科学。台湾学者陈庆隆提出"坚昆"是该族族名的意译，而不是汉语的音译。认为"坚昆"一词，是由 Kem（剑河）+Kun（匈奴）构成，是"剑河之匈奴"的意思，这种提法似乎也有些牵强。② 首先，"坚昆"之名，始于汉代史册，但汉代文献并未出现"剑河"的相关信息。在叙述坚昆国的方位时，最准确的提法也只有坚昆在"匈奴北"，或"康居西北"等字样。其次，"坚昆"初现《史记》《汉书》等史册，只是作为匈奴扩张时被征服的对象，司马迁及班固都没有述及坚昆的具体地理方位。"剑河"作为地理概念，是唐朝人与坚昆人直接接触后，才被中原史官所认识。《新唐书·黠戛斯传》也仅仅提及坚昆"乃匈奴西鄙也"，意在明确坚昆的相对方位与匈奴有关。因此，"坚昆"即"剑河之匈奴"的说法，恐怕还需考证，有待商榷。

　　关于"坚昆"一名的转写问题，学界也曾有多种不同看法。由于 Qïrqïz 出现在鄂尔浑突厥文碑铭，所以对国外学者而言，其语源所出不一。法国学者伯希和认为，坚昆是黠戛斯的蒙古语单数写法及汉文转写。亦邻真、刘迎胜等国内学者也认可坚昆读法与古蒙古语有关。③ 加拿大学者蒲立本（E. G. Pulleyblank）发表的《柯尔克孜族称考》(The Name of the Kirghiz, 1990)，认为9世纪以前的汉译族称应与蒙古语有关，并提出 Qïqïr 是坚昆、结骨的对音，而非

---

① 《会昌一品集》卷6《与黠戛斯可汗书》，第35页。
② 陈庆隆：《坚昆、黠戛斯与布鲁特考》，载《大陆杂志》第51卷，1975年第5期。
③ 亦邻真：《亦邻真蒙古学文集》，内蒙古人民出版社2001年版，第552页。

译自 Qïrqïz。① 也有学者则主张黠戛斯族名与突厥语相关，美国突厥学家波佩（N. Poppe）在研究中发现"古阿尔泰语词汇常常附带一个不稳定的尾音 -n"。这个尾音有时可释为复数语尾，相当于突厥语复数语尾 -lar。所以，坚昆读作 * kiæn-kuęn 当是"结骨（读作 * kiæt-kuət)"一名的复数形式。② 与此相反，关于坚昆的突厥语单复数问题，法国学者巴赞也提出过自己的看法，他认为坚昆的单数译写是 *Krïkun，结骨是坚昆的复数，早期的复数写法是 *Kïrknt，较晚的复数形式就是 Kırkız。③ 这两位学者从古突厥语语法的角度，提出了不同的解说。可见国外学者的相关研究，在于找到与突厥文 Qïrqïz 对应的是哪个民族，以及如何拼读其族名，而非汉语意义上的读写。囿于语言学知识，在此尚无法判定孰是孰非。相对于其他学者的研究，岑仲勉依据汉语的语音演变规律，提出"坚昆"转译为"结骨"，是因为"隋唐间转收声 -r、-z 为收音 -t，故译结骨"的说法。④ 从汉语语音学的角度，说明汉语的译音原则以及汉语译写的黠戛斯族名，与该词的单复数表达并没有多大关系。

南北朝至隋，《周书》与《北史》的《突厥传》，将坚昆族名汉译作"契骨"。构拟"契骨"一词可知，契"苦结切·溪屑开四"、骨"古忽切·见没合一"，契骨的音值可构拟为 * k'iet-kuət。《隋书》、《北史》的《铁勒传》，则译写为"纥骨"。还原"纥骨"的读音，可知，纥"下没切·匣没开一"，骨"古忽切·见没合一"，音

---

① 〔加〕蒲立本（E. G. Pulleyblank）:《柯尔克孜族称考》，耀堂译，载李祥瑞、牛汝极:《阿尔泰学论丛》第 1 辑，新疆大学出版社 1994 年版，第 125、126 页。
② 〔美〕波佩（N. Poppe）:《阿尔泰语和乌拉尔语复数语尾研究》，耀堂译，载李祥瑞、牛汝极:《阿尔泰学论丛》第 1 辑，第 136 页。
③ 〔法〕路易·巴赞:《突厥历法研究》，耿昇译，中华书局 1998 年版，第 118 页。
④ 岑仲勉:《通鉴隋唐纪比事质疑》，中华书局 1964 年版，第 284 页。

值可构拟为 * rət -kuət。考察契骨、纥骨两个族名的首字母的古音译写，可知，契，在古汉语中为多音字，分别读作 qì、qiè、xiè 等音，在此处应读 qiè 音。这两个族名，较之于汉时坚昆 * kien-kuən 的发音，都是以 -t 韵尾替代了 -n 辅音的韵尾，使其从收声字转为入声字。"纥骨"一词中"纥"字的声母，也由见母的 k' 音转为匣母的 ɤ 音，虽然都是喉音，但是发音位置不同。因此，南北朝至隋唐五代是汉语语音由上古音向中古音的转变时期，使该族名称出现了新的汉字写法。

二、汉魏南北朝时期坚昆的活动区域

公元前 3 世纪，冒顿单于向北扩张，征服了"浑庾、屈射、丁令、鬲昆、薪犁之国"①，将匈奴的北境推进至今贝加尔湖。鬲昆（即坚昆、黠戛斯）的地理位置，当位于匈奴之西北即今贝加尔湖北部。

殆至东汉，班固撰写《汉书·匈奴传》时，黠戛斯的地理方位比《史记》的记载稍显明确。汉元帝永光元年（公元前 43 年），匈奴郅支单于与呼韩邪单于不睦，呼韩邪单于南下附汉，郅支单于"因北击乌揭，乌揭降。发其兵西破坚昆，北降丁令，并三国。数遣兵击乌孙，常胜之。坚昆东去单于庭七千里，南去车师五千里，郅支留都之"②。《汉书·陈汤传》也记载"郅于由是遂西破呼偈、坚昆、丁令，兼三国而都之"③。乌揭即今新疆北部阿尔泰至斋桑泊一带，丁零在今俄罗斯境内贝加尔湖一带以西、以北，乌孙在今新疆伊犁以

---

① 《史记》卷 110《匈奴列传》，第 2893 页。
② 《汉书》卷 94 下《匈奴传》，第 3800 页。
③ 《汉书》卷 70《傅常郑甘陈段传》，第 3008 页。

东。由此可知史籍所载坚昆与乌揭、丁零三族的相对位置。再由坚昆"东去单于庭七千里",参考两汉历史地图,可大体判定西汉时期坚昆在匈奴的西北方向。①

东汉时坚昆的地理位置,文献记载较前稍有补充。《三国志·魏书·乌丸鲜卑东夷传》以呼得、乌孙、康居等三国为参照,列出了与坚昆的相对位置。据载"呼得国在葱岭北,乌孙西北,康居东北,胜兵万馀人,随畜牧,出好马,有貂。坚昆国在康居西北,胜兵三万人,随畜牧,小多貂,有好马。丁令国在康居北,胜兵六万人,随畜牧,出名鼠皮、白昆子、青昆子皮。此上三国,坚昆中央,俱去匈奴单于庭安习水七千里,南去车师六国五千里,西南去康居界三千里,西去康居王治八千里"②。这里的呼得(乌揭)、坚昆、丁令三者的位置,显然是参考了《汉书·匈奴传》的记载。三国时期,丁令(零)已分为两部,其中一部分在今贝加尔湖以南游牧,称北丁令;而迁徙至今新疆阿尔泰山和塔城一带的一部分称西丁令,南与乌孙、车师相接,西南与康居为邻。结合汉代史料,此处所载的丁令当为已西迁的西丁令部。而史料对康居、坚昆国两国相对方位的记载,看似出现了相悖的描述:坚昆在康居的"西北",而坚昆"西南"距康居边界三千里。实际上,并非文献记载两国相对方位出现了偏差错误,而是上述史料依据的坐标轴,并不是完全正南正北定向的缘故。对照谭其骧主编的《中国历史地图集》可知,坚昆实际上在康居(疆域大约在今哈萨克斯坦南部及锡尔河中下游,巴尔

---

① 谭其骧主编:《中国历史地图集》第2册(秦、西汉、东汉时期),中国地图出版社1982年版,第39页。
② 《三国志》卷30《魏书·乌丸鲜卑东夷传》附鱼豢撰《魏略·西戎传》,第862页。

喀什湖和咸海之间）的东北①。从坚昆往东南行七千里，即可到达安习水（今蒙古国鄂尔浑河）的漠北匈奴单于庭。南行八千里能可抵车师国都（遗址交河城，在今新疆吐鲁番西北）。因此，两汉时期，坚昆地域大致在今贝加尔湖以西、鄂毕河一带。

魏晋南北朝时期，黠戛斯汉译族名为"契骨"。相关的汉文文献，虽然因袭了前朝的记载，但添加了以河流作为参照物的新史料。据《周书·突厥传》记载，突厥祖先伊泥质师都生四男，其中一男"国于阿辅水、剑水之间，号为契骨"②。至此，汉文文献出现了其活动地域的具体记载。

考阿辅水和剑水，即今叶尼塞河主要支流谦河的两个支流。其一是克姆契克河，另一条是距该河发源地不远的阿巴坎河。法国学者韩百诗认为，阿辅水是 Abu 一音的转写③，此说法值得商榷。考《周书》对两河名称的记载，是采用了不同的转写方式：

（1）阿辅水，是今"阿巴坎河"一名的意写。寓意该河曲折蜿蜒，是汇入叶尼塞河的一个旁系支流。分析两字的读音、语意可知，阿"乌合切，今音 ē，曲隅也"，意思是山或水的弯曲处；辅"扶雨切，今音 fǔ，有辅佐、协助之意"，是指车轮外侧增缚的直木，用以增强车轮的承载力。古人依据此河的流向婉转曲折，选取"阿辅"两字表明其河水的特征。

（2）"剑水"一词的转写，与阿辅水的意写不同。"剑"，《广韵》作"居欠切"，拼读拟音当是 *giam。广韵时代见母拟作 g，剑字是闭口韵，韵尾是 m。在古代汉语中，特别是唐宋以前，许多读

---

① 谭其骧主编：《中国历史地图集》第 2 册，第 39 页。
② 《周书》卷 50《异域下·突厥传》，中华书局 1971 年版，第 908 页。
③ 〔法〕韩百诗：《谦河考》，耿昇译，《蒙古学信息》1999 年第 1 期。

g、k、h声母的字，在现代汉语中读成了j、q、x声母的字。据此可知，《周书》中的"剑水"当是隋唐时期剑河（突厥文Käm）的音写。"剑水"就是"剑河（Käm）"，唐代泛指今叶尼塞河地区，今专指其支流克姆契克河。

南北朝时期，契骨（黠戛斯）从两汉居地鄂毕河一带已逐步东迁至叶尼塞河流域，生活在克姆契克河与阿巴坎河之间。克姆契克河河谷卡伊–巴什岩壁铭文显示，直到唐代这里是黠戛斯汗国的统治中心。

第二节　唐前期的坚昆历史

一、隋唐时期黠戛斯的活动区域

隋代，汉文文献把黠戛斯译写作"纥骨"。《隋书·铁勒传》称纥骨为铁勒诸部之一，并载"伊吾以西，焉耆之北，傍白山，则有契弊、薄落职、乙咥、苏婆、那曷、乌讙、纥骨、也咥、于尼讙等，胜兵可二万"[①]。其中，伊吾是今新疆维吾尔自治区哈密市，焉耆指今新疆焉耆回族自治县，白山即天山山脉。《北史·铁勒传》因袭了《隋书》的说法，亦载"伊吾以西，焉耆之北，傍白山，则有契弊、薄落职、乙咥、苏婆、那曷、乌护、纥骨、也咥、于尼护等，胜兵

[①]《隋书》卷84《北狄·铁勒传》，第1879页。

可二万"①。黠戛斯的地理位置较之南北朝时期,看似南移到了今天山一带。史料中把黠戛斯列入铁勒一族,固然有误,但证实了此时部分黠戛斯人已定居在西域②。文献对于隋唐时期黠戛斯的活动区域的记载,《隋书》虽然将其混为铁勒一族,但也并不能排除有其余众与铁勒杂居的可能。

(一)《通典》与两《唐书》的记载

杜佑所撰《通典》卷二百《结骨国》条记载,结骨(黠戛斯)"南阻贪漫山","有水从回纥北流踰山经其国"。③这是唐代关于黠戛斯地理位置的最晚史料。

法国学者沙畹认为"贪漫山"似指"唐努山",并提出"黠戛斯发源之地北起赛扬(萨彦)山,南迄唐努山。其后或大为发展,南至哈密焉耆,西抵咸海(Aral),也是可能的事"。④俄罗斯学者俾丘林与沙畹的观点几近相同,他认为"贪漫"与"唐努"音近,故"贪漫山"即今之"唐努山",指古代黠戛斯的南界⑤。虽然构拟两词的汉语发音并不完全相同,但将今唐努乌拉山比作贪漫山、曲漫山均已为学界所公认。

与此相佐,鄂尔浑古突厥文碑铭中,kögmän(汉译为曲漫

---

① 《北史》卷99《铁勒传》,第3303页。
② 薛宗正:《柔然汗国的兴亡——兼论丁零、铁勒系族群的西迁与崛起》,《西域研究》1995年第3期。
③ 《通典》卷200《边防典·结骨国》,第5492页。
④ 〔法〕沙畹:《魏略·西戎传笺注》,冯承钧译,《西域南海史地考证译丛》(第二卷,第七编),商务印书馆1995年版,第55页。
⑤ 〔俄〕俾丘林:《俾丘林对〈古代中亚各族资料汇编〉第一卷中对汉文史料所作注释摘录》,余大均译,〔日〕内田吟风等:《北方民族史与蒙古史译文集》第327页。

山）是黠戛斯的住地。《磨延啜碑》第23—24行，明确记载"黠戛斯汗在曲漫（山）里边，在其牙帐那里"①。两种文献记载是否同指一山，对比构拟两山之名的首字：贪"他含切，*t'am"，曲"丘玉切，*k'ĭwok"，显然两字的声母、韵母都完全不同，因而依照语文学的构拟尚不能确定两者的关联。然而无论是"贪漫山"还是"曲漫山"，都是对突厥语地名的汉译，其出现不同的汉字转写形式的原因，或许是不同时代汉语语音差异所致。从汉文文献记载的黠戛斯"南阻贪漫山"，鄂尔浑突厥文碑铭所见的黠戛斯在"曲漫山里边"，可证黠戛斯人居住在此山北无疑。参照吉谢列夫的《南西伯利亚古代史》可知，叶尼塞河有大小两个源流，小叶尼塞河发源于唐努乌拉山脉，大叶尼塞河发源于东萨彦岭，阿巴坎河发源于西萨彦岭，向东北流过黠戛斯人聚居的米努辛斯克盆地。②黠戛斯地处叶尼塞河流域，与叶尼塞河及其相依的山脉是萨彦岭。因此，"贪漫山"、"唐努山"、曲漫山等都是与黠戛斯有关的山，当是史籍对今唐努乌拉山以北萨彦岭的不同称谓，也印证了汉文及突厥文史料关于此山在黠戛斯之南的说法。

《旧唐书》对黠戛斯的方位，略述为在"回纥西北"，这显然是袭自《通典》的记载。《旧唐书》出现了坚昆与外界大略距离的记载，如《旧唐书》载回纥"在薛延陀北境，居娑陵水（色楞格河）侧，去长安六千九百里"③。据此结合《通典》"结骨在回纥西北三千里"的记载推测，可知坚昆应距有唐长安万里之遥。其次，《旧唐书·地理志一》又载"坚昆，在北庭府北七千里，东北去斩啜（后

---

① 《磨延啜碑》第23—24行，耿世民：《古代突厥碑铭研究》，第199页。
② 〔苏联〕C. B. 吉列谢夫：《南西伯利亚古代史》下册，第117页。
③ 《旧唐书》卷195《回纥传》，第5195页。

突厥默啜)千七百里"①。这些数字显然只是概数，但起码也可大致勾勒出坚昆距漠北回鹘、后突厥汗国和唐朝北庭、长安的距离。

宋代欧阳修等撰写的《新唐书》始辟《黠戛斯传》，也是正史中唯一的黠戛斯专传。其中糅合了前代史书相关的内容，同时也采用了增添的部分新史料而成。唐代黠戛斯地理分布，《新唐书·黠戛斯传》的记载，是取自不同时期的史料汇总而成。以记载先后顺序，分别考之如下：

> 黠戛斯，古坚昆国也。地当伊吾之西，焉耆北，白山之旁。或曰居勿，曰结骨。其种杂丁零，乃匈奴西鄙也。匈奴封汉降将李陵为右贤王，卫律为丁零王。后郅支单于破坚昆，于时东距单于廷七千里，南车师五千里，郅支留都之。②

《新唐书·黠戛斯传》此段史料记载，显然是引用了《隋书·铁勒传》的记载，又杂以两汉时期的记载。《隋书》此处是泛指西迁铁勒诸部的大致分布范围，因此，并不是黠戛斯的具体地理位置。此外，《新唐书·黠戛斯传》还引用了《汉书·匈奴传》的记载，考《汉书》所记是汉代坚昆与匈奴的单于住地的大致距离。所以，以上两点都不能说明唐代黠戛斯的具体位置。

《新唐书·黠戛斯传》述及唐代黠戛斯地理方位的记载，如下：

---

① 《旧唐书》卷38《地理志一》，第1385页。
② 《新唐书》卷217下《黠戛斯传》，第6147页。宋代乐史著《太平寰宇记·黠戛斯传》，也因袭了此段记载。

直回纥西北三千里，南依贪漫山。①

阿热牙至回鹘牙所，橐它四十日行。使者道出天德右二百里许抵西受降城，北三百里许至鹏鹈泉，泉西北至回鹘牙千五百里许，而有东、西二道，泉之北，东道也。回鹘牙北六百里得仙娥河，河东北曰雪山，地多水泉。青山之东，有水曰剑河，偶艇以度，水悉东北流，经其国，合而北入于海。东至木马突厥三部落，曰都播、弥列、哥饿支，其酋长皆为颉斤。②

黠戛斯汗国距漠北回鹘汗国的牙帐（鄂尔浑河畔）的距离，参考《旧唐书·地理志》的记载，北庭都护府治所庭州"北至坚昆七千里，东至回鹘界一千七百里"③。可知，坚昆距唐代庭州（今东部天山北麓新疆吉木萨尔北十多公里的护堡子古城）七千里。比较而言，距离回鹘牙帐三千里的说法，应该基本准确。

从黠戛斯牙帐到回鹘牙帐的行程，骆驼需行四十日④。唐至黠戛斯的行程与路线，即"使者道出天德又二百里许，抵西受降城，北三百里许至鹏鹈泉，泉西北至回鹘牙帐千五百里许，而有东西二道，泉之北东道也。回鹘牙北六百里得仙娥河，河东北曰雪山，地多水泉。青山之东，有水曰剑河，偶艇以度，水悉东北流，经其国，合而北入于海"⑤。此段记载，源自贾耽所撰《华夷述》，相似内容，还见

---

① 《新唐书》卷217下《黠戛斯传》，第6147页。
② 同上书，第6148页。
③ 《旧唐书》卷40《地理志二》，第1616页。
④ 《新唐书》卷217下《黠戛斯传》，第6148页。
⑤ 同上。

于北宋乐史编著的《太平寰宇记》。

《新唐书·黠戛斯传》涉及地理与地域的记载，还有"东至骨利干，南吐蕃，西南葛逻禄"①；"遂徙牙牢山之南。牢山亦曰赌满，距回鹘旧牙度马行十五日"②。此处所指，应是黠戛斯击溃回鹘汗国后控制的区域。实际上，黠戛斯西南与葛逻禄邻的记载，是指葛逻禄由北庭西北、金山以西，西迁突骑施之前的情况。《新唐书》是把不同时期的史料混杂了。其后一段记载，是840年以后黠戛斯的位置。相比较而言，黠戛斯的疆域确实是向东南扩展了。

（二）《太平寰宇记》的记载

宋代乐史编撰的地理学专著《太平寰宇记》第一九九卷"黠戛斯"条，记载"黠戛斯，西北荒之国也，（中略）在回纥西北四十日程，一本云三千里"③。其四至："其国南有贪漫山地，（中略）有水从回鹘北流踰山。又云，其国依青山之西面，有金海，分为二河，一名羊河，一名剑平吉侧河。从天德军西二百里至西受降城，又北三百里鹏鹈泉，西北回帐一千五百里，回鹘西北四十日程方至其国，东去单于庭七千里，南去车师五千里也"④。

《太平寰宇记·黠戛斯传》对黠戛斯居地的记载，基本因袭了前人记载。此外，出现了新的说法，如"有水从回鹘北流踰山。又云，其国依青山之西面，有金海，分为二河，一名羊河，一名剑平吉侧

---

① 《新唐书》卷217下《黠戛斯传》，第6149页。
② 同上书，第6150页。
③ 岑仲勉：《太平寰宇记一九九黠戛斯（嘉庆八年重校刊本）校注》，岑仲勉：《突厥集史》下册，第725页。
④ 同上书，第726页。

河"。其中"有水从回鹘北流踰山"指回鹘最初建牙的色楞格河，它是叶尼塞河的发源地之一。其国"有金海，分为二河，一名羊河，一名剑平吉侧河"的记载，不见于以往史册。显然，作者乐史参考了《新唐书》没有利用的其他史料。如太宗贞观年间，漠北各部来附，颜师古就曾撰写了《王会图》记录各部详情。在此，厘清"羊河"、"剑平吉侧河"的位置，是明确"金海"所指的关键。岑仲勉曾指出"羊河"当指"牟河"，即《周书》中的"阿辅水"，也就是今阿巴坎河。此说已得到学界的认同。"剑平吉侧河"，据岑仲勉考证是"剑河"之衍，即今克穆齐克河。① 韩百诗《谦河考》一文中，提到"阿辅水"和"剑河"两河源头的不远处，有一湖名 Altin 即"金湖"，并将此湖勘定为"金海"。② 勘察该地区的历史地理图，他的结论也不失为一种合理的解释。《太平寰宇记·黠戛斯传》所载的羊河和剑平吉侧河，分别是"阿辅水"、"剑河"的异称与衍误。由此也进一步证实了黠戛斯居住地仍然没有迁离叶尼塞河流域。

两汉时期，坚昆大致在今鄂毕河流域。南北朝时期，坚昆从鄂毕河一带逐渐东移至叶尼塞河流域，生活在阿巴坎河与克穆齐克河之间。直至击破回鹘以前，其居住地还在叶尼塞河中游地区，集中分布在今萨彦岭以北的南西伯利亚地区，另有一小部分散居在天山南麓的高昌、焉耆一带。之后黠戛斯南迁曲漫山南麓，其疆域东邻骨利干（在贝加尔湖附近，今安加拉河一带），东南与都播（贪漫山南、唐努乌梁山北）相壤，西南与葛逻禄为邻（阿尔泰山以西）。公元 840 年左右，黠戛斯汗国的疆域曾达到最广。黠戛斯向西攻取北

---

① 岑仲勉:《太平寰宇记 九九黠戛斯（嘉庆八年重校刊本）校注》，岑仲勉,《突厥集史》下册，第 726 页。
② 〔法〕韩百诗著:《谦河考》，耿昇译，《蒙古学信息》1999 年第 1 期。

庭和安西地区时，南抵吐蕃，并曾占领安西（今新疆库车地区）、北庭（今新疆吉木萨尔地区），东南一度曾与唐朝接壤。从两汉至唐，黠戛斯人的活动区域呈现逐步东移的趋势，直至定居叶尼塞河上游地区。

从汉文古籍与突厥文碑铭的记载，可知从汉代起黠戛斯就已经生活在匈奴西北，历经百余年逐渐南迁最终定居于叶尼塞河流域，直到宋、金、蒙古帝国时期，叶尼塞河上游始终是其主要聚居地。

二、坚昆与北方诸族的关系

坚昆历史见载于西汉时期，但汉文文献并无详细的记载，故此，其早期历史仅凭零散史料稍加展开。

战国时期，匈奴南与中原燕、赵、秦三国为邻；至秦、汉之际，匈奴崛起于阴山河套地区。公元前3世纪，冒顿成为匈奴单于，拥有控弦之士三十余万。冒顿东灭东胡、西击月氏、南收白羊河南王、北服坚昆与丁令，统治了大漠南北广大地区。公元6世纪，漠北蒙古高原活跃着突厥、薛延陀、回鹘等部。坚昆因为势力较弱，曾受到突厥、薛延陀的征服。

（一）坚昆与匈奴的关系

坚昆早期历史的汉文记载，与匈奴的兴盛、扩张有关。由于匈奴冒顿单于的扩张，征服北方的"浑庾、屈射、丁令、鬲昆、薪犁之国"等部[①]。鬲昆（黠戛斯）与其他北方各部，相继被匈奴征服。

---

① 《史记》卷110《匈奴列传》，第2893页。

基于冒顿单于征服事件，汉文文献亦得见坚昆方位的记载。《汉书·匈奴传》载，坚昆"东去单于庭七千里，郅支留都之"[①]。《三国志·魏略·西戎传》始见稍具体的记载，坚昆距"匈奴单于庭安习水七千里"[②]。可知，坚昆的相对位置在匈奴单于庭的西方，即匈奴右地。按照匈奴的左右翼划分制度，匈奴右贤王统领右地，坚昆当受匈奴右贤王管辖。彼时匈奴会定期向其属部征收赋税，属部亦有纳税之义务，赋税当以实物为主。史籍未见匈奴直接向坚昆征收赋税的记载，但据文献记载，可间接观其赋税的征收情况。如《汉书·匈奴传》载王莽时期"颁四条"汉令，令护乌桓使者晓谕乌桓民众，其一就是"毋得复与匈奴皮布税"，乌桓响应汉令不与匈奴缴纳，结果"匈奴以故事遣使者责乌桓税"。[③]匈奴与其属部存在着贡赋关系，以此推之，同为匈奴所征服的坚昆，当也有向匈奴按时缴纳赋税的义务。此外，匈奴的属国有善待匈奴使者的义务。《汉书·西域传》载"自乌孙以西至安息，近匈奴"，故"匈奴使持单于一信到国，国传送食，不敢留苦"。[④]匈奴使者在西域受到的礼遇，推及同样隶属于匈奴的坚昆，或许也当如此。

由于被匈奴征服诸部的反抗，坚昆也曾一度摆脱对匈奴的隶属。汉宣帝本始三年冬（公元前71年）冬，匈奴出击乌孙，返回时遭遇"一日深丈余"的大雪，致使其"人民畜产冻死，还者不能什一"。[⑤]坚昆近邻丁令、乌桓、乌孙等三部乘机发起进攻，致使"匈奴大虚

---

① 《汉书》卷94下《匈奴传》，第3800页。
② 《三国志》卷30《魏书·乌丸鲜卑东夷传》附鱼豢撰《魏略·西戎传》，第862页。
③ 《汉书》卷94下《匈奴传》，第3820页。
④ 《汉书》卷96上《西域传》，第3896页。
⑤ 《汉书》卷94上《匈奴传》，第3787页。

弱，诸国羁属者皆瓦解"①。匈奴由此国力大减，羁属于匈奴的各部都相继脱离匈奴的控制，坚昆当也一度摆脱了匈奴的统治。

神爵二年（公元前60年），匈奴虚闾权渠单于死，握衍朐提单于即立。匈奴开始争夺单于王位的内战，郅支单于占据漠北王庭。甘露三年（公元前51年）正月，呼韩邪单于南下附汉。汉厚待呼韩邪使者，疏远郅支使者。郅支"自度力不能定匈奴，乃益西近乌孙，欲与并力，遣使见小昆弥乌就屠。乌就屠见呼韩邪为汉所拥，郅支亡虏，欲攻之以称汉，乃杀郅支使，持头送都护在所，发八千骑迎郅支。郅支见乌孙兵多，其使又不反，勒兵逢击乌孙，破之。因北击乌揭，乌揭降。发其兵西破坚昆，北降丁令，并三国。数遣兵击乌孙，常胜之。坚昆东去单于庭七千里，南去车师五千里，郅支留都之"②。面对匈奴当时的形势，郅支自知不能与呼韩邪单于相争也无力统一匈奴，于是放弃漠北，占据匈奴右地。北击乌揭，西破坚昆，北降丁令，并以坚昆为都庭，兼并了三国。坚昆再度隶属于匈奴。郅支单于为都坚昆期间，数次攻击乌孙不下。康居王派使者至坚昆，表示愿意与其合作共击乌孙。郅支单于西走康居。匈奴对坚昆的控制，才得以再度缓和。

1940年夏天，在今俄罗斯哈卡斯自治省阿巴干城南八公里处，发现了一处中国式宫殿遗址③。当是汉末呼韩邪单于与王昭君的长女须卜居次云，抑或伊墨居次云与其夫婿虚卜当在匈奴的居处。也有人认为是李陵统治坚昆的居处，故又称为"李陵宫"。但参考汉文文献记载，李陵因降匈奴而招致家族被诛，他的居处怎么可能出现

---

① 《汉书》卷94上《匈奴传》，第3787页。
② 《汉书》卷94下《匈奴传》，第3800页。
③ 周连宽：《苏联南西伯利亚发现的中国式宫殿遗址》，《考古学报》1956年第4期。

"天子千秋万岁常乐未央"字样的瓦当,况且匈奴并无汉代的建筑材料,如若建造汉式宫殿必将从中原运抵至此。依据前人研究,"李陵宫"的说法当难以成立,该处遗址很明显是汉匈关系平稳时期的建筑,显而易见汉末匈奴仍据有坚昆之地。

北匈奴败亡后,鲜卑兼并了漠北的匈奴十余万落并自此强盛起来。2世纪中叶,首领檀石槐被鲜卑各部推为"大人",建立了鲜卑各部的军事大联盟。鲜卑势力范围"南抄缘边,北拒丁令,东却夫余,西击乌孙,尽据匈奴故地,东西万二千余里,南北七千余里,网罗山川、水泽、盐池甚广"①。檀石槐将鲜卑部落大联盟分为东、中、西三部,西部大人统辖上谷以西至敦煌,西接乌孙的广大地区。极盛时期鲜卑的统治范围,很可能也扩展到了坚昆之地。

(二)坚昆与东突厥汗国的关系

西魏废帝元年(552),突厥首领阿那土门于自称"伊利可汗"。木杆即可汗(553—572)后,率军"又西破嚈哒,东走契丹,北并契骨,威服塞外诸国"②。契骨(坚昆)虽被突厥征服,但并未因此而屈服,故史称"突厥之北,契骨之徒,切齿磨牙,常伺其后"③。他们随时都在伺机反抗东突厥汗国与后突厥汗国的统治,公元8世纪中叶,才得以彻底摆脱突厥的征服。

唐贞观四年(630),唐太宗诏令漠北铁勒诸部,歼灭了东突厥汗国,东突厥汗国余众或走西域或投薛延陀,另有近十万人则归附唐朝。东突厥灭亡后,突厥残部推举乙注车鼻为可汗。乙注车鼻

---

① 《后汉书》卷90《乌桓鲜卑列传》,第2989页。
② 《周书》卷50《异域下·突厥传》,第909页
③ 《北史》卷99《突厥传》,第3292页。

可汗在金山（今阿尔泰山）之北住帐。乙注车鼻可汗时期"西葛逻禄，北结骨，皆并统之"①，漠北各部及结骨（坚昆）诸部皆被征服。贞观十二年（638），西突厥汗国又分为东、西两部。唐高宗永徽元年（650）六月，高宗擒获东突厥乙注车鼻。漠北地区全部纳入唐朝管辖范围，黠戛斯才摆脱了对东突厥的附属。西突厥汗国的东部君主乙毗咄陆可汗向东北方扩张，咄陆可汗建廷镞曷山（今哈萨克斯坦阿拉木图东北恰林河西），使"驳马、结骨（坚昆）诸国悉附臣之"②。随着西突厥东、西两部不断的争战，彼此的力量也逐渐削弱，坚昆等部落也伺机脱离了西突厥乙毗咄陆可汗的统治。

坚昆虽然曾隶属于突厥，但从考古资料看，其领土其实并没有完全成为后突厥汗国的组成部分。古代突厥人流行一种于墓地树立石人的风俗，突厥人尚武好战因而死后要"图画死者形仪及其生时所经战阵之状"③。这些雕刻的石人，一般是右手执杯，左手抚刀剑，表现出英勇善战的武士形象。在突厥汗国（包括东突厥汗国）时期，以突厥方式制造的、站在石头围墙跟前的石人，均竖立在突厥人居住过的地方，广泛分布于新疆、蒙古高原、南西伯利亚和中亚地区④。俄罗斯考古新发现证实："6—8世纪突厥人雕塑艺术（石人）。死者右手拿酒杯。左手下垂，抓住挂在皮带上的剑把或马刀把。这种雕像站在正方形石头围墙之东。豪华的碑石（阙特勤碑、毗伽可汗碑等）上的场景与此不同。其外表和成分明显受到中国碑石的影

---

① 《新唐书》卷215上《突厥传上》，第6041页。
② 同上书，第6059页。
③ 《隋书》卷84《北狄·突厥传》，第1864页。
④ 王博、祁小山：《丝绸之路草原石人研究》，新疆人民出版社1996年版，第228页。

响。在第一突厥汗国和东突厥汗国时期，以突厥方式制造的、站在石头围墙跟前的石人，竖立在突厥人居住过的所有地方。没有这种石人的地方，是没有进入突厥汗国范围的地方。根据这个考古标志，我们知道，黠戛斯领土并非突厥汗国的一部分。"①在西伯利亚西部叶尼塞河流域黠戛斯的领土范围内，并没有发现这种突厥石人。俄罗斯学者据考古发现，认为"古代黠戛斯人（今吉尔吉斯人）一般说没有做雕像。这个民族竖立起高大而垂直的石头，石头上刻有印记（tamga）、死者的名字和遗言——对终结生命的挽歌"②。墓前的建筑应该是区别部族独立的特殊标志，这一现象的存在，似乎可以确定黠戛斯人尽管不止一次地惨败于突厥铁骑之下，但其居地并未入于突厥汗国的疆域范围，仍然顽强地保持相对的独立。显然，坚昆与突厥的隶属关系较为松散。

（三）坚昆与薛延陀汗国的关系

东突厥汗国灭亡后，铁勒薛延陀部日渐强大并建立了汗国。坚昆遂为薛延陀汗国的属部之一，薛延陀"以颉利发一人监国。其酋长三人，曰讫悉辈，曰居沙波辈，曰阿米辈，共治其国"③。在薛延陀颉利发官的监管下，坚昆国事由讫悉辈、居沙波辈、阿米辈等三位酋长共同治理，不言而喻其尚处于弱势。公元7世纪，米努辛斯克盆地的叶尼塞河流域的诸部落，政治统一也较为薄弱。④在叶尼塞河

---

① 〔俄〕科兹拉索夫（I. L. Kyzlasov）:《俄罗斯突厥考古新收获》第一讲《突厥考古》，努尔兰·肯加哈买译，2006年北京大学法鼓山人文基金讲座。
② 〔俄〕科兹拉索夫:《俄罗斯突厥考古新收获》第一讲《突厥考古》，2006年。
③ 《新唐书》卷217下《黠戛斯传》，第6149页。在叶尼塞的碑文中，颉利发又称作"俟利帖别尔"。
④ 与汉文史籍的记载相佐的记载，见于叶尼塞河沿岸的突厥鲁尼文碑铭。

流域的乌鲁克姆河和别克姆河谷地，分布着突利巴里部；克姆契克河谷是克什（施）季姆人的居地；米努辛斯克盆地阿巴干河与叶尼塞河之间的草原，居住着"博利沙尔民族"；北面从威巴特河到白伊尤斯河的叶尼塞河西岸，是阿齐和别利格民族。[①] 反观坚昆由讫悉辈、居沙波辈、阿米辈等三位首领联合执政，彼时当属于贵族联盟时期。

唐贞观二十年（646），薛延陀入侵唐边。太宗命李勣率九姓铁勒二万骑至于天山，薛延陀惧，因而请降。唐朝与铁勒诸部联合灭掉了薛延陀汗国，漠北地区全部纳入唐朝统治范围，坚昆得以摆脱对薛延陀的隶属。

第三节　唐太宗设立坚昆都督府

贞观二十二年（648），唐太宗以结骨部置坚昆都督府，并赐其君主为坚昆都督、左屯卫大将军等职。[②] 其后，坚昆与唐的联系，历经高宗、中宗、玄宗等朝通使不绝。唐乾元年间，昆坚被漠北回鹘打击后，才被迫中断了与唐朝的联系。期间，坚昆都督府与唐朝保持了长达百余年的政治、经济、军事联系。

---

① 〔苏联〕С. В. 吉谢列夫：《南西伯利亚古代史》下册，第118页。
② 《新唐书》卷43下《地理志七下·羁縻州·关内道·回纥·安北都护府》，第1122页。《新唐书》卷217上《回鹘上》载为"其西北结骨部为坚昆府"。第6122页。《唐会要》卷73《安北都护府》条，载"（贞观）二十二年二月七日，以结骨部置坚昆都督"。《册府元龟》卷999《外臣部·入觐》载："二十二年二月，以结骨部置坚昆都督府，隶燕然都护"。当以"坚昆都督府"为准。此外，唐初对该部是多种称谓并存，结骨、坚昆同指该部，结骨为隋唐时期的近称，坚昆为沿用汉时的称谓。

一、坚昆都督府的设立

唐朝建立以后，非常重视与北方地区各族的关系。坚昆与唐朝交往的机会，始于唐太宗对漠北的经略。自贞观三年至永徽元年（629—650），唐王朝相继击败北部边疆的东突厥汗国、薛延陀汗国、车鼻汗国，并于其故地分别设置羁縻府州，任用各部落首领为诸羁縻府州的都督、刺史。太宗贞观初年，向边疆地区派遣使者"宣慰"北方各族。贞观六年（632），遣偲师尉王义宏出使黠戛斯，这应是唐与黠戛斯建立关系的最早记载。[1] 随着东突厥势力的逐渐削弱，唐朝在北方地区影响的扩大和深入，漠北诸部相继南下与唐建立隶属关系。贞观十七年（643），黠戛斯脱离东突厥的羁绊之后，派使者入唐"贡貂裘和貂皮"，是黠戛斯和唐朝发生联系的开端。[2] 上述记载，除了《太平寰宇记》外，《资治通鉴》亦有载。

贞观二十二年（648），黠戛斯君主俟利发失钵屈阿栈，随铁勒各部抵达长安，朝见唐太宗。唐太宗亲召群臣设御宴款待黠戛斯首领，席间唐太宗对黠戛斯的归附，对群臣说"往渭桥斩三突厥，自谓功多，今俟利发在席，更觉过之"[3]。失钵屈阿栈上前表示"愿得执笏"向唐称臣。于是"帝以其地为坚昆府，拜俟利发左屯卫大将军，即为都督，隶燕然都护"[4]。唐太宗设置燕然都护府，领"六都督、七

---

[1] 《太平寰宇记》卷199《北狄·黠戛斯传》，第3820页。
[2] 同上。
[3] 《新唐书》卷217下《黠戛斯传》，第6149页。
[4] 同上。

州皆隶属",管理漠北铁勒诸部。① 坚昆等北方各族的隶属,不仅扩大了唐朝的统治范围,也使唐朝的影响远扬漠北。

《新唐书·地理志》载"唐兴,初未暇于四夷",自太宗平定突厥后,北方铁勒各部纷纷内属。唐朝遂以设立羁縻府州的形式,管理北方各部。具体设置为"其大者为都督府,以其首领为都督、刺史,皆得世袭。虽贡赋版籍,多不上户部,然声教所暨,皆边州都督、都护所领,着于令式"。主要设立了都护府、都督府、州、县等四级管理体制,其中"大凡府州八百五十六,号为羁縻云"②,由中央任命各族首领为都护、都督、刺史、县令,皆得世袭。受都护府、边州都督府或节镇统辖。按照唐朝设立羁縻的规制,其大者为都督府。坚昆人众数 10 万,强兵数量也达 8 万,加之黠戛斯北方役属各部,其兵数可达 30 万。坚昆君主以俟利发官号入朝,考冠以"俟利发"官号的君主,必是漠北势力较强的民族首领。基于坚昆在漠北的实力及影响,唐太宗才设立了坚昆都督府。

唐制,羁縻府州的都督府官员,是以其首领为都督、刺史,并"皆得世袭"。诚然坚昆君主也受封为坚昆都督府的都督、左屯卫大将军,属唐朝高级武官中十六卫之一,正三品。唐朝对坚昆授以唐朝官职名号,虽然只是个象征性的官衔,但坚昆为漠北强族,无疑与其君主的地位相对应。作为羁縻府州的坚昆都督府,君主不仅以其旧俗治理并统治坚昆部众,职位亦可世袭。

《资治通鉴》载,唐睿宗景云二年(711)冬十月,御史中丞和逢尧摄鸿胪卿,出使突厥,谈到突厥与唐和亲之事,提醒默啜"处密、坚昆闻可汗结昏于唐,皆当归附。可汗何不袭唐冠带,使诸胡

---

① 《新唐书》卷 217 上《回鹘传上》,第 6112 页。
② 《新唐书》卷 43《地理志·羁縻州》,第 1119、1120 页。

知之，岂不美哉"①。默啜闻听此言非常高兴，次日，便南拜向唐称臣。实际上，坚昆早已在太宗贞观年间就已归附唐朝。但后突厥汗国的默啜可汗，仍然很在意北方坚昆对后突厥与唐关系的反响，可见坚昆都督府在漠北诸部的影响。

二、坚昆都督府与唐朝的隶属关系

坚昆对唐朝的隶属关系，主要体现在封赐、从征、纳税等方面。汉文文献可见坚昆先后有三位君主，受封坚昆都督府都督兼大将军。首次入唐的俟利发失钵屈阿栈，被唐太宗授封为左屯卫大将军、世袭坚昆都督。唐高宗时，封结簣蚕匐肤莫贺咄为坚昆都督、左威卫大将军，其衔名石人像位列乾陵六十一番臣之一。②玄宗开元六年（718），坚昆骨笃禄毗伽可汗领军参与唐朝对后突厥的围攻，因而玄宗封骨笃禄毗伽可汗为坚昆都督、右武卫大将军。

此外，玄宗朝还两次赐封坚昆都督府的官员。唐玄宗开元十年（722）九月己巳，"坚昆大首领伊悉钵舍友者毕施颉斤来朝，授中郎将，放还蕃"；开元十一年（723），"坚昆大首领俱力贫贺志颉斤来朝，授郎将，放还蕃"。③依唐朝惯例，羁縻府州的酋长，一般官员都被拜为将军、中郎将等官。唐朝不仅指定了坚昆都督府的都督，还对其他入朝的首领也予以封授，郎将、将军等官号，也成为后来

---

① 《资治通鉴》卷210，唐睿宗景云二年（711），第6787页。汉文文献所见的坚昆之名，在公元8世纪初的后突厥汗国古突厥文碑铭中，是以 qïrqïz（黠戛斯）相称，在此是从汉文文献的称谓为主，仍称其为坚昆。

② 陈国灿：《唐乾陵石人像及其衔名的研究》，林幹：《突厥与回纥历史论文选集》，第381—382页。

③ 《册府元龟》卷975《外臣部·褒异二》，第11281页。

黠戛斯的固定官号。双方的隶属关系，可谓名副其实。

依照唐朝对羁縻府州的规定，坚昆都督府与其他属国一样，属于唐朝的四蕃，"其朝贡之仪，享燕之数，高下之等，往来之命，皆载于鸿胪"①。唐制北蕃、突厥的朝贡，隶属于关内道的边州都督、都护掌控。坚昆都督府也在唐朝关内道，具体直隶于边州都督、都护，间接隶于诸道节度使。坚昆与唐朝的往来事务，均由边州都护、都督，以及后来的边镇节度使直接掌管。

坚昆既是唐朝的藩属，贡赋虽不按户部的要求征缴，但却不能完全免却。坚昆以畜牧为主业，贡赋也以牲畜居多。坚昆向唐朝献马，多在唐西受降城（故址在今内蒙古巴彦淖尔市临河区高油坊古城，后迁至乌拉特中旗奋斗古城）②。唐高宗、玄宗朝两朝，坚昆多次向唐朝贡献名马。高宗上元三年（676）二月乙亥，坚昆献名马。③玄宗天宝六载（747）四月，"突厥九姓献马一百五十匹，坚昆献马九十八匹"④；"十二月，九姓坚昆及室韦献马六十匹，令于西受降城使纳之"⑤。坚昆在唐高宗、玄宗朝，所献之马本意当为贸易而来，但不妨视为平时的主动贡献，纳入受降城或许是被直接充入了边镇的军队。

坚昆隶属唐朝后，除了平时主动奉献的马匹，唐朝边镇将领还直接从坚昆都督府征用军马。例如，在安史之乱之际，大唐军备损伤严重，军马严重不足。为了补充军马，唐右武卫郎将杨预，从坚昆都督府征用大量马匹补充军用。因其"北税坚昆之马"支援中原

---

① ［唐］李林甫等：《唐六典》卷4《尚书礼部》，陈仲夫点校，中华书局1992年版，第130页。
② 周清澍著：《内蒙古历史地理》，内蒙古大学出版社1994年版，第63页。
③ 《旧唐书》卷5《高宗本纪五》，第101页。
④ 《册府元龟》卷971《外臣部·朝贡四》，第11412页。
⑤ 《唐会要》卷72《马》，第1303页。

平叛有功，而受到唐肃宗的嘉奖。①

坚昆都督府作为唐朝的羁縻府州，不仅对唐朝有实物的贡献，还曾在唐中宗、玄宗朝多次应诏从征并与唐联合打击后突厥汗国。唐中宗景龙年间，唐朝实施羁縻府州策略，并先后两次策划与突骑施、黠戛斯联合打击后突厥默啜可汗。

据后突厥《暾欲谷碑》第一石东面第2—3行载："tabɤač qaɤan yaɤïmïz ärti. on oq qaɤanï yaɤïmïz ärti. art [uq qïrqïz] küč [lüg qaɤan yaɤïmïz] boltï. / 唐朝可汗是我们的敌人。十箭可汗是我们的敌人。② 此外，强大的黠戛斯可汗与我们为敌。"③《暾欲古碑》碑文记载的汉（唐）、突骑施、黠戛斯三家的联合，所指就是此段史实。

关于此事发生的时间，可由汉文文献推知。据载"景龙中，献方物，中宗引使者劳之曰：'而国与我同宗，非它蕃比。'属以酒，使者顿首"④。唐中宗景龙中，使者入朝受中宗款待。景龙年号是唐中宗李显的年号，时间为公元707年9月至710年6月，共计4年。

---

① 《四镇节度副使右金吾大将军杨公神道碑》，[宋]李昉等编：《文苑英华》，中华书局1966年版，第4830页。据载"嗣子预，初以右武卫郎将见于行在，天子问中兴，遂西聚铁关之兵，北税坚昆之马，特拜左卫将军，兼瓜州都督，又迁伊西、北庭都护"。
② 西突厥的主要组成部分是突厥十姓部落。这本是当初从蒙古高原随室点密西征的十大首领所率10万部众。十部首领各持西突厥可汗所赐的一箭，因此十部又称"十箭"。十箭分左、右两厢。左厢为五咄陆部，各部首领的官号为啜，其一为处木昆律啜，二为胡禄居（屋）阙啜，三为摄舍提暾啜，四为突骑施贺逻施啜，五为鼠尼施处半啜，这五个咄陆部落分布在碎叶（今中亚托克玛克附近）以东地区；右厢为五弩失毕部，各部首领的官号为俟斤，其一为阿悉结阙俟斤（该部最为强大），二为哥舒阙俟斤，三为拔塞干暾沙钵俟斤，四为阿悉结泥孰俟斤，五为哥舒处半俟斤，这五个弩失毕部落分布在碎叶河以西地区。
③ 《暾欲古碑》，耿世民：《古代突厥文碑铭研究》，第99页。
④ 《新唐书》卷217下《黠戛斯传》，第6149页。

具体所指哪一年，《新唐书》记载不详。幸《册府元龟》亦有载，景龙二年（708）十一月，坚昆并遣使来朝。[①]十二月丙申，中宗"宴坚昆使于两仪殿，就其家吊焉"[②]。表明景龙二年使者入唐，此前，坚昆遭遇了国丧，因此，中宗向使者表示哀悼。黠戛斯可汗遇难之事，必然发生在使者入唐之前，即黠戛斯遭到后突厥袭击一事，大约发生在708年。唐景龙二年（708），突厥默啜可汗获悉黠戛斯与突骑施有与唐合作打击突厥的意愿，就先发制人对黠戛斯发动了征讨。古突厥碑文《暾欲谷碑》第一碑东19—21行，载"唐朝可汗是我们的敌人，十箭可汗是我们的敌人"；"再有黠戛斯人强大的可汗，是我们的敌人。那三个可汗要会师阿尔泰山林。他们这样商量道：'让我们首先出兵（攻打）突厥可汗。如果不向他出兵，早晚他们要把我们消灭'"；"让我们彻底消灭他们吧"。《暾欲谷碑》北面第27—28行："我们袭击黠戛斯于睡梦之中"；"他们（黠戛斯）的可汗（qan）和军队集合起来，我们交了战，我们打败了他们并杀死其可汗（qaɤan）。黠戛斯人民内属并归顺于我们。我们回师"。[③]黠戛斯拔塞匐可汗（Bars bäg，虎汗），联合唐朝并带领属部反抗突厥汗国的统治，反被后突厥汗国默啜可汗率军突然袭击，成为突厥默啜可汗墓前的首位杀人石。后突厥汗国鄂尔浑碑铭的《暾欲谷碑》《阙特勤碑》《毗伽可汗碑》等三大碑，对此次袭击均有记载。

景云元年（710），文官宁原悌的《论时政疏五篇》中谈到，"今

---

① 《册府元龟》卷970《外臣部·朝贡三》，第11234页。
② 《册府元龟》卷974《外臣部·褒异一》，第11275页。
③ 《暾欲谷碑》第一碑东面19—21行，北面第27—28行，耿世民：《古代突厥文碑铭研究》，第99、101页。考古发现证实，突骑施汗国牙帐在今吉尔吉斯斯坦的托克玛克一带。

闻黠戛(后突厥默啜可汗)擅命,坚昆、娑葛养精蓄锐,以南侵为多事,而人户全虚,府库半减"①。说明坚昆来使表达了欲再与唐联合打击后突厥的意愿。五月,唐中宗再颁《命吕休璟等北伐制》,要求突骑施和坚昆(即黠戛斯)与唐军一起合击突厥,制曰:"坚昆在右,犄角而东,并累献封章,请屠巢穴。"②继前此遭到后突厥汗国重创后,黠戛斯继任可汗响应唐中宗诏令,准备与唐朝、突骑施联合作战,黠戛斯负责从北面发起进攻。唐中宗意在全力歼灭后突厥,任命突骑施守忠统率蕃军与诸路唐军共同行动。至此,唐朝与黠戛斯、突骑施等,再次结成消灭后突厥汗国的联盟。并制定了从南、北、西三个方向围攻后突厥汗国的计划,但此次计划却因唐中宗暴亡而夭折。

唐景云二年(711)冬,后突厥听闻黠戛斯与唐准备合兵夹击的信息,再次攻击了黠戛斯。《阙特勤碑》东面第35行载,当阙特勤二十六岁时,"我们出征黠戛斯。从和矛一样深的雪中开道,越过曲漫山山,我们袭击黠戛斯人于睡梦中。我们与其可汗战于sunga山"。《阙特勤碑》东面第36行:"我们杀死了黠戛斯的可汗,取得了他的国家。"③坚昆与唐的联合作战计划流产,反而又遭到突厥的再次打击。

开元六年(718),应唐玄宗的号令,坚昆再次出兵与唐联合征讨后突厥。唐欲派二十万大军进讨后突厥,坚昆都督右武卫大将军骨笃禄毗伽可汗率众参加征讨。坚昆兵众以英勇善战著称,因而得

---

① 《全唐文》卷278《宁原悌:论时政疏五篇》,第2820页。
② 《唐大诏令集》卷130《讨伐·命吕休璟等北伐制》,[宋]宋敏求撰,《唐大诏令集》,中华书局1959年版,第705页。
③ 《阙特勤碑》东面第35、36行,耿世民:《古代突厥文碑铭研究》,第130—131页。

到唐玄宗的夸奖,盛赞其军队"弧矢之利,所向无前"[①]。此次出兵配合唐朝打击后突厥汗国,坚昆军队的战斗力得到了证实。黠戛斯汗国时期,唐昭宗大顺元年(890),黠戛斯又与吐蕃、赫连铎等联合出兵数十万,帮助唐朝平定了沙陀李克用之乱。[②]

突厥与回鹘也都曾隶属过唐朝,但突厥不时侵扰唐朝边境;回鹘因助唐平定安史之乱邀功于唐,因而也长期为患于唐,困扰唐王朝多年。鉴于此,唐王朝对坚昆也采取了一些防范措施。武则天长安二年(702),曾将安西都护府析出一部分置于庭州,名为北庭都护府。旨在统辖天山北路突厥诸羁縻府州,辖境东起今阿尔泰山、西达今咸海(里海)范围内的突厥诸民族,坚昆自然也在其中。

如果说,武则天时期的措施,只是对坚昆的防范,那么,玄宗朝设置北庭节度直言此为防制坚昆等北方诸部的部署。《旧唐书·地理志一》载:"北庭节度使,防制突骑施、坚昆、斩啜,管瀚海、天山、伊吾三军。"[③] 以"防制突骑施、坚昆、斩啜"为目的,设立北庭节度使,北庭节度掌控唐部署于此的瀚海、天山、伊吾三军,巩固唐边。《通典》亦载"北庭节度使:防制突骑施、坚昆、斩啜,管瀚海军、天山军、伊吾军"[④]。北庭节度使的治所,在北庭都护府(新疆维吾尔自治区吐鲁番县东南),于伊州(新疆维吾尔自治区哈密县)、西州(新疆维吾尔自治区吐鲁番县东南)二州境上统兵二万。西北距突骑施三千余里,可以防制其从西面侵扰;北距坚昆七千里,

---

① 《全唐文》卷21《征突厥制》,第252页。
② 《资治通鉴》卷258,唐昭宗大顺元年(890),第8524页。
③ 《旧唐书》卷38《地理志一》,第1385页。
④ 《通典》卷172《州郡二》,第4479页。《旧唐书》卷38《地理志一》载"北庭节度使,防制突骑施、坚昆、斩啜,管瀚海、天山、伊吾三军",第1385页。

能防御坚昆的突然进攻；东北距后突厥斩啜只有一千七百里。此外，北庭节度使还特设了三个边防军布防：瀚海军在北庭府城内，管兵万二千人，马四千二百匹；天山军在西州城内，管兵五千人，马五百匹；伊吾军在伊州西北三百里甘露川，管兵三千人，马三百匹，构成左、右护卫。唐廷为了防范、制御游牧在唐四边的突骑施、坚昆和后突厥等三方强敌的南下，加强了西方与北方的边备驻防。

直至唐文宗太和年间，在唐人的意识中"黠戛斯威胁论"还依然存在。太和五年（831），李德裕在西川收复维州，牛僧孺在朝中阻挠。牛、李为此展开"维州之辨"，牛僧孺力主把维州让与吐蕃，理由是维州"西可以收岷、洮，南可以制南诏，北可以捍黠戛斯、回纥之东侵，而唐无西顾之忧"①，文宗遂被说服。最终，将李德裕已经收复的维州复还与吐蕃。

鉴于后突厥、回鹘的行径，坚昆逐渐强大的态势，难免令唐庭不安。即使坚昆都督府已被纳入唐的势力范围内，唐朝仍然不得不时时防范它南下犯边。但观坚昆对唐所履行的属部义务而言，这种担忧当是多虑了。汉文文献记载证明，坚昆从未侵扰唐边，反而还有出兵助剿的勤王之举。足见坚昆忠实地履行了羁縻府州对唐朝应尽的义务，维护了坚昆都督府与唐朝的隶属关系。

二、坚昆都督府对坚昆历史的影响

坚昆都督府的设立，对唐与坚昆而言都具有一定历史意义。汉

---

① 《读通鉴论之四》卷26《文宗》，[明]王夫之：《读通鉴论》，国学整理社1936年版，第549页。

文文献从汉代始见"坚昆"之名,但其并未划归西汉王朝的版图。因此,北方坚昆的内附,对唐朝来讲不仅显示了大唐的国威,也使唐朝北方的疆界超越了两汉时期,这对唐王朝无疑具有重要的意义。无论是初设坚昆都督府的唐太宗,还是武则天抑或唐朝的其他君主,对坚昆的内附都引以为豪。圣历三年(700),武则天诏曰:"东到高丽国,南至直腊国,西至波斯、吐蕃、坚昆都督府,北至契丹、突厥并为入番,以外为绝域。"[1]此诏既是统治者对自己政绩的炫耀,也证实了坚昆在唐王朝北方诸部中的地位,更有力地扩大了黠戛斯的历史影响。

坚昆都督府的设立,对坚昆历史也产生了深远的影响。坚昆对外交往更加频繁便利,来往于与唐朝的使者、商人,将坚昆的信息远播中原。从而在汉文文献中,留下了浓墨重彩的一笔,并为后世所熟知。

坚昆都督府时期,黠戛斯人从648年入唐,至755年因回鹘阻隔而中断,与唐之间的来往长达百余年,历太宗、高宗、中宗、玄宗四朝,均有朝献。考古发现,坚昆故地出土多达45枚的"开元通宝"[2],可见,唐与坚昆的经济往来直接且密切。唐高宗永徽四年(653),坚昆使者来朝,述说其境内有许多汉人,希望朝廷派人去领回。唐朝派范强带着"金帛"去赎领因各种原因流落到坚昆的汉地

---

[1] 《唐会要》卷100《杂录》,第1798页。《新唐书》卷221《西域传下》,第6264—6265页:"东至高丽,南至真腊,西至波斯、吐蕃、坚昆,北至突厥、契丹、靺鞨,谓之'八蕃',其外谓之'绝域',视地远近而给费。"

[2] 〔苏联〕C. B. 吉谢列夫:《南西伯利亚古代史》下册,第132页。"开元通宝"钱,首发于武德四年,从唐朝初年一直发行至宋朝初年。因此,具体何时流入黠戛斯,今已无法考证。

人。[1]由此也说明,双方的道路交通已为世人所知,唐朝人也能远足到了坚昆。此后连续两年,坚昆都送上名贵的马匹。

唐玄宗时期,坚昆都督府曾多次派使者前来朝贡。期间,由于路途遥远,遇到疾病、水土不服等原因,致使赴唐的坚昆人或客死途中,或者死在了唐都长安。为此,玄宗特下诏加以安抚。天宝八载(749)三月二十七日,《恤赏入朝蕃客敕》曰:"九姓坚昆诸蕃客等,因使入朝身死者,自今后,使给一百贯充葬,副使及妻,数内减二十贯。其墓地,州县与买,官给价值。其坟墓所由营造。"[2]玄宗朝,安抚入唐遭遇变故的坚昆人,包括长期居住在唐长安的使者、副使、家眷。推而广之,坚昆都督府时期,当亦有随使者而来的商人。频繁的商业交流,将黠戛斯的影响传播到外界,唐朝的经济、文化也势必对黠戛斯产生积极的影响,由此而促进了黠戛斯的发展强大。

坚昆虽然汉代始见史籍,但并未与中原王朝直接接触,期间反而被匈奴等北方民族强族征服。公元7世纪,唐朝兴起并逐渐经略漠北,坚昆得以与唐朝建立联系,唐朝在此设立了坚昆都督府,对黠戛斯历史产生了重要的影响,使坚昆得以受到中原的政治与经济、文化等各方面的影响,为坚昆形成黠戛斯汗国,奠定了一定的基础。

---

[1] 《太平寰宇记》卷199《北狄·黠戛斯》,第3821页。
[2] 《唐会要》卷66《鸿胪寺》,第1151页。

第三章　黠戛斯汗国的历史

黠戛斯及其所属的各部，在叶尼塞河流域沿岸留下了一些墓志和带有突厥鲁尼文的器皿及钱币等。这些对研究古黠戛斯历史提供了重要依据。此外，在鄂尔浑古突厥文碑铭中，属于后突厥汗国的《暾欲谷碑》《阙特勤碑》《毗伽可汗碑》，对后突厥汗国与黠戛斯汗国的关系均有记载。漠北回鹘汗国时期的《铁尔浑碑》《磨延啜碑》《九姓回鹘可汗碑》《台斯碑》等碑铭，也反映了黠戛斯与回鹘汗国的关系。此外，黠戛斯人勒立的《苏吉碑》(《黠戛斯之子碑》)，反映了黠戛斯进军漠北的史实。正如汉代坚昆因匈奴冒顿单于的征服，而见载于《史记·匈奴列传》《汉书·匈奴传》一样。汉文古籍与叶尼塞-鄂尔浑鲁尼碑文，对黠戛斯汗国的记载与后突厥、回鹘的关系也同样密不可分。

黠戛斯汗国的形成时间，是研究黠戛斯历史的重要问题之一，但史籍记载多有不同。据《新唐书·黠戛斯传》记载，公元820年或840年左右，黠戛斯君主阿热始称可汗。[①] 但据《新唐书·突厥传》记载，唐玄宗开元六年（718），率军出战后突厥的是黠戛斯骨笃禄

---

① 《新唐书》卷217下《黠戛斯传》，第6149页。

毗伽可汗。[1]依据鄂尔浑古突厥文碑铭记载，公元 8 世纪初左右，黠戛斯的君主也是可汗。[2]可见，关于黠戛斯汗国建立的具体时间，传世文献及实物史料的记载互有出入，甚至相差悬殊，因而有待考证。

国内学者的一些研究成果，如郭平梁先生所撰《从坚昆都督府到黠戛斯汗国》（1985）、薛宗正先生文《黠戛斯的崛兴》（1996）等研究[3]，虽然也涉及黠戛斯汗国的相关问题，但仍有商榷之处。

第一节　黠戛斯与后突厥、漠北回鹘的关系

黠戛斯是唐代居住在叶尼塞河上游地区的一个古老的民族，黠戛斯的汉文文献史料数量少且零散，但黠戛斯与后突厥、回鹘等汗国在历史上关系密切，他们保留了一定数量的有关黠戛斯的非汉文史料。

19 世纪末、20 世纪初以来，蒙古高原发现了古突厥文碑铭。在鄂尔浑古突厥文碑铭中黠戛斯被记作 Qïrqïz，铭文清楚地记录了后突厥、回鹘对黠戛斯的数次征讨，填补了汉文史书记载的不足。为研究黠戛斯与后突厥汗国及漠北回鹘汗国的关系，提供了第一手史料。通过对这些碑铭的解读，可以清晰地了解黠戛斯与后突厥、回鹘间的复杂关系，既可了解当时的战争进程，同时也能看出突厥、回鹘文明对黠戛斯历史与文化的影响。

---

[1]　《新唐书》卷 215《突厥传》，第 6052 页。
[2]　《暾欲谷碑》，耿世民．《古代突厥文碑铭研究》，第 99 页。
[3]　郭先生文载《西域史论丛》第二辑，新疆人民出版社 1985 年版；薛先生文载《民族研究》，1996 年第 1 期。

一、黠戛斯与后突厥汗国的关系

坚昆都督府时期，黠戛斯就与东突厥发生了联系。前已述及，此不赘言。黠戛斯与后突厥汗国战多和少，唐永淳元年（682），东突厥颉利可汗族人骨咄禄自立，在蒙古高原的鄂尔浑河流域建牙帐，史称后突厥汗国（682—744）。在后突厥汗国时期，黠戛斯的势力不断发展，不再只是被突厥征服的弱小民族，反而成为令后突厥不能藐视的北方强族。从已释读的突厥碑铭可知，黠戛斯地域与后突厥汗国大致相当且资源丰富，与突厥利益冲突较多，突厥与黠戛斯之间的联系，也主要就发生在这一时期。

突厥碑铭与汉文文献，均有黠戛斯与突厥联姻的记载。黠戛斯拔塞匐可汗娶了突厥阙特勤的妹妹，碑文载"将我妹公主嫁给了他"[①]。与此相佐，《新唐书·黠戛斯传》也载，黠戛斯"地与突厥等，突厥以女妻其酋豪"[②]。黠戛斯与后突厥汗国势力范围相当，后突厥曾经以联姻来缓和双方的关系。公元8世纪，黠戛斯汗国发展壮大，令后突厥汗国不得不时时防范，不能小视。这说明黠戛斯无论是否臣属突厥，在政治上都一直拥有相对独立的地位。[③]

公元8世纪初，黠戛斯已经非常强大。后突厥汗国著名的古突厥文《暾欲谷碑》《阙特勤碑》《毗伽可汗碑》等碑铭，揭示了两者对立的关系。这不仅反映出黠戛斯对后突厥扩张构成了一定威胁，

[①] 《阙特勤碑》东面第20行，耿世民：《古代突厥文碑铭研究》，第129页。
[②] 《新唐书》卷217下《黠戛斯传》，第6147页。
[③] 〔苏联〕A.伯恩什达姆：《6至8世纪鄂尔浑叶尼塞突厥社会经济制度（东突厥汗国和黠戛斯）》，第227页。

还具体讲述了后突厥汗国曾经采取何种方式打击其北方的强敌黠戛斯。

辅佐过后突厥三任可汗（骨咄禄、默啜、毗伽）的后突厥谋臣暾欲谷，在其亲自撰写的《暾欲谷碑》第一石东面第3行记载："art[uq qïrqïz] küč[lüg qaɣan yaɣïmïz] boltï. / 此外，强大的黠戛斯可汗与我们为敌。"①

与此大致相同的记载，还见于毗伽可汗之弟阙特勤的碑铭中。《阙特勤碑》东面第14行："qïrqïz, qurïqan, otuz tatar, qïtañ, tatabï qop yaɣï ärmiš. / 黠戛斯、骨利干、三十姓鞑靼、契丹、奚，都与我们为敌。"该碑东18行，亦载："kökmän aša qï[rqïz yiriŋä täig südädimiz]. / 并越过曲漫山，一直征战到黠戛斯人的地方。"②

在后突厥汗国看来漠北各部几乎都是他们的敌人。在《毗伽可汗碑》东面第12行中，也有与之相同的内容。

除了黠戛斯，《暾欲谷碑》第一石东面第2—3行，指出还有后突厥其他强敌："tabɣač qaɣan yaɣïmïz ärti. on oq qaɣanï yaɣïmïz ärti. art[uq qïrqïz] küč[lüg qaɣan yaɣïmïz] boltï. / 唐朝可汗是我们的敌人。十箭可汗是我们的敌人。此外，强大的黠戛斯可汗与我们为敌。"③碑文列出了南方的唐朝、西方西突厥各部、北方的黠戛斯，都是后突厥汗国面临的强敌。

《暾欲谷碑》第　石东面第3—7行，讲到后突厥袭击黠戛斯的原因，是得知了唐朝、黠戛斯、突骑施三方有联合进攻后突厥的意向，所以，决定偷袭黠戛斯并叙述了第一次袭击的具体过程：

---

① 《暾欲谷碑》第一石东面第3行，耿世民：《古代突厥文碑铭研究》，第99页。
② 《阙特勤碑》东面第14行，耿世民：《古代突厥文碑铭研究》，第124页、第125页。
③ 《暾欲谷碑》第一石东面第2—3行，耿世民：《古代突厥文碑铭研究》，第99页。

"ol üč qaɣan ögläšip altun yïš üzä qabïšalïm timiš. anča öglämiš: öŋrä türk qaɣanɣaru sülälim timiš. aŋaru sülämäsär, qačan nang ärsär, ol bizni. anta saqïntïm: [ilk qïrqïz]a sü [läs] är [yig är] miš, -tidim. kögmän yolï bir ärmiš. tumuš tiyin äšidip bu yolïn yorïsar yarmačï tidim. yärči tilädim. čölgi az äri bultum. äšidtim: az yir yaqïnï bir [yol] ärmiš. bir at oruqï ärmiš. / 那三可汗欲会师于阿尔泰山林。他们这样商量到:'让我们首先出兵[攻打]突厥可汗。如果不向他出兵, 早晚他们要把我们消灭。'那时我(暾欲谷)想:'先出兵攻打黠戛斯较好。'我听说[通往]曲漫[山]的道路只有一条, 并已[为雪]封住。如走这条路, 将不合适。我寻找向导。我找到了一个漠地阿热(Az)人。我听说在阿热地方近处有条路, 是条只能走一匹马的小路。"①

这次远征黠戛斯的路线及战役的结果, 载于《暾欲谷碑》第一石北面第3—5行:

"anï subqa bar [dïmïz]. ol sub qodï bardïmïz……qïrqïzɣ uqa basdïmïz. [usï]n süŋügün ačdïmïz. qanï süsi tirilmiš. süŋüšdimiz. sančdïmïz. qanïn ölürtimiz. qaɣanqa qïrqïz bodunï ičkdi, yükünti. yantïmïz. kögmän yïšïɣ äbirü kältimiz. qïrqïzda yantïmïz./ 我们到达阿尼(Ani)河, 我们沿着那条河往下游驰去……我们袭击黠戛斯于睡梦之中。我们用矛击碎了他们的睡梦。那时他们的可汗和军队集结起来, 我们与之交战, 并打败了他们。我们杀死了他们的可汗。黠戛斯人民内属并归顺了我们。[于是]我们班师。我们绕过曲漫

---

① 《暾欲谷碑》第一石东面第3—7行, 耿世民:《古代突厥文碑铭研究》, 第99—100页。

[山], 从黠戛斯回师了。"①

碑铭所述黠戛斯第一次遭到突厥袭击事件, 大约发生在 708 年。②当时, 突骑施、黠戛斯及后突厥是唐朝周边的三个强大势力。③为此, 唐朝曾实施羁縻府州策略, 并侧重拉拢突骑施、黠戛斯一起打击后突厥默啜可汗。突骑施部地东邻北突厥, 西诸胡, 东直西、庭州。所以, 后突厥欲除突骑施, 必先将北方的黠戛斯制服。《暾欲谷碑》记载的汉(唐)、突骑施、黠戛斯三家的联合, 所指就是此段史实。

后突厥汗国对黠戛斯的偷袭, 并没有阻止黠戛斯人的反抗, 黠戛斯与其所属鞠部(Čik)及 Az 部, 联合起来共同反抗后突厥汗国, 由此导致了后突厥的第二次远征。

《毗伽可汗碑》东面第 26 行, 记载:"altï otuz yašïma čik bodun, qïrqïz birlä yaɣï boltï. käm käčä čik tapa sülädim. örpäntä süŋüšdüm. süsin sančdïm. az [b]o [dunuɣ altï] m……ičgärtim./ 当我二十六岁时, 鞠部(Čik)同黠戛斯人一起与我们为敌。我渡过剑河(Käm)出征鞠部。我战于 Örpän, 败其军队。我获取了阿热(Az)人民……并使其臣属。"④

---

① 《暾欲谷碑》第一石北面第 3—5 行, 耿世民:《古代突厥文碑铭研究》, 第 101 页。
② 《暾欲谷碑》后注释 23, 耿世民:《古代突厥文碑铭研究》, 第 112 页。
③ 武则天天授元年(690), 西突厥十箭之一的别部突骑施部(今新疆伊犁河以西, 热海以东)的乌质勒崛起。天授二年(691), 后突厥默啜继汗位。次年, 乌质勒自东突厥手中夺回碎叶城, 乌质勒徙牙帐入碎叶。
④ 耿世民:《古代突厥文碑铭研究》, 第 159 页。《毗伽可汗碑》碑文中的 Čik, 在《阙特勤碑》《磨延啜碑》中也多有出现, 但在唐朝的文献中并没有相应的记载。据芮传明考证, 当为叶尼塞河流域的鞠部。芮传明:《古突厥碑铭研究》上海古籍出版社 1998 年版, 第 272 页注 6。另据《新唐书》记载:"大汉者, 处鞠之北, 饶羊马, 人物颇大, 故以自名。与鞠俱邻于黠戛斯剑海之濒。"《新唐书》卷 217

《毗伽可汗碑》东面 26—27 行，讲述了此次行军路线及战斗的结局："yiti o [tuz yaš] ïma qïrqïz tapa sülädim. süŋüg batïmï qarïɣ söküpän kögmän yïšïɣ toɣa yo [rïp] qïrqïz boduny uda basdïm. qaɣanïn birlä soŋa yïšda süŋüšdüm. qaɣanïn öltürtüm. ilin anta altïm./ 当我二十七岁时，我出兵征黠戛斯人。在和矛一样深的雪中开道，攀越曲漫山，袭击黠戛斯人于睡梦中。我与其可汗战于 songa 山。我杀其可汗，在那里取得其国家。"① 相近的记载，还见于《阙特勤碑》碑东面第 17 行、第 35—36 行。

《阙特勤碑》东面第 20、25 行，记载："kökmän yir sub idisiz qalmazun tiyin, az qïrqïz bodunïɣ yarat[ïp kältimiz……bašlayu qïrqïž qaɣanïɣ balbal tikdim./ 为了不要让曲漫山地方没有主人，我们来整顿阿热和黠戛斯人民……我先把黠戛斯可汗立作［墓前］杀人石。"②

后突厥对黠戛斯及其属部的第二次打击的时间，是毗伽可汗二十七岁那年，毗伽可汗生于嗣圣元年（684）③，那么，此战当发生在 711 年④。后突厥汗国之所以征讨黠戛斯，首先是因为黠戛斯拥有强大的军事力量，已对突厥汗国构成了潜在的威胁。其次，除了附属于黠戛斯的民族，还有其他民族与黠戛斯凝聚一个反突厥联盟。为了遏制黠戛斯势力的发展，后突厥汗国必须首先给黠戛斯以重创，而黠戛斯与其属部的反抗引起后突厥对黠戛斯的再次征讨。

下《黠戛斯传》，第 6146 页。所以，我们认为突厥碑铭中的 Čik 部，即是鞠部的结论，应该能够成立。不仅如此，很显然他们还是黠戛斯的属部。
① 《毗伽可汗碑》东面第 26—27 行，耿世民：《古代突厥碑铭研究》，第 159 页。
② 《阙特勤碑》东面第 20、25 行，耿世民：《古代突厥文碑铭研究》，第 126—128 页。
③ 〔法〕路易·巴赞：《突厥历法研究》，第 237 页。
④ 〔日〕岩佐精一郎：《突厥毗伽可汗碑文の纪年》，载『東洋學報』第 23 卷第 4 号，昭和 11 年 8 月发行 東洋協会學術調査部。

关于黠戛斯遭到后突厥袭击的次数，目前为止，学界存在两种看法，一种认为后突厥三大碑叙述的都是同一次事件，耿世民在《古代突厥文碑铭研究》就认为，三通碑铭讲的是同一次袭击；另一种则主张这是两次不同的战役，国内学者芮传明《古突厥碑铭研究》及法国学者勒内·吉罗《东突厥汗国碑铭考释——骨咄禄、默啜和毗伽可汗执政年间（680—734）》一书中，都提出《暾欲古碑》讲的是一次袭击，《阙特勤碑》《毗伽可汗碑》两碑，说的是另一次战役。

通过考察对比可知，后突厥远征黠戛斯的原因，两次明显有别。《暾欲古碑》记载的后突厥对黠戛斯的第一次的原因，是暾欲古察觉到唐、突骑施和黠戛斯有联合打击后突厥的趋势，因此，建议默啜可汗先出兵打击黠戛斯。第二次袭击黠戛斯的起因，是黠戛斯与属部联合反抗后突厥。汉文文献也反映出唐、突骑施和黠戛斯三方有明确的联合意图及部署，因而给人一种与《暾欲古碑》暗合的假象，据此产生了三通碑铭讲的是同一件事的猜测。进军黠戛斯及战后回师的路线，还有进军突骑施的时间及路线等记载并非完全一致。《暾欲谷碑》《阙特勤碑》《毗伽可汗碑》等碑，对后突厥的进军、回师的路线及对突骑施的征讨出发地的记载，明显表明是两次不同的战役。《暾欲谷碑》讲到后突厥军队在向导的带领下，走小路、过河、翻山踏雪，沿阿尼河至叶尼塞河上游的黠戛斯。战后绕萨彦岭班师，并在阿尔泰山休整。之后才西征突骑施[1]。而《阙特勤碑》《毗伽可汗碑》的进军路线则是翻越曲漫山（萨彦岭）到达黠戛斯人驻地，战后又直奔突骑施而去[2]。从上述分析可知，黠戛斯连续两次遭到后突

---

[1] 《暾欲谷碑》东面第23行、北面第25—33行，耿世民：《古代突厥文碑铭研究》，第100—102页。
[2] 《毗伽可汗碑》东面第26—27行，耿世民：《古代突厥文碑铭研究》，第159页。

厥汗国的重创，后突厥对黠戛斯的袭击是两次不同的征讨。

唐与后突厥汗国和好时期，黠戛斯与后突厥的关系也随之有所改善。因此，黠戛斯与后突厥汗国之间，不仅仅只有战争也有通好之时。

据古突厥文《阙特勤碑》记载，突厥先祖土门可汗、西突厥室点密可汗亡故时，黠戛斯都曾遣使吊唁。唐玄宗开元十九年（731），后突厥权臣阙特勤于去世时，黠戛斯也派人参加了葬礼。《阙特勤碑》北面第13行记载："qïrqïz qaγanta tarduš inanču čor kälti./ 从黠戛斯可汗那里来了达头伊难珠啜。"① 黠戛斯使者达头伊难珠啜参加了突厥阙特勤的葬礼。

黠戛斯政治上始终保持独立，与后突厥时战时和，在经济上，与后突厥也有一些联系。据《新唐书》记载，黠戛斯境内"有金、铁、锡，每雨，俗必得铁，号迦沙，为兵绝犀利，常以输突厥"②，由此说明两者还有经济关系。黠戛斯向突厥输出的铁，主要是用于铸造兵器，以满足其扩张的军事需要。从突厥曾派一吐屯监其国并主赋税的角度来看，黠戛斯向突厥输入的铁矿石，或许是向突厥缴纳的赋税，但也不能排除许是两国之间贸易的可能。因为缺乏相应的史料依据，故难以得出确切的结论。

玄宗开元年间，坚昆随突厥商队首次入唐交易马匹。朝时任宰相张九龄《敕突厥可汗书》言"苏农贺勒兼领坚昆马来"；"令赐苏农贺勒下及坚昆使下总二万匹绢，任其市易"；"其马今并勒令却去"。③ 在此，我们暂时放下唐朝没有与坚昆（黠戛斯）全部交易马

---

① 《阙特勤碑》，耿世民：《古代突厥文碑铭研究》，第135—136页。
② 《新唐书》卷217下《黠戛斯传》，第6147页。
③ 《全唐文》卷286《敕突厥可汗书》，第2903页。全文如下："敕儿可汗：比来和

匹的原因①，但从坚昆能随突厥入唐交易，足见唐玄宗朝时期，坚昆与突厥的关系，也处于和好状态。

唐玄宗朝，虽然与后突厥的关系有所改善，但并未放松对后突厥的打击。开元六年（718），唐联合突骑施、契丹、奚、坚昆等部，发兵三十万围剿后突厥汗国。②开元九年（721），后突厥新任默棘连可汗遣使至唐通好，试图改变与唐关系的紧张状态。随着突厥与唐朝关系的缓和，黠戛斯汗国对唐朝始终采取亲近、友好的态度。所以，突厥与唐和解，客观上为黠戛斯恢复国力创造了机会。也为黠戛斯与突厥的和解提供了条件。开元十年（722），坚昆大首领伊悉钵舍友者毕施颉斤与后突厥大首领一起至唐，唐朝分别授以中郎将、将军之号。次年，坚昆大首领俱力贫贺忠颉斤与后突厥大首领一起至唐，唐朝又分别授以郎将、将军之号。

唐天宝三载（744），回鹘与拔悉密、葛逻禄联合，彻底消灭了后突厥政权。黠戛斯与后突厥汗国的敌对关系也就此终结。

市，常有限约，承前马数，不过数千。去岁以儿初立，欲相优赏，特勒欲前至，纳马倍多，故总与留著，已给物市讫。中间苏农贺勒兼领坚昆马米，朕以一年再市，旧无此法，哥解骨支去日，丁宁示意，又移健达后到，亦以理报知，不遣重来，须存信约。遂不依处分，驱马直来，无礼无信，是何道理？朕缘儿义重，深为含容，论其无知，岂能不怪？计儿忠孝，必无非理，未委此等，何故而然？念其远来，碛路艰苦，勒令却退去，似不相亲，令觊都，赐苏农贺勒下及坚昆使下总二万匹绢，任其市易，想儿知之。其马今并勒令却去，至彼之日，以理告示也。夏末甚热，儿及平章事并平安好，遣书指不多及。"唐与突厥市马问题，曾及以上一份的《敕突厥可汗书》，此为第份。

① 具体原因，参见后面的经济篇。在此不多赘述。
② 《新唐书》卷215下《突厥传》，第6052页。

二、黠戛斯与漠北回鹘汗国的关系

鄂尔浑古突厥文碑铭中，我们可以看出，漠北回鹘汗国曾对黠戛斯进行过多次战争。黠戛斯为对抗突厥汗国与漠北回鹘汗国的打击，还曾经与唐朝结盟，而此事在汉文史料中也得到印证。

唐天宝三载（744），在唐朝与回纥、黠戛斯等漠北各部的联合打击下，后突厥汗国（682—744）灭亡。漠北回纥骨力裴罗自称骨咄禄毗伽可汗，建牙帐于乌德鞬山（今鄂尔浑河上游杭爱山之北山）。唐朝封他为奉义可汗，至此，雄强一时的回纥（鹘）汗国正式建立。

回纥第二代可汗磨延啜（749—759）时，黠戛斯与其属部鞠部（Čik）人结成了反抗回纥的联盟[①]。《磨延啜碑》(又称《回纥英武威远毗伽可汗碑》和《葛勒可汗碑》）东面第 19 行记载："ančïp bars yïlqa čik tapa yorïdïm. ekinti ay tört yigirmikä kämdä. / 在虎年我出兵攻打鞠部（Čik）。二月十四日，我作战于剑河。"[②]

黠戛斯为了对付强大的回鹘，曾与葛逻禄结成军事联盟，以共同对抗回鹘的侵扰。磨延啜得知这个消息后，立即作出部署，派人去讨伐黠戛斯所属鞠部（Čik），同时派人拦截葛逻禄人，此外，拔悉密人也在劫难逃。磨延啜趁机把其势力范围扩大到剑河流域部分地区。之后，黠戛斯在与回纥的对抗中渐趋劣势。

在《铁尔浑碑》(又称《塔里亚特碑》）西面第 5 行，对《磨延

[①] 《磨延啜碑》北面第 22—24 行，耿世民：《古代突厥文碑铭研究》，第 199 页。
[②] 《磨延啜碑》北面第 19 行，耿世民：《古代突厥文碑铭研究》，第 198 页。

啜碑》上述内容，有进一步的补充："birigärü učï altun yïš kedin učï kögmän ilgärü učï költi. / 保卫……在金山（阿尔泰）山林的西边疆界［和］在曲漫山的东边疆界。"①

此战之后，为了防御黠戛斯人的报复，磨延啜下令自阿尔泰山的西端直到曲漫山的东端，全都派军队进行守卫。磨延啜并于色楞格河畔建立城池，以御黠戛斯。《磨延啜碑》西面第5行记载："soγdaq tabγač säläŋädä bay balïq yapïtï bertim./ 我让粟特人和中国人在色楞格河处建造了富贵城。"②

750年，为了防御黠戛斯的打击，回鹘建造了15处城址和堡垒。考古发现最大的城堡位于位于查丹河（River Chadan）的巴金阿拉克（Bajyn-Alak, 18.2公顷），其次是巴尔拉尔克河（River Barlyk）的埃尔德格-克吉格（Eldeg-kejig, 12.5公顷），它们全都建于克姆契克（Khemchik）河谷，呈弧形分布在凸起的地方，正对沙延山（Sayan Mountains）。这些城址相互联结，构造了一道防线，以防备与其长期较量的北方近邻——黠戛斯人的讲攻。③ 据俄罗斯考古发现，证实"回鹘人经常用长方形砖坯。从萨彦山岭南麓向叶尼塞和赫姆奇科河流域，一个城堡接着一个城堡连成一条长黏土墙。它们排成一条线长达230公里。这是回鹘汗国的北界线，突厥鲁尼文《磨延啜碑》上的记载证明这一点。为了防御黠戛斯人的进犯，城堡

---

① 《铁尔浑碑》西面第5行，耿世民：《古代突厥文碑铭研究》，第209页。
② 《磨延啜碑》西面第5行，耿世民：《古代突厥文碑铭研究》，第203页
③ ［日］林俊雄、白石典之、松田孝一，"ハイバリク遺跡"，載森安孝夫、オチル編：《モンゴル国現存遺跡・碑文調查研究報告》，中央ユラシア学研究会1999年版，第196—198页。

和城墙于公元 750 年建造"①。

唐天宝十一载（751），回纥磨延啜可汗率兵袭击了黠戛斯所属的鞠部（Čik）。据《磨延啜》北面第 22—24 行碑文，文中记载："qïrqïz tapa är ïdmïs.siz tašqŋï čikig tašïyïrïŋ timis……qïrqïz qanï kögmän ičintä, äb barqïnta ärmis. / 并往黠戛斯派人说：'你们出征吧！你们也叫鞠部（Čik）人出征吧！'……黠戛斯汗在曲漫〔山〕里边，在其牙帐那里。"②

《磨延啜碑》南面第 1 行紧接着说："Is[iŋä] är kälti.qarluq isiŋä kälmädük tidi……bolču ügüzdä üč qarlyqïy amta toqïdïm./ 已经有人来到其可汗及其同盟者处，〔但〕葛逻禄还没有来到其同盟者处……在 Bolču 河把三姓葛逻禄击败了。"③

天宝十四载（755 年）冬十月，安史之乱爆发，唐朝不得不借兵回纥。磨延啜可汗亲自统兵援唐，后方空虚。黠戛斯乘势向回纥发动进攻。乾元元年（758 年），磨延啜回兵，与黠戛斯大战于剑水（叶尼塞河）流域，回纥磨延啜可汗上奏唐朝，回纥"破坚昆（黠戛斯）"④。黠戛斯军五万人被回纥击破。黠戛斯损失惨重，此战黠戛斯遭遇了毁灭性的打击致力量大减。史载"自是不能通中国"，与唐的联系至此中断⑤。

直到公元 8 世纪末，遭到回纥沉重打击的黠戛斯，才得以逐渐

---

① 〔俄〕科兹拉索夫：《俄罗斯突厥考古新收获》第一讲《突厥考古》，努尔兰·肯加哈买提译，2006 年。《磨延啜碑》北面第 20—21 行，耿世民：《古代突厥文碑铭研究》，第 199 页。
② 《磨延啜》北面第 22—24 行，耿世民：《古代突厥文碑铭研究》，第 199 页。
③ 《磨延啜碑》南面第 1 行，耿世民：《古代突厥文碑铭研究》，第 199—200 页。
④ 《新唐书》卷 217 下《黠戛斯传》，第 6117 页。
⑤ 同上书，第 6149 页。

恢复国力。漠北回鹘《九姓回鹘可汗碑》载，回鹘怀信可汗在位之际（795—805）[1]，"北方坚昆之国，控弦卌余万"；"彼可汗（下阙），自幼英雄智勇，神武威力，一发便中"；"牛马谷量，仗械山积"。[2]在神勇与智慧的坚昆（黠戛斯）可汗的统治下，坚昆的国力不仅牛羊满山遍野，还拥有装备齐全的三十多万大军。强盛时期的坚昆，影响远播中亚。坚昆的发展强大，令南方的回鹘怀信可汗感到了威胁，于是发动了对坚昆的攻击，致使"坚昆可汗，应弦殂落"[3]。坚昆可汗在此战中不幸战亡，因此，重创之后的坚昆国势大衰。阿热继位为黠戛斯君主，回鹘授坚昆可汗阿热为"毗伽顿颉斤"[4]，"颉斤"是突厥语 irkin 的音译，用于突厥语族部落首领的称号，借以表示坚昆（黠戛斯）隶属于回鹘。为了与回鹘抗衡，壮大自己的实力，阿热与葛禄叶护联姻。820年左右，随着回鹘的日渐衰弱，黠戛斯阿热也恢复了汗国的国力，始自称为可汗。黠戛斯阿热称汗后，在位于叶尼塞河上游的克姆契克河畔建牙，可汗的牙帐号曰"密的支"[5]。距鄂尔浑河畔的回鹘牙帐，橐它（骆驼）要行走四十日。回鹘派遣宰相率军攻伐黠戛斯，但并没有取胜。其后，双方又僵持了二十多年，难分胜负。

黠戛斯《苏吉碑》记载："父亲药罗葛汗来到回纥的土地上，我

---

[1] 唐德宗贞元十一年（795），回鹘药罗葛氏奉诚可汗死，国人立其相颉于迦斯·骨咄禄为可汗（唐封为怀信可汗），回鹘汗统由药罗葛氏转为阿跌氏。
[2] 《九姓回鹘可汗碑》第11、12行，林幹：《突厥与回纥史》，第440页。
[3] 《九姓回鹘毗伽可汗碑》第12行，林幹：《突厥与回纥史》，第440页。
[4] 《新唐书》卷217下《黠戛斯传》，第6149页。
[5] 据波斯文《世界境域志》记载，黠戛斯可汗的居地在 K. M. JKATH（Kämčikä-Kamčik ka）。巴托尔德认为 K. M. JKATH，就是《唐书》记载的"密的支"。〔波斯〕佚名：《世界境域志》，王治来、周锡娟译，新疆社会科学院中亚研究所1983年版，第66、86页。

是黠戛斯之子，我是幸福而安宁的裴罗。"①药罗葛汗即阿热可汗，又译为"亚格拉卡尔"，或称裴罗骨咄禄亚尔汗。直到840年，黠戛斯才终于击溃了漠北回鹘汗国。

第二节　黠戛斯汗国的形成

关于黠戛斯汗国的形成时间，汉文史料记载不一。唐玄宗开元六年（718），发布的《征突厥制》中，称坚昆都督为可汗。《新唐书·突厥传》亦有同样的记载。但依据《新唐书·黠戛斯传》的记载，公元820年或840年左右，黠戛斯的君主，才号称可汗。对于汗国形成的时间，诸史出现了近百年的时间差距。

通过对鄂尔浑古突厥碑文的考证，上述差异的原因在于，汉文文献记载中史官没有明确其立国可汗与复国可汗之别，由此导致了汗国形成时间记载的差别。

一、见于诸文献记载的形成时间

唐太宗贞观二十二年（648），坚昆君主俟利发失钵屈阿栈首次入朝。史载"坚昆，本强国也，地与突厥等"②，因而受唐封为坚昆都督府。表明坚昆与唐朝接触时，已然是漠北强族。

至公元8世纪初左右，黠戛斯与唐朝来往频繁，如"高宗世，

---

① 胡振华编著：《柯尔克孜语言文化研究》，中央民族大学出版社2006年版，第226页。
② 《新唐书》卷217下《黠戛斯传》，第6149页。

再来朝。景龙中，献方物"，此后的"玄宗世，四朝献"①。尤其是玄宗朝，黠戛斯能四次朝见，说明黠戛斯已处于最强盛的阶段。黠戛斯以"其人悍勇"而著称，甚至于"吐蕃、回鹘常赂遗之"，并且"假以官号"②，也足见其在周围民族中的影响力。

唐玄宗开元六年（718），为了打击后突厥汗国，玄宗下《征突厥制》，号令漠北诸部共同出击。诏书中称坚昆都督右武卫大将军是"骨笃禄毗伽可汗"。为了鼓动坚昆兵众参战，唐玄宗还盛赞其军队"弧矢之利，所向无前"③。这位率众征讨的骨笃禄毗伽可汗，是最早见于汉文文献的黠戛斯可汗。《新唐书·突厥传》亦载"坚昆都督右武卫大将军骨笃禄毗伽可汗"，亦从征后突厥汗国④。此次黠戛斯应唐玄宗之诏，与漠北各部联合从征后突厥一事，不见载于《旧唐书·突厥传》，也不见于《新唐书·黠戛斯传》所载。

另据《新唐书·黠戛斯传》记载，黠戛斯在"乾元中，为回纥所破，自是不能通中国。而回鹘授其君长阿热官为'毗伽顿颉斤'"，殆至"回鹘稍衰，阿热即自称可汗"。随着回鹘的衰弱，黠戛斯阿热开始自称可汗。此后"回鹘遣宰相伐之，不胜，兵斗二十年不解"⑤。至唐开成五年（840），黠戛斯击溃漠北回鹘汗国。学界均以此认为黠戛斯汗国形成于820年或840年。

综上可见，汉文文献所载黠戛斯汗国形成的时间，也即黠戛斯君主称可汗的时间，史籍出现了不同的记载，甚至出现了近百年的时间差距。

---

① 《新唐书》卷217下《黠戛斯传》，第6149页。
② 《资治通鉴》卷246，唐文宗开成五年（840），第8068页。
③ 《全唐文》卷21《征突厥制》，第232页。
④ 《新唐书》卷215下《突厥传》，第6052页。
⑤ 《新唐书》卷217下《黠戛斯传》，第6149页。

二、黠戛斯汗国形成时间考辨

黠戛斯君主究竟何时称汗立国,仅凭汉文传世文献史料尚难以做出正确判断。幸而借助实物史料的发现,方得以进一步考证。

18世纪,探险者在叶尼塞河上游发现了刻有文字的碑铭。19世纪下半叶,在漠北鄂尔浑河流域,也相继发现了刻有类似文字的碑铭。经考证"突厥卢尼文碑铭多发现于从东蒙古地区至多瑙河流域的广袤土地上,历五六个世纪,由多个不同民族使用"[1]。经突厥学学者解读后认为,叶尼塞碑铭可能属于公元7世纪,而鄂尔浑碑铭应刻于公元8世纪。[2] 两种碑铭所使用的文字是古代突厥文。学界由此发现了研究古代黠戛斯、突厥、回鹘等漠北民族突厥语的第一手原始资料。为研究黠戛斯、突厥与回鹘的历史,提供了汉文文献之外的新史料。因此"这些碑铭,对于存在于蒙古高原北部鄂尔浑河流域和叶尼塞河流域的突厥汗国、回鹘汗国及黠戛斯来说,都有着毋庸置疑的史料学价值"[3]。鄂尔浑碑铭属于公元8世纪的后突厥汗国,通过鄂尔浑古突厥文碑铭可见,黠戛斯汗国的形成过程与可汗的承袭。

---

[1] 〔俄〕克里亚施托尔内:《新疆与敦煌发现的突厥卢尼文文献》,杨富学、王立恒译,《吐鲁番学研究》2010年第2期。
[2] 〔苏联〕威廉·巴托尔德:《中亚突厥史十二讲》,罗致平译,第9页。
[3] 〔俄〕克里亚施托尔:《新疆与敦煌发现的突厥卢尼文文献》,《吐鲁番学研究》2010年第2期。相关研究,见文中注释③:克里亚施托尔内《古代突厥卢尼文碑铭——中亚史原始文献》(Древнетюркские рунические памятники как источник по истории Серднёй Азии),莫斯科1964年,第44—70页;阔南诺夫(А. Н. Кононов):《7—9世纪突厥卢尼文语法》(Грамматика языка тюркских рунических памятников VII-IX вв.),莫斯科1980年,第14—22页。

信息比较完整的古突厥文碑铭，有《暾欲谷碑》《阙特勤碑》《毗伽可汗碑》等三通。这些碑铭都涉及了突厥与黠戛斯的关系。首先，各碑对黠戛斯君主的称谓都是可汗（qaɣan）。例如《暾欲谷碑》第一石东面第 3 行，记载："强大的黠戛斯可汗是我们的敌人。"[①]《阙特勤碑》东面第 34—35 行，记载："当阙特勤二十六岁时，我们出征黠戛斯。——我们与其可汗战于 sunga 山。"[②]《毗伽可汗碑》东面第 26—27 行，记载："当我二十七岁时，我出兵征黠戛斯人。——我与其可汗战于 songa 山。我杀其可汗，在那里取得其国家。"[③] 在古突厥碑文中"可汗（qaɣan）"，似乎都是同等的君主称谓。如《暾欲古碑》第一石北面第 28 行记载"我们打败了他们并杀死其可汗（qaɣan）"[④]，《阙特勤碑》南面第 1 行载"从天所生的突厥毗伽可汗（qaɣan）"等，可汗一词，都用突厥语（qaɣan）表示[⑤]。其次，《暾欲古碑》所述的史实，系发生于 708 年后突厥袭击黠戛斯的事件，但碑文并没有指出黠戛斯可汗的名号。据《阙特勤碑》东面第 20 行的记载："Bars bäg ärti, qaɣan at bunta biz birtimiz.siŋilim qunčuyuɣ birtimiz./ 他原为虎官（Bars bäg），我们在这里给予了可汗称号，并把我妹公主嫁给了他。"[⑥] 这位名为拔塞匐（Bars bäg qaɣan，虎汗）的黠戛斯可汗，是后突厥汗国封予的汗号。

　　此次袭击的详情，见于《暾欲谷碑》第一石东面第 19—21 行："唐朝可汗是我们的敌人，十箭可汗是我们的敌人"；"再有黠戛斯

---

① 《暾欲谷碑》，耿世民：《古代突厥文碑铭研究》，第 99 页。
② 《阙特勤碑》，耿世民：《古代突厥文碑铭研究》，第 130 页。
③ 《毗伽可汗碑》，耿世民：《古代突厥文碑铭研究》，第 159 页。
④ 《暾欲古碑》，耿世民：《古代突厥文碑铭研究》，第 101 页。
⑤ 《阙特勤碑》，耿世民：《古代突厥文碑铭研究》，第 116 页。
⑥ 同上书，第 126 页。

人强大的可汗，是我们的敌人。那三个可汗要会师阿尔泰山林。他们这样商量道：'让我们首先出兵（攻打）突厥可汗。如果不向他出兵，早晚他们要把我们消灭'"；"让我们彻底消灭他们吧"。《暾欲谷碑》北面第 27 行，又载"我们袭击黠戛斯于睡梦之中"；第 28 行载"他们（黠戛斯）的可汗（qan）和军队集合起来，我们交了战，我们打败了他们并杀死其可汗（qaɣan）。黠戛斯人民内属并归顺于我们。我们回师"。① 可知，黠戛斯此次受到后突厥袭击的起因，缘于黠戛斯欲与唐中宗朝联合打击突厥。

唐景龙二年（708），突厥默啜可汗（qaɣan）获悉黠戛斯欲响应唐的诏令，故此先发制人对黠戛斯发动了征讨。黠戛斯拔塞匐可汗（Bars bäg qaɣan，虎汗），联合唐朝并带领属部反抗突厥汗国的统治。反被后突厥汗国默啜可汗率先袭击，不敌遇害成为突厥默啜可汗墓前的首位杀人石。② 汉文史料也载，在唐中宗景龙三年（709年）十二月，曾经在两仪殿宴请来朝的坚昆使者，对其可汗的不幸表示慰问和悼念。从先后时间上推定，这位可汗无疑就是拔塞匐可汗。

因为碑文记载的黠戛斯拔塞匐可汗，是由后突厥汗国所封，表明此时的黠戛斯还隶属于突厥，还不能将其视为独立的汗国。景龙三年（710），突厥对黠戛斯发动了第二次征讨，黠戛斯再次遭到后突厥汗国的重创，黠戛斯可汗再遭击杀。这位被突厥杀死的黠戛斯

---

① 《暾欲谷碑》，耿世民：《古代突厥碑铭研究》，第 99、101 页。
② 〔苏联〕A. 伯恩什达姆：《6 至 8 世纪鄂尔浑叶尼塞突厥社会经济制度（东突厥汗国和黠戛斯）》，第 226 页。杀人石，源于突厥人有在死者的墓前立石的习俗，墓石之首的石俑，通常被塑造成战败部落的领袖，石俑双手交叉于腹部，以示屈从听命，意味着他死后依然是战胜者的藩臣。

继任的可汗，是否仍为突厥所立，至今还没有佐证材料，所以也不能肯定黠戛斯已经形成了汗国。

由以上碑铭记载可知，公元8世纪初，黠戛斯的君主号称可汗，虽然可汗封号来自突厥，但表明黠戛斯已经具备了国家政权形式。

唐玄宗开元六年（718），玄宗发《征突厥制》征召北方各部联合打击后突厥。其中，参与其中的坚昆骨笃禄毗伽可汗，当是黠戛斯的立国可汗。在后突厥碑铭中屡有黠戛斯可汗（qaɣan）称谓，而同时期的邻国葛逻禄及回纥的君主则是颉利发（EI täbär）称号。[①] 突厥语民族地区，颉利发也是部落君主的最高称谓，但其地位却逊于可汗。[②] 由引可知黠戛斯汗国的形成时间，无疑早于公元745年立国的回纥汗国。

回纥第二代可汗磨延啜（749—759年）时，黠戛斯与其属部鞠部（Čik）人结成了反抗回鹘的联盟。[③] 在漠北回鹘汗国所属的碑铭中，黠戛斯的国君也是可汗称号。乾元元年（758），为了解除北方黠戛斯的威胁，磨延啜曾称"破坚昆五万人"[④]。回纥碑文虽然并未提及与之交战的黠戛斯可汗的称谓，但从时间上推测，很可能就是玄宗朝出现的黠戛斯骨笃禄毗伽可汗。

另据《九姓回鹘可汗碑》粟特文第18行记载，回鹘怀信可汗（795—808）在位时，"他战胜了黠戛斯可汗二十万大军并取得其国

---

① 《毗伽可汗碑》东面37行中，就有"uyɣur iltäbär üyzčä ärin ilgärü täz (ip bardï……/ 回纥颉利发同大约一百人向东逃去"。耿世民：《古代突厥文碑铭研究》，第163页。
② 〔苏联〕威廉·巴托尔德：《中亚突厥史十二讲》，罗致平译，第35页。
③ 《磨延啜碑》北面第22行，耿世民：《古代突厥文碑铭研究》，第199页。
④ 《旧唐书》卷195《回纥传》，第5021页。

家"①。该碑的汉文部分也记载，唐乾元年间，由于回鹘可汗的攻击，致使"坚昆可汗，应弦殂落"②。在此，首先，从时间上推定，这位被回鹘击败的无名可汗或许仍然是骨笃禄毗伽可汗，也可能另有其人。若分析碑文内容，其中回鹘人"战胜了黠戛斯可汗二十万大军并取得其国家"，则可以肯定此时的黠戛斯已然是独立的汗国。由于碑铭中没有具体的时间记载，因此，还不能仅凭推测来确定黠戛斯建立汗国的具体时间。依据相关的记载，估计汗国建立最早在公元8世纪初左右，最晚不过公元8世纪中叶。

综上所论，黠戛斯汗国建立的时间，大约在唐玄宗开元年间。首先，最早将黠戛斯君主称作可汗的汉文文献，见于唐玄宗开元六年（718）的诏书《征突厥制》。考历代帝王的诏书，应该是传世文献中最原始的史料。从秦始皇开始，就形成了具有严格规范的皇帝布告臣民的专用文书——诏书。殆至唐代，诏令又细分为册书、制书、慰劳制书、发日敕、敕旨、论事敕书、敕牒等七种形式，诏书也转而由唐代的专门机构负责起草，由门下省审核后颁行，对行文、格式都有严格规定，"凡百司奏抄，侍中审定，则先读而署之，以驳正违失。凡制敕宣行，大事则称扬德泽，褒美功业，复奏而施行。小事则署而颁之"③。此外，向外传送的诏书，还需经侍中封印方可外传。侍中执掌"凡制敕慰劳外方之臣及征召者，则监其封题。若发驿遣使，则给其传符，以通天下之信"④。对诏书的拟写、录入、审

---

① 《九姓回鹘可汗碑》，林幹、高自厚：《回纥史》，内蒙古人民出版社1994年版，第400页。
② 林梅村、陈凌、王海城：《九姓回鹘可汗碑研究》，《欧亚学刊》第1辑，中华书局1999年版，第161页。
③ 《唐六典》卷8《门下省·侍中》，第244页。
④ 同上书，第243页。

核、发送等都有严格的规制，因而，汉文文献的诏书无疑是最原始的第一手史料。《新唐书·突厥传》关于从征的坚昆都督就是骨笃禄毗伽可汗的记载，显然是引用了《征突厥制》。

唐玄宗开元六年（718），唐朝召集漠北诸部联合围攻后东突厥汗国，坚昆骨笃禄毗伽可汗也率黠戛斯军队参战。[①] 这位坚昆骨笃禄毗伽可汗，极有可能是在黠戛斯遭到后突厥汗国袭击后，恢复并重建了国家并借机称汗建立了汗国。因为从时间上推测，自711年至718年，在将近十年时间里，黠戛斯足以恢复国力。不妨推测这位骨笃禄毗伽可汗，或许就是黠戛斯汗国的第一位可汗。所以，结合汉文史料的记载，如果718年左右坚昆（黠戛斯）的君主已是可汗，那么黠戛斯建立汗国的确切时间，或许应该就在8世纪初左右。

其次，鄂尔浑古代突厥文碑铭的记载，公元8世纪初，黠戛斯君主也均以可汗相称。由于黠戛斯与突厥有长期接触，因此，突厥人刻记在碑铭上信息，无疑也是第一手史料。依据上述梳理，现将传世文献和实物史料中，部分黠戛斯可汗的大致信息，汇总列成下表：

可汗名号	出现时间	地位推测	文献出处
拔塞匋（Bars bäg, 虎汗）	约708年	突厥封予的可汗	《暾欲古碑》《阙特勤碑》《毗伽可汗碑》
无名可汗	约711年	突厥封予的可汗	《毗伽可汗碑》
骨笃禄毗伽可汗	718—758年	黠戛斯汗国的可汗	唐玄宗《征突厥制》

---

① 《新唐书》卷215下《突厥传》，第6052页。

续表

可汗名号	出现时间	地位推测	文献出处
无名可汗	约758—808年	黠戛斯汗国的可汗	《九姓回鹘可汗碑》
阿热可汗	约820年	黠戛斯汗国的复国可汗	《新唐书》卷217下《黠戛斯传》

据所列表中内容可知，公元8世纪初到公元9世纪40年代，黠戛斯历史上大约五位可汗被文献记载。具体如碑文所载，黠戛斯先后有两位可汗，均为后突厥汗国所封，因而不能认定黠戛斯建立了汗国。但从718年骨笃禄毗伽可汗开始，黠戛斯显然已经脱离了后突厥汗国的控制，可以视为已经建立了独立的汗国。这样一来，文献记载的黠戛斯汗国，就有骨笃禄毗伽可汗、乾元以后被回鹘击败的无名可汗、击溃回鹘的阿热可汗等三位可汗。

再次，黠戛斯汗国的立国可汗与复国可汗的确定。见于《新唐书》卷217下《黠戛斯传》记载，是大约820年或840年左右，黠戛斯君主始称可汗。黠戛斯自为回纥所破，对外交通受阻，就与唐朝断绝了往来。乾元以后阿热继位为黠戛斯君主，但没有汗号，而是被授予"毗伽顿颉斤"的称号。直至"回鹘稍衰，阿热即自称可汗"。此后，黠戛斯与回鹘又"拿斗二十年不解"。[①]840年，阿热最终击败了回鹘。由此推测，阿热自称可汗的时间，当是820年左右。但是，阿热是黠戛斯被回鹘击溃之后，再次复国的黠戛斯可汗，而非黠戛斯汗国的创立者。

对于黠戛斯建立汗国的时间，多数研究者以《新唐书·黠戛斯

---

① 《新唐书》卷217下《黠戛斯传》，第6149页。

传》的记载为依据，或以820年为准[1]，或者倾向于840年[2]，以黠戛斯击溃漠北回鹘汗国的时间为准。但通过以上辨析，可知黠戛斯汗国形成的时间，应该在8世纪初左右。

---

[1] 薛宗正:《黠戛斯的崛兴》,《民族研究》1996年第1期。
[2] 郭平梁:《从坚昆都督府到黠戛斯汗国》,《西域史论丛》第2辑, 新疆人民出版社1985年版。

第四章　黠戛斯汗国的政治与军事

　　黠戛斯汗国承袭了北方民族官制，也形成了特有的社会阶层。同时，通过与唐朝建立联系，又借用了中原的官号。因此，黠戛斯汗国的官制兼具北方民族与中原唐朝的多元特点。军事上，黠戛斯曾与漠北突厥、回鹘汗国长期冲突不断，响应唐朝联合突骑施共同打击后突厥汗国，配合回鹘等铁勒各部打击薛延陀汗国，又与漠北回鹘较量多年，并最终击溃漠北回鹘政权，终结了突厥语民族在漠北高原的统治，令蒙古高原乃至中亚的政治格局发生了历史性的变化。

第一节　黠戛斯汗国的社会政治

　　地处叶尼塞河上游的黠戛斯，汉代就见诸汉文史册，具有悠久的历史。8世纪初，形成黠戛斯汗国。政治上，形成了特有的社会阶层。官制兼具北方民族与中原唐朝的官职。同时，也形成了较为严酷的习惯法。

一、黠戛斯汗国的政治

在汉文史料中，黠戛斯社会结构相对于其他北方民族，没有什么不同之处。但从鄂尔浑－叶尼塞鲁尼文碑铭可知，黠戛斯可汗具有至高无上权力。此外，黠戛斯"匐"的作用堪比可汗，所以，居于特殊阶层的"匐"，是黠戛斯社会政治的主要特点。

（一）社会结构

黠戛斯建立汗国前，实行部落酋长制，由三名酋长"共治其国"，他们分别是讫悉辈、沙波辈和阿米辈。[①] "辈"（beg）又译作"匐"（bäg），是黠戛斯地位显赫的阶层，他们不仅聚敛了巨大的财富，还拥有自己的武装力量。黠戛斯汗国时期，击溃漠北回鹘汗国的君主，称"阿热"，遂姓阿热氏，"余以部落为之号"。[②] 表明黠戛斯的核心部族是阿热氏，其他各部则以部名相称，如克施季姆六族、博尔沙尔民众、特尔斯民众等[③]。

黠戛斯古鲁尼铭文中，多见黠戛斯的君主可汗或汗的称谓。如克姆契克－卡雅－巴什碑的铭文，刻着"Qyrqyz qany bitimišin"（通过黠戛斯汗的信）[④]。《黠戛斯人之子碑》（《苏吉碑》）碑铭"我是黠戛

[①]《新唐书》卷217下《黠戛斯传》，第6149页。参见王静如《突厥文回纥英武威远毗伽可汗碑译释》，林幹：《突厥与回纥历史论文选集》，第683页。考"匐"字的古音是"buək"的缩写"bök-bäk"，与碑文中"Bög"（亲王）发音近似。
[②]《新唐书》卷217下《黠戛斯传》，第6147页。
[③]〔苏联〕C. B. 吉谢列夫：《南西伯利亚古代史》下册，第133—138页。
[④]〔苏联〕A.伯恩什达姆：《6至8世纪鄂尔浑叶尼塞突厥社会经济制度（东突厥汗国和黠戛斯）》，第215页。

斯人之子，我是裴罗骨咄禄亚尔汗"，嘱咐儿子们要为汗尽忠效力："qanqa tap!/要敬重汗。"① 全力捍卫君主的地位及统治。《乌尤克·土兰碑》碑的主人，也表达了对汗的感激："Q(a)n(ï)m tülb(e)ri q(a)ra bud(u)n kül[üg] q(a)d(a)š(ï)m./汗赠赐的礼物是众多的百姓（黑民）、有名望的朋友。"② 这位贵族曾得到汗的奖赏，不仅终生难忘还要刻在自己的碑铭中，传与后人知晓。

黠戛斯的碑铭中，关于"匐"（bäg）的铭文仅次于汗的记载。匐在黠戛斯有征收赋税的权力，如在黠戛斯科彼内2号冢出土的一件素面小金瓶，瓶底铭文显示"baglkkms baartimiz/匐的银子我们交了"③。表明匐阶层，是汗以外列在首位的统治者。他们是富有的贵族，黠戛斯的普通百姓必须按时向匐缴纳赋税。黠戛斯人的定居生活和发达的畜牧业，使拥有众多畜群的匐居于社会的首要地位，如乌弥匐所言"我因优越而有此土地"④。黠戛斯的社会经济发展特点，决定了匐的巨大作用。不仅如此，在黠戛斯匐及该阶层的人还有领导军队、派遣使臣、权征收赋税等权利。因而在黠戛斯社会，匐具有很高的社会地位。财产地位低下的阶层，称为"同一公社的人"（qadaš），他们和匐有某种依附关系。财力上比匐弱的公社成员，称为"妾"（küni）。⑤ 在碑文中，与匐对应的社会成员，是"黑民"（qara-budun）和"自由民"（budun），他们是黠戛斯社会的普通成员。因为黠戛斯的经济发展不平等，自由民就与匐形成了某种经济

---

① 《苏吉碑》(《黠戛斯人之子碑》)，耿世民：《古代突厥文碑铭研究》，第226页。
② 胡振华编著：《柯尔克孜语言文化研究》，第231—232页。
③ 〔苏联〕C.B.吉谢列夫：《南西伯利亚古代史》下册，第137页。
④ 〔苏联〕C.B.吉谢列夫：《南西伯利亚古代史》下册，第133页。
⑤ 〔苏联〕A.伯恩什达姆：《6至8世纪鄂尔浑叶尼塞突厥社会经济制度（东突厥汗国和黠戛斯）》，第216、218页。

依附关系。黠戛斯社会的最下层是（kisi），被称为奴隶的人。[①]

在黠戛斯地区发现的古鲁尼文碑铭中，"民众"（Budun）、"埃利"（äl）等词汇，常与可汗并列出现。贵族墓志铭的套语，大多也是"我离开了我的黔首，离开了你们，离开了我的埃利"。见于吉谢列夫《南西伯利亚古代史》的记载，还有"优秀的博尔沙尔民众，强悍的民众"；"我的埃利，我的可汗的特尔斯民众"；"我不能与我的埃利、我的可汗在一起了"；"我的骑士的埃利"；"我与我的埃利一起游牧四方"；"我离开了大地上我的虎埃利，离开了我的卓尔不群的亲族"；"他的名字是瓦尔捷姆-阿纳尔，（他）也将所有金子（献给了？）好埃利"。[②]在克姆契克河的卡伊巴什河口的崖刻，刻着"此碑立于吾可汗与吾埃利所有之喀喇-森吉尔"的字样[③]。叶尼塞碑铭中所见的可汗、埃利、民众，表明了他们的从属关系，抑或是亲属关系。埃利是以黠戛斯可汗为首的草原贵族阶层，与匈一样拥有大量的牲畜，他们的生活是半游牧的，会"游牧四方"。厄连-乌鲁克就是拥有大群马匹的人，因而其墓志言"我与我的埃利一起游牧四方"。[④]可以说，埃利也专指显贵氏族，他们构成了黠戛斯显贵氏族联盟，在黠戛斯汗国形成过程中，发挥了重大作用。

民众的生活则相对稳定，因为他们主要从事开拓与耕种。黠戛斯地区显示有农业、水利设施等农耕迹象。由碑文"有埃利王的民众""有可汗的民众"，还有"独立的民众"等说法，可知民众与可

[①]〔苏联〕A.伯恩什达姆：《6至8世纪鄂尔浑叶尼塞突厥社会经济制度（东突厥汗国和黠戛斯）》，第217、218页。
[②]〔苏联〕C.B.吉谢列夫：《南西伯利亚古代史》下册，第133—138页。
[③]同上书，第141页。
[④]同上书，第134页。

汗、埃利等也有不同的从属关系。埃利是指一个地域或集团的民众中的显贵氏族，有发展自身经济的依附奴隶，还拥有向自己所属民众课税的特权。[①]

黠戛斯的丧葬习俗，也可见其社会结构的复杂。贵族不仅有较多的随葬品，还有火葬的特权。民众、仆人与奴隶，则有所差别，尤其是仆人与奴隶，并没有火葬的资格，因为火葬是自由民的葬俗。[②]

（二）黠戛斯汗国的官制

公元前3世纪，匈奴雄霸漠北草原，创制了具有北方民族特色的官制。继之而起的鲜卑、柔然、突厥、回鹘等北方民族，使用、传承并更加完善了北方民族的官制，在漠北各民族中产生了广泛的影响。黠戛斯与后突厥汗国、漠北回鹘汗国曾长期频繁接触。因而，黠戛斯官号的称呼和官职的设置，基本依照突厥、回鹘的官号设置。但随着隶属于唐朝的坚昆都督府的设立，中原王朝的官制对其也产生了影响。所以，在黠戛斯的官职中，我们也能看到很多中原的官号。

由于受到多元文化的影响，黠戛斯汗国的官制有两个体系：其一，继承北方民族的传统体系，黠戛斯的最高统治者称"可汗"[③]，可汗

---

① 〔苏联〕C.B.吉谢列夫：《南西伯利亚古代史》下册，第134页。
② 同上书，第136页。
③ 可汗，又作可寒，简称汗，北方民族之某一部首领的尊称。作为一国之主的称号，最早始于公元402年柔然首领社崘统一漠北，自称丘豆伐可寒。鲜卑语称"可寒"，原意为"神灵"、"上天"之意。突厥、吐谷浑、回鹘、高昌回鹘、契丹、蒙古等建立的汗国，其最高统治者皆称可汗。蒙古语又作"合罕"，窝阔台汗称合罕，而且文献中常以"合罕皇帝"专指窝阔台汗。

下设特勤、匐、叶护、梅禄、俟斤、颉利发、达干、设（杀）等，至于是否有定员，则不见明确记载。其二，采用唐朝官制，且皆有定员。

首先，黠戛斯袭用的北方民族官号 汉文文献及鄂尔浑的突厥、回鹘碑铭都有记载，黠戛斯几乎将这些官职完全照搬。只有极少数的例外。

《周书》始载突厥官职，有"大官有叶护，次设，次特勤，次俟利发，次吐屯发，及余小官凡二十八等，皆世为之"①。《通典》记载略为详细，突厥官号有"可汗，犹古之单于也；号其妻为可贺敦，亦犹古之阏氏也。其子弟谓之特勤，别部领兵者谓之设。其大官屈律啜，次阿波，次颉利发，次吐屯，次俟斤。其初，国贵贱官号凡有十等"；"其后大官有叶护，次设，次特勤，次俟利发，次吐屯发，及余小官凡二十八等，皆代袭焉"。② 以上突厥的官职，大多都见于叶尼塞黠戛斯的碑铭。

设官（Šad），如《乌尤克·阿尔汗碑》有"š (a) (d) (ï) m/ 我的设官"③，设官主统领军队并能专制一方④。俟利发（ältäbär），原本是突厥的官号，相当于一个较小政权的首领，凡被突厥征服国的国王，都任命为俟利发，其地位仅次于可汗。失钵，也是官号，是可汗牙帐中站立右侧的高官，唐贞观二十二年（648），黠戛斯酋长俟利发失钵屈阿栈，入朝觐见唐太宗。颉斤，唐乾元年间，回鹘授黠

---

① 《周书》卷50《异域下·突厥传》，第909页。
② 《通典》卷197《边防·突厥上》，第5402、5403页。
③ 胡振华编著：《柯尔克孜语言文化研究》，第229页。
④ 韩儒林：《突厥官号研究》，林幹：《突厥与回纥历史论文选集》，第252页。

戛斯君长阿热为"毗伽顿颉斤（Bilgä ton irkin）"①，回鹘授黠戛斯阿热此官，意在表明黠戛斯败于回鹘的过往，木马三突厥（都播、弥列、哥饿支），是黠戛斯的属部，黠戛斯授其君主以"颉斤"号②。啜（čor）官，是只有异姓突厥酋长才能袭用的爵号，鄂尔浑《阙特勤碑》北面第 13 行记载，黠戛斯阿热曾派重臣达头伊难珠啜，参加后突厥阙特勤的葬礼③。伊难珠（inanču），相当于"心腹官"、"机要官"。莫贺（bağa），既是突厥官号，也是对勇健之人的称呼④，《苏吉碑》（《黠戛斯之子碑》）载"m(e)n Qutl(u)ğ B(a)ğa T(a)rq(a)n öge buyr(u) qï m(e)n/ 我是骨咄禄·莫贺·达干的传令官"⑤，唐高宗封授的唐左威卫大将军、坚昆都督，全称是结簧蚕匐肤莫贺咄⑥，可见黠戛斯官职中，确有与莫贺有关的莫贺咄一职。达干（tarkan）一职，也是突厥军官职称谓，其职能是"专统兵马事"，是仅次于汗（kan）的突厥尊号。

著名的克姆契克河卡伊-巴什河口拓制的崖刻，可见部分黠戛斯官号及官职："此碑立于吾可汗与吾埃利所有之喀喇-森吉尔。碑文系安申所书。汝众人等听喀喇-森吉尔之领主言。勇士——伊南啜，

---

① 《新唐书》卷 217 下《黠戛斯传》，第 6149 页。
② 同上。参见韩儒林《突厥官号研究》，林幹：《突厥与回纥历史论文选集》，第 247 页。据韩儒林考证，"颉斤"、"俟斤"、"颉利发"以及俟利发为同名异译，有贵人、首领之意，作为突厥官号均指突厥属部的酋长，或部落首领。我们认为值得重新商榷，"俟利发"似乎有别于"颉斤"，而且"颉斤"要低于前者的等级或影响。即使突厥语中二者的意义相当，或许仍存在着些微的区别。
③ 《阙特勤碑》，耿世民：《古代突厥文碑铭研究》，第 136 页。
④ 周伟洲：《敕勒与柔然》，上海人民出版社 1983 年版，第 166 页。
⑤ 胡振华编著：《柯尔克孜语言文化研究》，第 224、226 页。
⑥ 陈国灿：《唐乾陵石人像极其衔名的研究》，林幹：《突厥与回纥历史论文选集》，第 381—382 页。

奇格什訇，以吾之功勋吾乃克施季姆六族中之至高无上者，此吾之优越也。喀喇-森吉尔吾有之，岁次卅八年吾乃足智多谋之将军。奉可汗之……谕命（吾）系都督訇，疆土及于彼方。"[1]

此碑与汉文文献相佐，展示了黠戛斯的官职，可汗、埃利、领主、都督訇、勇士、伊南啜、将军等构成了黠戛斯的统治秩序。贵族奇格什訇将此刻画于崖壁之上，宣布自己的统治权，俨然就是可汗的代表，统治一方。其意在于让世人皆知，以彰显其等级分明的社会统治阶层的强大震慑力。

其次，黠戛斯借用了中原官号。唐太宗贞观二十二年（648），黠戛斯君主俟利发失钵屈阿栈入唐，唐在黠戛斯活动区域设立坚昆都督府，并隶属于燕然都护府统辖。由此，黠戛斯受到唐朝的羁縻统治，其职官的设置自然也会受到唐朝的影响。

《新唐书·黠戛斯传》列举了与中原官号相同的黠戛斯官号："其官，宰相、都督、职使、长史、将军、达干六等。宰相七，都督三，职使十，皆典兵；长史十五，将军、达干无员。"[2]

黠戛斯官号，包括宰相至达干六个级别。达干是北方民族的官号，其余都是中原的官号。但考突厥、回鹘等北方民族，也设置了宰相一职，史载回鹘"署官吏，壹似突厥，有外宰相六、内宰相三。又有都督、将军、司马之号"[3]。回鹘承袭了突厥的官制，并有九名宰相辅佐朝政。宰相作为中原的官职，被突厥所借用并增加了定

---

[1] 〔苏联〕C.B.吉谢列夫：《南西伯利亚古代史》下册，第141页。
[2] 《新唐书》卷217下《黠戛斯传》，第6148页。
[3] 《新唐书》卷217上《回鹘传》，第6113页。《新唐书》载黠戛斯有十名宰相，明显不符北方民族崇尚九的传统，此处"宰相七"之"七"字，或可能是"九"之误写。

员，从而也影响了北方各部。因此，黠戛斯设置的中原官职，或许是直接借用的中原官号，但也不能完全排除来自于其他北方民族的影响。

唐代都督为军事长官或领兵将帅，有大、中、小之别。唐代高宗以后，总揽军事民政，亦有"持节"代表皇帝主持某方事务者。黠戛斯的都督一职，限员三人，除了总领兵事，是否"持节"不见记载。职使（cigshi）一官，实际是"刺史"之汉文转译，定员十人。由于黠戛斯地处遥远，语言不通，在汉文史料中，关于此官还有其他汉译说法。据唐崔沆撰写的《崔镳墓志》记载，崔镳约在唐宣宗大中年间任鸿胪寺卿，"时黠戛斯遣使朝贡，有称敕使者。府君曰：'是必重译之失也。以此名号奏御，与礼未安'。乃命舌人言复，果曰只使声之误也"①。黠戛斯本源于唐的"刺史"一职，因使者入唐时当朝译者的翻译不同，而出现了"敕使""只使""职使"等不同译写。在汉文史料中除黠戛斯和都波外，唐代其他北方各族并无此官。此外，在北方民族职官中，"判官"一职也仅见于黠戛斯，执掌似文官。唐会昌二年（842），黠戛斯曾经派将军踏布合祖与"判官元因娑拽汗阿已时"等七人赴唐天德军，寻找失踪的使者。②由于没有更详细的史料，目前尚无法判断该职的具体职责。

黠戛斯的宰相、都督、职使、长史、将军等官职名称，虽然是借鉴唐朝的设置，但是除了名称相同，其执掌却与中原有别。依照

---

① 吴钢主编：《全唐文补遗》（千唐志斋新藏专辑），三秦出版社2006年版，第404页。中国学者研究唐武宗朝国书撰写规范时，曾援引了该史料。见其日文发表的论文，齐会君：《唐のキルギス宛国書の発給順と撰文過程——ウイグル交替期を中心に》，《東洋學報》第100卷，2018年。
② 《会昌一品集》卷8《代刘沔与回鹘宰相书白》，第53页。

北方民族的惯例，官员一般不论文武都领有兵权。黠戛斯将军能出使域外，宰相也能领兵出征，将军和达干也均无定员。唐会昌年间，黠戛斯汗国曾多次派将军作为使者入唐。会昌三年（843），黠戛斯可汗遣将军温仵合出使唐朝。次年，黠戛斯将军谛德伊斯珠等又出使唐朝。大中二年（848），黠戛斯宰相阿播曾领兵七万，大败室韦。黠戛斯的大小官员都能统领军队，身先士卒。与回鹘的二十年争斗中，黠戛斯阿热可汗都是"身自将"。这种军政合一、兵民一体的体制，是古代北方游牧民族政权的特征。黠戛斯官制吸收了北方民族与中原王朝的官号，反映出黠戛斯人不仅传承了北方民族的传统，也深受中原文化的影响。

总结以上，黠戛斯官号，略如下表所示：

官号	汉文文献	突厥文碑铭
中原官号	宰相、都督、职使（剌使）、长史、将军等。	将军、都督
突厥官号	达干、判官、俟利发颉斤、失钵、臭贺、莫贺咄、翚	莫贺、达干、吐干都督、匐官、都督匐、设官、啜、伊难珠、梅录

说明：该表所列黠戛斯官号、官职，据《通典》《新唐书》、突厥文碑铭，归纳而成。

二、黠戛斯的习惯法

《世界境域志》记载，黠戛斯人"他们无法纪之约束，残忍无情"。[①] 这是波斯人对黠戛斯的印象。实际上，依据汉文文献记

---

① 〔波斯〕佚名：《世界境域志》，第66页。

载，黠戛斯不但拥有完备的国家政权组织机构，而且还有严酷的习惯法。

《新唐书·黠戛斯传》记载，黠戛斯"法最酷，临阵桡、奉使不称、妄议国、若盗者，皆断首；子为盗，以首着父颈，非死不脱"[①]。可见，黠戛斯法律以刑法为主，对于触犯法律当事人及相关联的人，依据罪名分别处以刑罚和体罚。这与《世界境域志》中黠戛斯"无法度"的记载截然相反。

黠戛斯法律的适用形式主要有两种，刑罚主要是对直接犯罪人的处罚，其中包括作战时临阵脱逃、出使者完不成使命、随便议论国事、偷盗等等罪行，这些犯人一律以死刑论处。另一种对犯罪的惩罚是体罚，主要针对与犯罪之人有血缘关系的人（即受株连的人）。如其法曰"子为盗，以首着父颈，非死不脱"。这种惩罚是以对生者的羞辱、以对人心理的与精神的折磨来警示他人，是较之死刑更为残酷的一种处罚。完备而严酷的法令，是黠戛斯汗国安定、发展的保障。

黠戛斯严酷的法律，并非是一种社会发展落后的反映。相同的犯罪在适用法律上，突厥是"盗者则偿赃十倍"，黠戛斯则是斩首并株连其父，不仅仅是惩处有罪之人，还有警醒世人的作用。同样是偷盗罪，黠戛斯采用的是将犯人处死，而不是赔偿损失，或没收为奴。[②] 历史上其他民族如突厥，也有"反叛"及"盗马绊者皆死"的记载。北方民族历史上在约定俗成的法规中，对盗窃行为都严惩不贷。

---

① 《新唐书》卷217下《黠戛斯传》，第6148页。
② 柯尔克孜族简史编写组：《柯尔克孜族简史》，新疆人民出版1985年版，第42页。

黠戛斯严酷的法令，独具有双重惩罚的作用，既对犯罪者处以刑罚，还伴随着对其家人羞辱性的精神惩戒。与同时期的其他民族而言，其社会发展水平可见一斑。

第二节　黠戛斯汗国的军事

黠戛斯军事方面的史实，汉文史料的记载并不详尽。借助文献史料与实物史料，如古突厥碑铭的铭文，叶尼塞地区考古发现的遗迹、兵器等等多方佐证，黠戛斯军事历史研究方得以略加展开。[①]唐开成五年（840），黠戛斯汗国一举击溃了漠北回鹘的可汗牙帐，迫使回鹘余众西迁、南下，从而终结了突厥语族在漠北高原的统治，令高原的政治格局发生了历史性的变化。

一、黠戛斯军队的数量与构成、装备

黠戛斯军队数量，汉文历代文献的记载详略不一。汉代史家无载。南北朝时期，坚昆"胜兵三万人"[②]。隋唐时期，杜佑所撰的《通典·结骨》条记载，结骨有"胜兵八万"。《新唐书·黠戛斯传》记载，黠戛斯"众数十万，胜兵八万"。随着人口的增加，黠戛斯军队的规模自然也随之扩大。[③]《九姓回鹘可汗碑》铭文载，黠戛斯拥兵众

---

① 黠戛斯击溃漠北回鹘后，西征、南下等军事行动影响深远，史料相对丰富，相关研究也多集中于此。
② 《三国志》卷30《魏书·乌丸鲜卑东夷传》附《裴松之注·魏略·西戎传》，第863页。
③ 《新唐书》卷217下《黠戛斯传》，第6147页。《通典·结骨》条，亦载其"胜兵八万"。第5492页。

"卅余万"以反击回鹘。① 公元 8 世纪初，黠戛斯已经拥有三十万大军。黠戛斯与回鹘对抗时期，军队人数又有增加，黠戛斯军队的实际人数当不会少于三十万。② 黠戛斯击溃漠北回鹘后，赴唐朝的使者，曾表示将出兵四十万追击西迁回鹘。③ 唐昭宗大顺元年（890），黠戛斯还与赫连铎、吐蕃等合兵"众十万"④，助唐平定了沙陀李克用之乱。直至晚唐时期，黠戛斯仍然拥有很强的军事力量。

（一）黠戛斯军队的构成

同所有古代游牧民族一样，黠戛斯军队也实行全民皆兵的兵民合一制度，因此"凡调兵，诸部役属者悉行"⑤。每遇战事除了正规军，黠戛斯的"百姓及诸蕃部役属者尽行"，所属诸部凡具有战斗能力的百姓都会上阵出征。⑥ 黠戛斯军事力量的构成，主要包括可汗直属的正规军、随时应招的各个属部的军队及平民，还有贵族所属的军事组织。

黠戛斯最初的属部有都播、弥列哥、俄支等号称"木马三突厥"的各部。黠戛斯属部军队有从征的义务，史载"每征发则百姓及诸部落役属者尽行"⑦。凡有兵事调兵，黠戛斯诸部役属都要随行。随着黠戛斯汗国的强大，其征服的属部也在增多，逐渐形成了黠戛斯联盟。因黠戛斯部众之多，故史有"九姓坚昆"之称。唐玄宗天

---

① 《九姓回鹘可汗碑》第 11 行，林幹：《突厥与回纥史》，第 440 页。
② 《太平寰宇记》卷 199《北狄·黠戛斯传》，第 3823 页。
③ 《会昌一品集》卷 8《代刘沔与回鹘宰相书白》，第 53 页。
④ 《新唐书》卷 218《沙陀传》，第 6160 页。
⑤ 《新唐书》卷 217 下《黠戛斯传》，第 6148 页。
⑥ 《太平寰宇记》卷 199《北狄·黠戛斯传》，第 3823 页。
⑦ 同上。

宝八载（749）三月二十七日，颁《恤赏入朝蕃客敕》曰："九姓坚昆诸蕃客等，因使入朝身死者，自今后，使给一百贯充葬，副使及妻，数内减三十贯。其墓地，州县与买，官给价直。其坟墓所由营造。"[1]北方民族以"九"为个位数之大，考该词词源在于九在个位数中是最大的数，有"多数"或"数之极限"等涵义。[2]早在公元6世纪，突厥人就称分布在其北方的铁勒诸部联合体为"九姓铁勒"。公元8世纪的突厥文碑铭，也常提到九姓乌古斯（toquz oγuz）。可见"九姓坚昆"之说，也表明黠戛斯拥有众多的属部。公元9世纪，在打击漠北回鹘汗国的过程中，黠戛斯还联合了其他北方民族，当时又有"坚昆等五族"之说，即黠戛斯、鞑靼、契丹、奚、室韦等五部。[3]可知黠戛斯联盟的成员，不仅是其周邻各部还有蒙古高原南部东南部的其他各部。

　　文献史料之外，碑铭、铭文崖刻等记录，也反映出黠戛斯属部以及联盟的情况。在今南西伯利亚克姆契克河的卡伊巴什河口，刻画着叶尼塞突厥文碑铭，刻文中出现了"克施季姆六族"[4]。黠戛斯可汗封"克施季姆六族"的领主为都督匐，故将此事刻于崖上以示纪念。作为汗国的属部之一，他们也以这种隶属为荣因此刻记留念。鄂尔浑古突厥碑文也记载，黠戛斯联盟还包括剑河（叶尼塞河）的近邻鞠部（Čik）以及葛逻禄、突骑施等部。[5]

　　据叶尼塞古突厥文碑铭记载，贵族隶属的武装力量，有勇士、

---

[1]　《唐会要》卷66《鸿胪寺》，第1151页。
[2]　李树辉：《突厥语数词 toquz 文化附加义探析》，《语言与翻译》1998年第4期。
[3]　《会昌一品集》卷5《赐回鹘嗢没斯特勒等诏书》，第31页。
[4]　[苏联] C. B. 吉谢列夫：《南西伯利亚古代史》下册，第141页。
[5]　《暾欲谷碑》东面第19行，耿世民：《古代突厥文碑铭研究》，第99页。

亲兵等，他们是黠戛斯军事力量的主要成分。如乌尤克的一块碑铭讲到"不能留在你们，我的亲属勇士、乌古什勇士、乌格兰勇士之中"[①]。勇士是隶属于贵族的亲兵，其中，乌古什勇士是指亲兵勇士，乌格兰勇士是指青年骑兵。他们在平时与战时，都具有举足轻重的作用，因此获得了尊贵的地位。在叶尼塞黠戛斯故地，就发现了一座外形和贵族的墓葬一样的勇士石冢，石冢呈巨大的四角形，其"规模宏大，外貌也很特别"，"四周几乎都立石碑"。[②] 从墓地规模和形制上，就可以推测出该勇士地位不凡，待遇也非同一般。

（二）黠戛斯军队的装备

黠戛斯军队不仅人数庞大，还具有强大的战斗力。史载黠戛斯人皆悍勇、能战，正因为如此，黠戛斯人曾先后与后突厥汗国、漠北回鹘汗国势均力敌，并最终击溃漠北回鹘汗国，继而还能乘胜追击回鹘余众数年才止。究其原因，就在于军队配备了较精良的军事装备，兵士具有很强的攻击力及防御力。

黠戛斯军队的主要装备，包括优良的战马，弓箭及刀、剑、盾等铁制兵器。《太平寰宇记》记载，黠戛斯"铁甚坚利，工亦精巧"，"其兵器多用盾牌及弓箭"。[③] 这些装备是黠戛斯军队具有一定战斗力的重要保障。

黠戛斯士兵作战时，除了必备武器外，骑兵、战马，还都配备了用于防御和保护的特制盾牌。史载"其兵器多用牌及弓箭，其马上牌自腹至足，又为缚牌于两肩，可便施用。其牌析木交横为之，

---

① 〔苏联〕C. B. 吉谢列夫：《南西伯利亚古代史》下册，第 134 页。
② 同上书，第 136 页。
③ 《太平寰宇记》卷 199《北狄·黠戛斯传》，第 3823 页。

以捍箭，箭不能裂"①。《新唐书》亦载"其战有弓矢、旗帜，其骑士析木为盾，蔽股足，又以圆盾传肩，而捍矢刃"②。特制的盾牌质地坚固足以挡住袭来的利箭。战马也被全身"披挂"整齐，在对敌作战中，这些装备对将领与士兵们起到了很好的保护作用，令其英勇无比。

古代黠戛斯人留下的岩刻图像上，也发现了不同形状的"盾"的图形，如护胸的圆形盾、护肩的椭圆形盾。武士身上还装备了长及膝盖的甲胄。③持有铁质的兵器加之盾牌的严密保护，军士的战斗力之强，令外族感叹"其人悍勇"④。公元10世纪的《世界境域志》记载，为保护自己的利益他们"勇武好战，是优秀的斗士"，因而被视为"他们同自己周围的一切人作战与为敌"⑤。因为优良的装备，使黠戛斯的军队具有很强的战斗力，加之"俗遹忲"，军士们都行动敏捷，高大健壮⑥，英勇杀敌，各个骁勇，致使"邻国惮之"⑦。

在叶尼塞流域发掘出土的黠戛斯兵器，以公元6至8世纪的铁镞最多，仅米努辛斯克博物馆就收藏了4144件。箭镞的发现地也集中在叶尼塞河上游，黠戛斯堪称名副其实的"5—10世纪萨彦-阿尔泰广大地区所用箭镞的制造中心"⑧。尤其是铁镞，无论从数量还是形状上看，都说明了黠戛斯军队规模的庞大。此外还有其他兵器出土。

---

① 《太平寰宇记》卷199《北狄·黠戛斯传》，第3823页。
② 《新唐书》卷217下《黠戛斯传》，第6147页。
③ 〔苏联〕C. B. 吉谢列夫:《南西伯利亚古代史》下册，第126页。
④ 《资治通鉴》卷246，唐文宗开成五年（840），第8068页。
⑤ 〔波斯〕佚名:《世界境域志》，第66页。
⑥ 《新唐书》卷217下《黠戛斯传》，第6147页。
⑦ 《唐会要》卷100《结骨国》，第1784页。
⑧ 〔苏联〕C. B. 吉谢列夫:《南西伯利亚古代史》下册，第126页。

而多种铁制兵器的运用，刀剑及盔甲的配备，也表明军队装备齐整。部分兵器如下表所见：

兵器名称	数量	编号	现收藏地
三棱 三翼镞、铲型扁镞	2377 件	1287-3322、5234-5574	米努辛斯克博物馆
菱形扁平厚镞	1767 件	3425-5191，5183-5191	米努辛斯克博物馆
单刃大军刀	1 件	编号不详	米努辛斯克博物馆
短　剑	1 件	5183 等号	米努辛斯克博物馆
鳞甲残片	200 件	6579-6779	米努辛斯克博物馆
头　盔	件数不详	编号不详	收藏地不详

说明：该表依据吉谢列夫所著《南西伯利亚古代史》下册的部分数据而制。

大量铁制兵器之所以能被制造与使用，源于黠戛斯地区丰富的矿产资源和他们高超的冶铁、铸造技术。汉文文献记载，黠戛斯的矿产极其丰富。唐杜佑撰写的《通典》就记载，黠戛斯"天每雨铁，收而用之，号曰迦沙，以为刀刃，甚铦利"[1]。《太平寰宇记》亦载"其国每有天雨铁，收之以为刀剑，异于常铁"[2]。《新唐书》也载，黠戛斯境内"有金、铁、锡，每雨，俗必得铁，号迦沙，为兵绝犀利，常以输突厥"[3]。由于铁矿资源丰富，黠戛斯还曾向突厥输出铁矿石，因此，黠戛斯所在的米努申斯克盆地，被称为突厥汗国铁器制作和兵器生产的基地。

---

[1] 《通典》卷 200《结骨国》，第 5493 页。
[2] 《太平寰宇记》卷 199《北狄·黠戛斯传》，第 3823 页。
[3] 《新唐书》卷 217 下《黠戛斯传》，第 6147 页。

黠戛斯人不仅能开采矿石，还掌握了冶铁技术，铁矿石冶炼之后又多用于制造兵器。因而黠戛斯工匠有"能工巧匠之子"的称谓[①]，其声名远播蒙古高原及中亚地区。许多铁矿场、熔铁炉的遗迹，都表明矿产与技术资源的充分利用，是黠戛斯军队得以装备精良的保障。直到大蒙古国时期，黠戛斯（乞儿吉思与谦谦州）仍然是成吉思汗驻兵和武器、手工业加工基地。

通过对史料及实物的考察可知，黠戛斯不仅军备精良，军队的组成成分复杂、军队的规模也很强大，从而为黠戛斯击溃漠北回鹘汗国奠定了基础。当然，黠戛斯能打败漠北回鹘汗国，除了凭借军事实力，还有回鹘的国势使然，正如唐武宗宰相李德裕所言"回鹘顷以本国荐饥，种落携贰，纥扢斯（黠戛斯）乘其衰乱，遂覆危巢"[②]。回鹘国内的自然灾害、政局混乱也为黠戛斯提供了有利的契机。

二、黠戛斯军队的职官

参照古突厥文碑铭并结合汉文文献的记载，可知黠戛斯文武官职的执掌界限，并不是特别分明，甚至可以说文武不分。见载的主要军事官职，有：

（1）设官（Šad），黠戛斯职官中，有设官（Šad）之职。突厥官制中其"别部领兵者皆谓之设"[③]。黠戛斯《乌尤克·阿尔汗碑》载

---

① 〔苏联〕C. B. 吉谢列夫：《南西伯利亚古代史》下册，第131页。
② 《会昌一品集》卷3《奴刘沔据回鹘使制 春宫敕》，第19页。
③ 《旧唐书》卷194上《突厥传》，第5153页。韩儒林：《突厥官号研究》，林幹：《突厥与回纥历史论文选集》，第252页。

"š(a)(d)(ï)m/ 我的设官"①。设官是可汗之外别部的高级官员,主统领军队并能专制一方。

（2）达干（tarkan），汉文文献记载,达干（tarqan）是突厥军官职称,其职是"专统兵马事"。黠戛斯《苏吉碑》记载:"m(e)n Qutl-(u)ğ B(a)ğa T(a)rq(a)n öge buyr(u) qï m(e)n/ 我是骨咄禄·莫贺·达干的传令官"。碑文的莫贺·达干官号,是一个复合官职。其中,莫贺（B(a)ğa），既是官号也是对勇健之人的美称。②此外,相似的黠戛斯官号还有"莫贺咄"一职。唐高宗与武后合葬的乾陵侧立的六十一番臣石像,其中一个石像衔名是结簧蚕匐肤莫贺咄,这位是由唐高宗封赐的左威卫大将军兼坚昆都督。③达干官职之中,还有阿波达干（Apa Tarqan）一职,为军事统帅。突厥文碑铭显示是仅次于小汗（kan）的尊号④。

（3）郎将、将军,唐朝授予入朝的黠戛斯首领的官职。唐玄宗开元十年（722）九月己巳,"坚昆大首领伊悉钵舍友者毕施颉斤来朝,授中郎将,放还蕃";开元十一年（723），坚昆大首领俱力贫贺忠颉斤至唐,唐授以郎将之号。⑤黠戛斯的郎将、将军之号,源自唐朝的授予,并就此成为黠戛斯的固定官号。

黠戛斯的武将与文官的执掌,并不分明,甚至是文武兼备抑或文武不分,这也是古代北方游牧民族诸政权所共有的现象。

---

① 胡振华编著:《柯尔克孜语言文化研究》,第229页。
② 同上书,第224、226页。
③ 陈国灿:《唐乾陵石人像极其衔名的研究》,林幹:《突厥与回纥历史论文集》,第381—382页。
④ 《阙利啜碑》，耿世民:《古代突厥文碑铭研究》,第182页。
⑤ 《册府元龟》卷99《褒异二》,第11448页。

三、黠戛斯若干军事史实

囿于前期史料的缺载,黠戛斯的军事历史,除了《三国志·魏书》提到拥有"三万"军队之外,并无他载。故此早期军事历史不得而知。

黠戛斯军事史实的记载,始于与唐朝建立联系之后。主要体现为摆脱突厥、回鹘的征服,此外是参与唐朝对突厥,以及对薛延陀、回鹘等铁勒诸部的征讨,再者是击溃漠北回鹘汗国并追击回鹘余众的行动。

(一)黠戛斯与唐朝、突骑施等三国结盟,合谋共击后突厥汗国

突骑施、黠戛斯、后突厥汗国,是唐朝周边的三个强大民族。为此,唐朝实施羁縻府州策略,并侧重拉拢突骑施、黠戛斯打击后突厥汗国默啜。由于黠戛斯与唐朝、突骑施三方的特殊关系,面对后突厥向西方的扩张,黠戛斯自然而然地与后两者结成了联合打击后突厥汗国的联盟。而据分史料记载可知,为了打击后突厥汗国,先后有两次三方联盟。

黠戛斯与唐朝建立联系,始于贞观二十二年(648),黠戛斯首领"闻铁勒诸部皆服,二月,其俟利发失钵屈阿栈入朝"。太宗"以其地为坚昆府,拜俟利发左屯卫大将军,即为都督,隶燕然都护"[①],正式在坚昆设置了都督府。俟利发失钵屈阿栈被太宗授封为左屯卫大将军、世袭坚昆都督。其后,坚昆都督府相继有三位黠戛斯君主,

---

① 《新唐书》卷217下《黠戛斯传》,第6149页。

受封坚昆都督兼大将军。唐高宗时，结黉蚕匋肤莫贺咄受封为坚昆都督、左威卫大将军。①开元六年（718），唐玄宗时期，黠戛斯骨笃禄毗伽可汗为右武卫大将军兼坚昆都督之职，曾领军参与唐朝对后突厥的围攻。②

公元6世纪，突厥兴起并形成汗国，黠戛斯被突厥木杆可汗征服。贞观四年（630），颉利可汗的东突厥前汗国灭亡。唐高宗永淳元年（682），东突厥后汗国（也作后突厥汗国）复兴。公元8世纪初，黠戛斯逐渐发展与强大，以至突厥"以女妻其酋豪"③。黠戛斯与后突厥汗国势力范围相当，所以，突厥曾经以联姻来缓和双方的关系。但随着黠戛斯不断发展的强大，成为后突厥汗国北方的强敌。

武则天天授元年（690），西突厥十箭之一的别部突骑施部（Tukhs）崛起于碎叶川及伊犁河地区（今新疆伊犁河以西，伊塞克湖以东），后迁至楚河。黠戛斯阿热"其母，突骑施女也。"④黠戛斯与突骑施关系密切，双方有和亲与使者往来。天授二年（691），后突厥汗国默啜继汗位。次年，乌质勒自后突厥汗国手中夺回碎叶城（今吉尔吉斯斯坦首都比什凯克以东的托克马克市附近），乌质勒携众徙牙碎叶。其地东北邻突厥，西接诸胡，东面西州、庭州。所以，后突厥汗国欲向西南下除突骑施，必先将北方的黠戛斯制服。

辅佐过后突厥汗国三任可汗（骨咄禄、默啜、毗伽）的谋臣暾欲谷，在其篆刻的《暾欲谷碑》第一石东面第2—3行，列举了后突

---

① 陈国灿:《唐乾陵石人像极其衔名的研究》，林幹:《突厥与回纥历史论文选集》，第381—382页。
② 《新唐书》卷215下《突厥传》，第6052页。
③ 《新唐书》卷217下《黠戛斯传》，第6147页。
④ 同上书，第6149页。

第四章　黠戛斯汗国的政治与军事　*131*

厥汗国最主要的强敌，分别是"唐朝可汗是我们的敌人。十箭可汗（突骑施）是我们的敌人。此外，强大的黠戛斯可汗与我们为敌"①。当时，后突厥汗国南方的唐朝，西方突骑施各部，北方的黠戛斯，都被后突厥汗国视为其所面临的强敌。

唐景龙二年（708），黠戛斯拔塞匐可汗（Bars bäg，虎汗），联合唐朝并带领属部反抗突厥汗国的统治。《暾欲谷碑》第一石东面第3—7行："那三可汗欲会师于阿尔泰山林。他们这样商量到：'让我们首先出兵［攻打］突厥可汗。如果不向他出兵，早晚他们要把我们消灭。'那时我（暾欲谷）想：'先出兵攻打黠戛斯较好。'"②突厥默啜可汗（qaɣan）获悉黠戛斯与突骑施有与唐三方结盟合击突厥的意向，就先发制人首先发动了对黠戛斯的征讨，这次袭击使黠戛斯遭到了重创。

景龙四年（710）五月，唐中宗颁《命吕休璟等北伐制》言黠戛斯"并累献封章，请屠'突厥'巢穴"③，反映出黠斯戛主动提出三方再次联合消灭突厥的意向。文官宁原悌又上《论时政疏五篇》，分析当时的形势言"今闻黠虏（后突厥默啜可汗）擅命，坚昆、娑葛养

---

① 《暾欲谷碑》第一碑东面第2—3行，耿世民：《古代突厥文碑铭研究》，第99页。
② 《暾欲谷碑》第一碑东面第3—7行，耿世民：《古代突厥文碑铭研究》，第99—101页。另见《暾欲谷碑》第一碑东面第19—21行："唐朝可汗是我们的敌人，十箭可汗是我们的敌人"；"再有黠戛斯人强大的可汗，是我们的敌人。那三个可汗要会师阿尔泰山林。他们这样商量道：'让我们首先出兵（攻打）突厥可汗。如果不向他出兵，早晚他们要把我们消灭。'"让我们彻底消灭他们吧"。《暾欲谷碑》北面第27—28行："我们袭击黠戛斯于睡梦之中"；"他们（黠戛斯）的可汗（qan）和军队集合起来，我们交了战，我们打败了他们并杀死其可汗（qaɣan）。黠戛斯人民内属并归顺了我们，我们回师"。耿世民：《古代突厥文碑铭研究》，第99、101页。
③ 《唐大诏令》卷130《苏颋·命吕休璟等北伐制》，第705页。

精蓄锐,以南侵为多事,而人户全虚,府库半减"①。北方的黠戛斯与西方突骑施都拥有强大势力,他们都是威胁后突厥汗国统治的强敌。力主延续前朝对北方游牧民族的羁縻政策,需要黠戛斯、突骑施与后突厥汗国抗衡。

于是,唐朝部署了"坚昆在右,犄角而东"的围攻策略②。黠戛斯主要负责北面的进攻。唐中宗决定全力歼灭后突厥汗国,并任命突骑施守忠统率蕃军与诸路唐军共同行动。至此,唐朝与黠戛斯、突骑施等,结成消灭后突厥汗国的联盟,并制定了从南、北、西三个方向围攻后突厥汗国的计划,但此次计划却因唐中宗的暴亡而夭折。

唐景云二年(711)冬,黠戛斯再次遭到突厥的攻击。《阙特勤碑》东面第35行记载,当阙特勤二十六岁时,"我们出征黠戛斯。从和矛一样深的雪中开道,越过曲漫山山,我们袭击黠戛斯人于睡梦中。我们与其可汗战于sunga山"。东面第36行:"我们杀死了黠戛斯的可汗,取得了他的国家。"③突厥乘胜又发动了对突骑施的打击,唐朝联合打击突厥的计划最终并未实施。尽管黠戛斯多次遭到突厥的打击并败于突厥,继任可汗又遭罹难,但没有屈服也没有被消灭,表现出具有强大的实力。黠戛斯第一次与唐朝、突骑施结盟未果,却先遭到了后突厥汗国的袭击,第二次结盟,也未果而终。

唐玄宗即位后,加强了对后突厥汗国的打击力度。唐玄宗开元六年(718),唐联合突骑施、契丹、奚、坚昆等部拟发兵三十万围剿后突厥汗国。坚昆都督右武卫大将军骨笃禄毗伽可汗率众参加了

---

① 《全唐文》卷278《宁原悌·论时政疏五篇》,第2820页。
② 《唐大诏令》卷130《苏颋·命吕休璟等北伐制》,第705页。
③ 《阙特勤碑》东面第35、36行。耿世民:《古代突厥文碑铭研究》,第130—131页。

这次征讨①。为了鼓动坚昆兵众参战，唐玄宗盛赞其军队"弧矢之利，所向无前"②，彰显了坚昆军队的英勇善战。黠戛斯、突骑施、唐三方联合对突厥的进攻计划，最终因各种因素所致而没有实施。三方联盟不但没有达到削弱后突厥汗国的目的，反而使黠戛斯遭到突厥的两次打击。

（二）联合邻族抗衡漠北回鹘汗国

唐玄宗天宝三载（744），唐与回纥拔悉密、葛逻禄等铁勒诸部联合，彻底消灭了后突厥汗国。漠北回纥（鹘）汗国（745—840）形成。回纥汗国第二代可汗磨延啜时期（747—759），黠戛斯与回纥发生冲突。

公元8世纪中期，黠戛斯与其属部鞠部（Čik）、葛逻禄等部，为了抵制回鹘扩张，结成了反抗回鹘的联盟。③此时，黠戛斯"常与大食、吐蕃、葛（逻）禄相依杖"④。为了对付反回纥联盟，回纥磨延啜可汗采取了"分而弱其势"的策略，首先对付黠戛斯的属部鞠部（Čik）。天宝九载（750），磨延啜发动了对鞠部（Čik）的攻击："在虎年我出兵攻打鞠部（Čik）。二月十四日，我作战于剑河。"⑤鞠部与黠戛斯邻于剑河，回纥此举无疑是对黠戛斯的公然宣战，必然会引起黠戛斯人的反击。天宝十载（751），黠戛斯联合葛逻禄、鞠部准备反击回纥。不料来往传书的使者被回纥截获，回纥磨延啜

---

① 《新唐书》卷215下《突厥传》，第6052页。
② 《全唐文》卷21《征突厥制》，第252页。
③ 《磨延啜碑》北面第22行，耿世民：《古代突厥文碑铭研究》，第199页。
④ 《新唐书》卷217下《黠戛斯传》，第6149页。
⑤ 《磨延啜碑》，耿世民：《古代突厥文碑铭研究》，第198页。

可汗对黠戛斯发起了直接的攻势。《磨延啜碑》北面第22—24行，记载此战如下："并往黠戛斯派人说：'你们出征吧！你们也叫鞠部（Čik）人出征吧！'……黠戛斯汗在曲漫［山］里边，在其牙帐那里。"① 磨延啜讨伐黠戛斯与所属鞠部（Čik）的同时，又派人拦截葛逻禄人"遇到了（他们），我在伯勒楚河把三姓葛逻禄击败了"②。磨延啜趁机把其势力范围扩大到剑河流域部分地区。两番较量后黠戛斯处于明显的劣势。但回纥仍然不能轻视黠戛斯，为此多方布防。《磨延啜碑》上述的内容，在《铁尔浑碑》（又称《塔里亚特碑》）西面第5行，有所补充："保卫……在金山（阿尔泰）山林的西边疆界（和）在曲漫山的东边疆界"③。说明此战之后，为了防御黠戛斯人的报复，磨延啜下令自阿尔泰山的西端直到曲漫山的东端，全都派军队进行守卫。④

　　磨延啜于色楞格河畔建立城池，以用于防御黠戛斯。《磨延啜碑》西面第44行记载："我让粟特人和中国人在色楞格河处建造了富贵城。"⑤ 在蒙古高原的确发现了磨延啜时期的城堡和城墙。回鹘人用长方形砖坯，从萨彦山岭南麓向叶尼塞和赫姆奇科河流域，一个城堡接着一个城堡，连成一条长达230公里的黏土墙，城墙相当于

---

① 《磨延啜碑》，耿世民：《古代突厥文碑铭研究》，第199页。
② 同上书，第199—200页。
③ 《铁尔浑碑》，耿世民：《古代突厥文碑铭研究》，第209页。
④ 上引文献中，反复出现的"曲漫"一词，乃突厥文Kögmän的音译，应指今天的西萨彦山岭，明显可以看出它是突厥与黠戛斯之间的主要屏障之一。唐人段成式著《酉阳杂俎》卷四记载，黠戛斯先人"所生之窟，在曲漫山北，自谓上代有神，与牸牛交于此窟"。正与突厥碑铭所载黠戛斯位置一致。
⑤ 《磨延啜碑》，耿世民：《古代突厥文碑铭研究》，第203页。

回纥汗国的北部边界线。①这些工事的主要功能就是为了防御北方黠戛斯的进攻。

唐天宝十四载（755）冬十月，安史之乱爆发，长安、洛阳两京陷落，唐朝岌岌可危，不得不借兵回纥。磨延啜可汗亲自统兵援唐，后方空虚，黠戛斯乘势向回纥发动进攻。唐乾元元年（758），磨延啜可汗回兵，与黠戛斯大战于剑水（叶尼塞河）流域，回纥上奏唐朝"破坚昆"，言其已击破黠戛斯军。连续损失惨重渐趋弱势的黠戛斯，"自是不能通中国"②近一个世纪。至公元8世纪末，黠戛斯似乎又逐步恢复了与回鹘抗衡的能力。然而，作为北方劲敌，漠北回鹘不会漠视其发展壮大，所以，也不会轻易放过黠戛斯人。《九姓回鹘可汗碑》（又称《哈拉巴喇哈逊碑》）是回鹘天可汗（怀信可汗，795—850）的纪功碑，碑文用突厥文、粟特文和汉文三种文字写成。其中的汉文部分第13—14行，记载："初，北方坚昆之国，控弦卅余万。[彼可汗]□□□□□自幼英雄智勇，神武威力，一发便中。坚昆可汗，应弦殂落，牛马谷量、[杖]械山积，国业荡尽，地无居人"③。黠戛斯可汗战亡，黠戛斯军队的武器堆积如山，二十余万大军覆没。此役之后，阿热继任黠戛斯君长，被回鹘授予"毗伽顿颉斤"，以替代黠戛斯可汗称号。④ 鞠部、葛逻禄、黠戛斯三部结盟，与回鹘的抗衡也就此告一段落。

---

① 〔日〕林俊雄、白石典之、松田孝一：《バイバリク遗迹》，〔日〕森安孝夫、オチル主編：《モンゴル国現存遺跡・碑文調査研究報告》，中央ユーラシア学研究会，1999年3月，第196—198页。
② 《新唐书》卷217下《黠戛斯传》，第6149页。
③ 林梅村、陈凌、王海城：《九姓回鹘可汗碑研究》，《欧亚学刊》1999年第1辑，第161页。
④ 《新唐书》卷217下《黠戛斯传》，第6149页。

（三）击溃漠北回鹘汗国的牙帐

漠北回鹘保义可汗（808—821）时，正是回鹘国力强盛之际。回鹘西面与吐蕃交战，北方仍以黠戛斯为强敌，并通过武力从吐蕃手中夺回北庭（今新疆吉木萨尔县北），势力及于中亚地区。嗣位的回鹘崇德可汗（821—825），继续向西用兵，以对付吐蕃和葛逻禄。此间，无暇顾及黠戛斯，黠戛斯得到喘息之机，国力也很快恢复。自8世纪20年代开始，漠北回鹘由于天灾人祸而渐显衰势。相反在与漠北回鹘的长期较量中，黠戛斯的优势却日益显露。

漠北回鹘汗国后期，已经无力战胜日益强大的黠戛斯人。回鹘曾遣宰相率军讨伐过黠戛斯，却被黠戛斯阿热可汗击溃。渐成强势的阿热曾以藐视的口气挑衅回鹘可汗"'尔运尽矣！'我将收尔金帐，于尔帐前驰我马，植我旗，尔能抗，亟来，即不能，当疾去"，而"回鹘不能讨"。[①] 黠戛斯在与回鹘的争斗中逐渐处于上风，遂展开了对漠北回鹘的反攻，回鹘势力日衰，不仅屡遭败绩，甚至渐渐失去了组织反击的能力。唐开成五年（840），回鹘"其将句录莫贺导阿热破杀回鹘可汗，诸特勒皆溃"[②]。黠戛斯可汗与回鹘句录莫贺合手，以骑兵十万攻回鹘，回鹘汗国灭亡。回鹘诸特勒也不敌黠戛斯的强大攻势，纷纷溃败。阿热命部下焚毁回鹘可汗常坐的牙帐，终结了回鹘汗国在漠北的统治。

1900年，芬兰学者兰司铁（G. J. Ramstedt）在蒙古南部苏吉达板附近发现了一块突厥文碑，初因以其发现地命名为《苏吉碑》，后经考证认为该碑是840年左右，黠戛斯人击溃回鹘时所立，故改称

---

① 《新唐书》卷217下《黠戛斯传》，第6149页。
② 同上。

为《黠戛斯之子碑》。碑文记载:"Uyğur yir(i)nte y(a)ğl(a)q(a)r q(a)n (A)ta k(e)l[tim]. / 我来到回鹘人之地,药罗葛汗·阿塔（的地方）。"① 进一步印证了黠戛斯占据了漠北回鹘牙帐的史实。

（四）西征与南下追击回鹘余众

唐开成五年（840），黠戛斯人在攻破回鹘牙帐后，迫使回鹘残部纷纷西奔吐蕃、葛逻禄，南下漠南至唐朝边界。对此，黠戛斯采取了先乘胜追击向西逃奔的回鹘余众，再回击漠南乌介叮汗残众的战略。黠戛斯军队的足迹遍及天山地区，最西曾至阿姆河流域，最南曾经到达天山南麓的阿克苏。由于西州回鹘、高昌回鹘的迅速崛起，黠戛斯最终也没能将漠北回鹘汗国的余众彻底剿灭。大中二年（848），南下回鹘除部分余众西奔，黠戛斯将被室韦瓜分的乌介余部，悉数带回漠北。

黠戛斯集中兵力西征南下天山、阿尔泰山的史实，中外文献并无直接的具体记载，也鲜有研究②。厘清和研究这些事件、时间等表述含糊、甚至混乱的记载，才能还原历史的本相。

首先，从《新唐书》关于黠戛斯四至及毗邻的描述，可见"坚昆本强国也，地与突厥等，突厥以女妻其酋豪，东至骨利干，南吐蕃，西南葛逻禄"③。此段史料描述的就是黠戛斯西征南下时的情况。黠戛斯与吐蕃各居南北二方，若相邻只能是吐蕃北上天山，而黠戛

---

① 胡振华编著:《柯尔克孜语言文化研究》,第224、226页。
② 学界相关研究也多集中于此,但仅见三篇。巴哈提·依加汉:《9世纪中叶以后黠戛斯的南下活动》,《西域研究》1991年第3期;贾丛江:《黠戛斯南下和北归考辨》,《西域研究》2000年第4期,贾丛江:《回鹘西迁诸事考》,《西域研究》2001年第4期。
③ 《新唐书》卷217下《黠戛斯传》,第6149页。

斯南下至天山，才会出现两者地域相邻的现象。840年以前吐蕃的确曾经深入天山东部，并在789至792年期间，与漠北回鹘曾经争夺北庭，吐蕃还小胜回鹘，并一度占据了北庭。唐穆宗长庆元年（821），太和公主出嫁回鹘时，为了防止吐蕃劫掠公主，回鹘曾经部署"以万骑出北庭，万骑出安西，拒吐蕃以迎公主"①。821年，回鹘要从安西、北庭发兵阻止吐蕃，说明此时黠戛斯也未占有此地。乾元年间的黠戛斯又遭到回鹘的致命打击，根本也不可能有南下天山的实力与机会。所以，黠戛斯"南吐蕃"的记载，无疑是840年后黠戛斯击溃回鹘并向西进军时的历史情形。

葛逻禄原居北庭西北，金山以西，后南下西天山、亦思宽湖一带，并迁居住在塔里木盆地西北部。所以，黠戛斯与葛逻禄接邻，只能是葛逻禄在西天山、伊克塞湖附近及费尔干纳地区。② 阿拉伯文献《道里邦国志》，也有类似记载："在突厥的所有领地中，九姓乌古斯（Tughuzghur）人的领地算是突厥地中最大的一块。九姓乌古斯人的领地同中国、吐蕃、葛逻禄、寄蔑、古斯（Al-Ghuzz）、杰富拉（Al-Jafrā）、白伽纳克（Al-Bajānāk）、突骑施、艾泽库什（Adhkush）、黑夫沙贺（Khifshākh）、黑尔黑斯（Khirkhīz）、葛逻禄、海赖吉（Al-Khalaj）诸邦国的领地相接。海赖吉位于河的这一侧。"③ 考此成书于885年之前，所记述的葛逻禄，此时可能已分为两

---

① 《资治通鉴》卷241，唐穆宗长庆元年（821），第7913页。
② 巴哈提·依加汉：《9世纪中叶以后黠戛斯的南下活动》，《西域研究》1991年第3期。
③ 〔阿拉伯〕伊本·胡尔达兹比赫：《道里邦国志》，宋岘译注，中华书局1991年版，第34—35页。黑尔黑斯（Khirkhīz）即黠戛斯。史料中所指的"河"是指阿姆河，考海赖吉属扎布利斯坦（Zābilstān），即此时海赖吉在阿姆河的南侧，葛逻禄与黠戛斯在阿姆河的北侧。

部,一部在七河与九姓乌古斯人(漠北回鹘)的领地接壤,一部在塔里木盆地西北部与漠北回鹘为邻。黠戛斯人只有南下至塔里木盆地西北部,或西征至七河之地才能与葛逻禄相邻。

因此,可以肯定《新唐书·黠戛斯传》"南吐蕃、西南葛逻禄"的记载,实际上说的是黠戛斯南下西天山附近地区的情况。时间大约在公元9世纪40年代。至于他们退出该地区的时间也不会晚于公元10世纪早期。① 所以,黠戛斯"南吐蕃,西南葛逻禄"可谓黠戛斯西征南下之一例证。

会昌二年(842)冬十月,黠戛斯遣将军踏布合祖入唐,告破回鹘、迎唐太和公主之事,"又言将徙就合罗川,居回鹘故国,兼已得安西、北庭、鞑靼等五部落"②。相似史料记载还见于《旧唐书》:"(会昌)三年(843),二月,赵蕃奏:'黠戛斯攻安西、北庭都护府,宜出师应援。'德裕奏曰:'据地志,安西去京师七千一百里,北庭去京师五千二百里,……自艰难以后,河陇尽陷吐蕃,若通安西、北庭,须取回纥路。今回纥破灭,又不知的属黠戛斯否?纵令救得,便须却置都护,须以汉兵镇守,每处不下万人,万人从何征发?馈运取何路?今天德、振武去京至近,兵力常苦不足,无事时储粮不支得三年,朝廷力犹不及,况保七千里安西哉!臣所以谓纵令得之,实无用也。……况隔越万里,安得救之哉。臣恐蕃戎多计,知国力不足,伪且许之,邀求中国金帛,……恐计非便。'"③

---

① 巴托尔德认为,据成书于982年的中亚最详细的波斯地理著作《图曼手稿》(《世界境域志》)记载,"黠戛斯称霸时代,它的统治远及西南方"。〔俄〕巴托尔德:《突厥蒙古诸民族史》,〔日〕内田吟风:《北方民族史与蒙古史译文集》,第281页。
② 《资治通鉴》卷247,唐武宗会昌二年(842),第8089页。
③ 《旧唐书》卷174《李德裕传》,第4522、4523页。

据上述两条史料，则唐会昌二年（842），使者就已经向唐朝告知，黠戛斯已经占据了安西、北庭。但第二年的史料又好似在攻打安西、北庭。明显存在前后抵牾。实际上，会昌三年的史料中，已经明确赵蕃印证了"宜出师应援"之说。安西、北庭原本唐朝属地，安史之乱后，先后被吐蕃、回鹘占据。吐蕃与唐素有恩怨，虽然在与回鹘的北庭争夺中曾经一度得手，但旋即被回鹘夺回，此处所要救的对象绝非是吐蕃。840年以前，占据此处的只能是漠北回鹘。据《资治通鉴》记载，唐穆宗长庆元年（821），太和公主出降回鹘时，为了防止吐蕃劫掠公主，回鹘曾经部署"以万骑出北庭，万骑出安西，拒吐蕃以迎公主"①。回鹘要从安西、北庭发兵阻止吐蕃，说明此时他们已经占有了此地。所以，唐朝要救援的对象是回鹘。然而，此事又有相悖的史料冲突，唐朝在会昌三年正月，曾派出军队打败回鹘乌介可汗，不可能二月份又改变对回鹘的态度，转而远赴千里再去救援回鹘余众。这样接连出现的矛盾，只能说明，史料记载有误，如果将后一条史料的时间前推一年，更正为会昌二年，则所有冲突都化解了。也就是说，此时黠戛斯已经占据了安西、北庭。

因此，会昌三年（843）当黠戛斯阿热遣使者注吾合索来唐时，唐武宗大悦，遂"诏太仆卿赵蕃饮劳之"，并亲自宴请这位使者，且座位"班在勃海使之上"。②武宗还想让赵蕃向黠戛斯索求安西、北庭③。于引发前述李德裕的极力反对。至此可知，前述史料将会昌二年、三年两年之事混在一起，也难怪产生歧义。

---

① 《资治通鉴》卷241，唐穆宗长庆元年（821），第7913页。
② 《新唐书》卷217下《黠戛斯传》，第6150页。
③ 《资治通鉴》卷247，唐武宗会昌三年（843），第8095页。

唐咸通四年（863），黠戛斯遣使者合伊难支表示，"又欲讨回鹘，使安西以来悉归唐"。不仅使上述黠戛斯曾经占据安西、北庭的史料得到再次的证实，还表明黠戛斯此时已经离开了此地。黠戛斯击溃回鹘并控制安西、北庭是在同一年，即840年。因为在840年之前此地属回鹘占有，黠戛斯不可能来到此地。840年以后，黠戛斯相继攻占北庭和吐鲁番，迫使回鹘庞特勤遂退至焉耆。

此间还有两条史料值得注意：

（1）宣宗大中十年（856）曾欲册封庞特勤并下《议立回鹘可汗诏》，文中，提到前此曾"又有回鹘，随黠戛斯李兼至朝廷"[①]。该处所指的黠戛斯，虽然具体位置不甚明确，但可以肯定这路使者是来自安西地区，因为他们"皆云庞特勤今为可汗，尚寓安西，众所悦附"。[②] 据华涛考证，此处的安西大约是指东部天山的南麓，可能是龟兹一带[③]。

（2）懿宗咸通七年（866）春二月，"归义节度使张义潮奏北庭回鹘仆固俊克西州、北庭、轮台、清镇等城"[④]。866年时，回鹘仆固俊攻克北庭，说明黠戛斯已经失去此地。那么，至少在唐会昌二年（842）春末夏初以前，黠戛斯已经占据安西、北庭。黠戛斯退出这一地区的时间，大约在843—866年之间。

黠戛斯人南下的史实，穆斯林史料《世界境域志》也有零散记载。并说明在安西一带，有黠戛斯人活动的迹象。如"喀什噶尔（疏勒）属于中国，但位于样磨、吐蕃和黠戛斯与中国之间的边境

---

① 《全唐文》卷80《议立回鹘可汗诏》，第841页。
② 同上。
③ 华涛：《回鹘西迁及东部天山地区的政治形势》，《西北民族研究》1990年第1期。
④ 《资治通鉴》卷250，唐懿宗咸通七年（866），第8235页。

上。喀什噶尔的首领们往昔是葛逻禄人或样磨人"①;"B. NJUL（即温宿，今新疆阿克苏附近）在葛逻禄国境内，但过去其国王代表九姓古斯人，现在被黠戛斯人所占据"②。

上述记载所述史实的历史背景，当是840年黠戛斯击溃漠北回鹘并乘胜南下追击回鹘余众时期的天山地区的情况。"喀什噶尔（疏勒）属于中国"、"喀什噶尔的首领们往昔是葛逻禄人或样磨人"。所指之事当指以前是唐朝的领地。但是，安史之乱时唐朝已无力经营此地，于是，吐蕃、葛逻禄联盟与漠北回鹘在此展开争夺此地的北庭之战。790年，吐蕃、葛逻禄联盟获得胜利，790—808年间，吐蕃、葛逻禄联盟控制了天山东部地区。同样，"B. NJUL在葛逻禄国境内"，也是指此时段之内的事。因为吐蕃在9世纪中叶前后就失去了对塔里木南部的统治，所以，此段史料的时间下限当在此前。此外，840年以前，不见黠戛斯进入此地的记载，而866年以后，回鹘仆固俊在此逐渐强大并控制着该地区，黠戛斯也不可能越过北庭、高昌而占领喀什噶尔与温宿。表明了黠戛斯军队为追逐回鹘残余，曾经南下至此的史实。所以，以上史实所讲也是840—866年之间发生之事。

黠戛斯人曾南下天山的东部及西部的史实，《世界境域志》也有相关记载："其（指九姓古斯）东为中国，南面是吐蕃的某些部分和葛逻禄；西面是黠戛斯的某些部分；北面也是黠戛斯。（黠戛斯人?）遍布于九姓古斯国全境沿边各地"③。

---

① 〔波斯〕佚名:《世界境域志》，第66页。样磨分布于中亚楚河流域及天山南北。宋朝时，为西州回鹘的一部分，后融合于回鹘。
② 同上书，第67页。
③ 同上书，第65页。

《世界境域志》的英文翻译者米诺尔斯基认为，所有穆斯林作者笔下九姓古斯，多数是指天山东部的回鹘王国（指高昌回鹘王国）。840年以后，西迁回鹘一支到达高昌、北庭后，向西拓展至伊塞克湖东北及伊犁盆地，甚至还到了喀什噶尔，出现了黠戛斯及其属部与高昌回鹘为邻时出现的情况。总结《世界境域志》的记载，在今伊塞克湖周边，阿克苏（温宿）、喀什噶尔（疏勒）一带，分布着众多的黠戛斯部落，想必他们也都是追随回鹘才到达这些地区。但是，黠戛斯的主体民族始终都居住在叶尼塞河流域。

　　文献与考古发现证实，至少在10世纪80年代前，黠戛斯还控制了阿尔泰（金山）地区。黠戛斯的活动迹象在《阿拉伯地理丛书》也有相关记载。[①] 如果将其与《世界境域志》的记载进行比较综合，或许对黠戛斯曾经到达阿尔泰山的史实，能提供一些佐证。

　　阿拉伯文献，记载"九姓古思（指西州回鹘），他们在吐蕃、葛逻禄之地、黠戛斯和秦王国（中国）之间"[②]；"基马克国土在葛逻禄的北边，在古思、黠戛斯和al-Saqālib山之间"；"黠戛斯人，他们在九姓古思、基马克、大洋（穆斯林地理学家想象的黠戛斯的极东界）和葛逻禄之地间"；"如果你从东方边境到西部边境吐蕃之地，再伸向九姓古思之地和黠戛斯，在基马克后面至海，那么约4月程"。

　　在雅忽特的《地名辞典》中，凯马克（Kaymāk）、古兹（Ghuzz，

---

① 巴啥提·依加汉：《9世纪中叶以后黠戛斯的南下活动》，《西域研究》1991年第3期。
② 同上。

即古斯)、九姓乌古斯(Toguzoguz)、黠戛斯(Kirgiz)也是相邻的。[1] 分析此条史料,黠戛斯在阿尔泰山区及额尔齐斯上游与基马克相邻。

《世界境域志》对黠戛斯的四至,有如下的记载:"其(黠戛斯)东面是中国和东洋;南为九姓古斯边境和葛逻禄的某些部分;西为基马国(钦察人的先祖)的(一些部分);(北面)是北方无人居住的地方。"[2] 与黠戛斯相邻的民族的情况及其分布:①基马克,是在阿拉伯和波斯史料中记载的基马克汗国中的一个突厥部落。米诺尔斯基认为可能是在更远的鄂毕河沿岸。②九姓古斯人即高昌回鹘,分布在今吐鲁番市高昌古城附近。古思(古斯、古兹或托古兹),是九姓乌古斯的一部分。大约有十二个部落,游牧于今锡尔河流域。

以上记载,都表明黠戛斯位于九姓古思、基马克之间,能够确定他们相邻的参照,还有流经三方国土的河流:

(1)其中一条河名为"拉斯(RAS)河,在北部,古斯国内。这是一条大河,河水呈黑色,气味难闻;它发源于基马克和黠戛斯边界上的山中,穿过古斯国,注入可萨海"[3]。可萨海,即今里海。

(2)阿尔突什河(鄂尔齐斯河?)发源于同一山,是一条大河,河水呈黑色但新鲜可饮。此河流经古斯和基马克之间,直到基马克的朱宾(Jubin)村,然后汇入也的里河[4]。

(3)也的里河(ATIL),源于阿尔突什河之北的同一山中;此河

---

[1] 〔法〕费琅编:《阿拉伯波斯突厥人东方文献辑注》,耿昇、穆根来译,中华书局1989年版,第233、234页。
[2] 〔波斯〕佚名:《世界境域志》,第66页。
[3] 同上书,第44页。
[4] 同上。

水又大又黄，流经基马克国，到朱宾村；然后向西沿古斯和基马克边界，直到保加尔；然后从突厥佩彻涅格和布尔塔斯（Burtas）之间南去，穿过可萨人的也里城，注入可萨海。①

关于以上三条河流，作者的叙述显然有些混乱。但是抛开作者对河流发源描述的混乱记载，将黠戛斯、基马克、古斯等用同一山、同一河连接起来，如果只是用作者的想象来解释，也未必能使人信服。况且，穆斯林地理学家的著述，普遍认为里海——咸海——巴尔喀什湖以北的河流，都是同一水系，且发源于同一座山，这些水系的上源为也儿的石河，而这座山就是阿尔泰山。从而也就表明，黠戛斯与基马克不仅在阿尔泰山相邻，还在也儿的石河接壤。②

不仅如此，《世界境域志》对黠戛斯曾经控制金山地区，还有更明确的记载。其中关于山脉的描述就有：

（1）"在伊克塞湖附近，九姓古斯的边界上另有一山脉，延伸到突骑施和葛逻禄之交界处，然后改变方向，并从这里分出一支延伸到黠戛斯部落境内。此山叫图拉斯山（TULAS）"③。

（2）另一座山位于北部，在基马克和黠戛斯的边界上。该山始于基马克之界，向东延伸到黠戛斯边界，然后向北直至北部居民区之尽头。在北部地区，基马克人称此山为 K. NDAV. R-BAGHI（Kundavar, Kandaur-Taghi）。

图拉斯山（TULAS）一名，《世界境域志》的英文翻译者米诺

---

① 〔波斯〕佚名：《世界境域志》，第44页。也里河，即今伏尔加河。
② 巴哈提·依加汉：《9世纪中叶以后黠戛斯的南下活动》，《西域研究》1991年第3期。
③ 〔波斯〕佚名：《世界境域志》，第37页。

尔斯基，把它比定为金山（今阿尔泰山）。它在唐人的记载中曾有都罗斯水、多罗斯川、多罗斯城、特罗斯山等名称。①沙畹把多逻斯川考订为喀喇额尔齐斯河②，因此，特罗斯山也应在此附近。史料（2）中的"另一座山位于北部，在基马克和黠戛斯的边界上"，此山似也指阿尔泰山。

《世界境域志》第18章"关于基马克国及其城镇"还有两点记载：（1）在"其东面住着黠戛斯，南为额尔齐斯河"；（2）"Q·RQ·RKHAH，是基马克的另外一个地区，其居民的习惯与黠戛斯同"③。考此地当在鄂毕河的上游④，这个地区的人虽然属于基马克的统治范围，但从其居民与黠戛斯人有相同的习惯来看，或许此地在基马克以前曾经被黠戛斯人占有过。以上这些可作为黠戛斯曾经具有阿尔泰山地区的一个例证。

阿尔泰地区的考古发现表明，此地的金属加工工艺也显露出黠戛斯占领过的痕迹。考古发现公元7—11世纪的阿尔泰饰物，工匠采用的錾金技术可以与黠戛斯的工匠媲美。二者同样能利用钢錾、模子和刻刀等工具，在饰物的平整表面刻上断断续续的线条，就像是几个破折号连在一起，而据吉谢列夫考证，两地工匠所刻的纹饰完全相同⑤。公元9至10世纪阿尔泰地区的著名古墓斯罗斯特基墓中，考古工作者发现，马鞍上的青铜饰牌上有人面纹、环绕植物纹并且带铃铛形凸面等特征，此前在黠戛斯也有同样的饰牌出土。同

---

① 巴哈提·依加汉：《9世纪中叶以后黠戛斯的南下活动》，《西域研究》1991年第3期。
② 《西突厥史料》，第32页，注6。
③ 〔波斯〕佚名：《世界境域志》，第68页。
④ 〔俄〕K.彼得洛夫：《吉尔吉斯族源概论》，伏龙芝，1963年，第50页。
⑤ 〔苏联〕C.B.吉谢列夫：《南西伯利亚古代史》下册，第101页。

墓发掘出的植物纹的马辔饰牌,不仅有新式的繁缛的花草纹饰,轮廓也不是此地流行的圆形和圆叶形,而是棱角分明的方角形和T字形。在此之前的阿尔泰墓葬中,并没有植物纹饰的辔饰出现,与属于公元7—8世纪的黠戛斯科彼内恰阿塔斯2号塚出土的一件透雕金带箍上的花枝杂错的花纹几乎完全相同。所以,我们有充分理由认为,斯罗斯特基墓的配饰与黠戛斯的风格和形制是完全相同。这种纹饰相同的马辔的出现时间"这是叶尼塞黠戛斯人最兴旺的时期,是他们'炫耀国力'(巴托尔德语)的时期"[1]。因此,阿尔泰贵族们"在叶尼塞黠戛斯兴起的时期(9世纪)他们从属于黠戛斯可汗的政权"[2]。我们认为这个结论应该能够成立。

除此之外,阿尔泰地区的考古发现,还表明该地区除了在政治上从属于黠戛斯,在文化上也深受黠戛斯的影响。斯罗斯特基墓就出土了一组特殊的饰物,是人物纹小牌和坠饰等。人物有的是手执长矛、左佩弯曲马刀的骑士形象。骑士身着软靴和肥大的灯笼裤,头戴尖顶圆盔,头顶的底景是一个大圆盘,形成一个别致的光轮。值得注意的是"带光轮的骑士形象并非只限于阿尔泰斯罗斯特基有发现。米努新斯克盆地也有于此完全相同的形象。这又一次证实马具饰物反映出的黠戛斯称雄时代萨彦-阿尔泰文化的一致性"[3]。前述《世界境域志》记载,我们得知黠戛斯已经到达天山南麓,所以"如果说黠戛斯人有个时期能够将其政权向西南方扩展如此之遥,但若不巩固其在侧翼即阿尔泰峡谷中的地位,就未必能够做到这一点"[4]。

---

[1] 〔苏联〕C.B.吉谢列夫:《南西伯利亚古代史》下册,第103页。
[2] 同上书,第110页。
[3] 同上书,第115页。
[4] 同上。

表明黠戛斯在这一地区的文化影响，以牢固的政治控制为基础。

出土文物显示，阿尔泰人的錾金技术工艺与线刻技法，与"7—10世纪叶尼塞黠戛斯工匠所制饰物的线刻完全相同"①。据此，考古学家认为这种完全相同的精细工艺，无疑是得自黠戛斯人的真传。在阿尔泰卡通河畔斯罗斯特基村（不会早于公元9世纪中叶），还发现了唐武宗时期的钱币。发现的铃铛形凸起饰牌、马绺饰牌，与叶尼塞米努辛斯克盆地东部秋赫加塔村附近发现的窖藏（9世纪），出土的饰牌几乎完全相同。②阿尔泰斯罗斯特基的绺饰与黠戛斯风格和形制的相似，也绝非巧合，当属黠戛斯称雄时代萨彦–阿尔泰文化一致性的反映。③9—10世纪，阿尔泰与黠戛斯具有相似的文化共性，只能说明阿尔泰对黠戛斯的政治隶属。按照吉谢列夫说法，"在叶尼塞黠戛斯兴起的时期（9世纪），他们（阿尔泰）从属于黠戛斯可汗的政权"④。公元10世纪末左右，属于黠戛斯遗迹，就很明显地减少了。相反，此间在稍北的克姆契克河下游，黠戛斯的墓葬遗迹却比较集中。⑤这种非常明显的分布变化，反映了黠戛斯人逐步回归叶尼塞的过程。

以上史料，反映出黠戛斯西至天山西部南北麓、阿尔泰山的情况。可以肯定"至少在10世纪80年代前，黠戛斯可能仍控制着金山地区。黠戛斯在金山地区的活动并没有因其势力退出漠北中心地

---

① 〔苏联〕C. B. 吉谢列夫：《南西伯利亚古代史》下册，第101页。
② 同上书，第113页。
③ 同上书，第115页。
④ 同上书，第110页。
⑤ 巴哈提·依加汉：《9世纪中叶以后黠戛斯的南下活动》，《西域研究》1991年第3期。

带而停止，它退出这一地区的时间应在 10 世纪 80 年代之后"①。

（五）防御吐蕃，阻止漠北回鹘西奔

黠戛斯之所以要防御吐蕃，是为了防止漠北回鹘余众投奔吐蕃。黠戛斯在回鹘牙帐救出大唐太和公主，并马上派出都吕施合将军等护送公主返回唐朝。不料中途被乌介兵众等劫杀，公主也被其掳走。于是，黠戛斯又派出将军踏布合祖前往唐朝寻访虚实，当时，黠戛斯表示将出"四十万兵寻觅"，即使"上天入地，终须觅得送公主使"②，对于劫杀黠戛斯使者与公主的人，他们将不惜一切代价全力寻找。

840 年，黠戛斯击溃回鹘后余众分散逃奔。其中，回鹘余众"以特勤乌介为可汗，南来附汉"③。乌介可汗领十三个部落进入漠南，另有三支西奔的十五部残众，分别逃往葱岭西、高昌及甘州等地。部分逃往甘州的回鹘人，依附于吐蕃。直到会昌三年（843），还有已经随乌介南下的"特勤叶被沽兄李二部南奔吐蕃"④。因此，黠戛斯人判断挟持公主的乌介余众，最终也很有可能逃亡吐蕃。为了确保公主不再流离失所，防止回鹘乌介也西走吐蕃并与之结盟。黠戛斯使者表示"若入吐蕃国去，即至吐蕃"。为此，黠戛斯"又恐回鹘与吐蕃通信，已令兵马把断三河口道路"⑤。黠戛斯对进入吐蕃的要路三河口，部署了把守的军兵。

---

① 巴哈提·依加汉：《9 世纪中叶以后黠戛斯的南下活动》，《西域研究》1991 年第 3 期。
② 《会昌一品集》卷 8《代刘沔与回鹘宰相书白》，第 53 页。
③ 《旧唐书》卷 195《回纥传》，第 5213 页。
④ 同上书，第 5214 页。
⑤ 《会昌一品集》卷 8《代刘沔与回鹘宰相书白》，第 54 页。

黠戛斯之所以对乌介与吐蕃联盟采取防御，还有历史的原因。唐玄宗天宝十四载（755），"安史之乱"爆发后，朝廷紧急征调陇右、河西诸军入援内地，吐蕃乘虚进攻并占领了陇右、河西[1]。回鹘与吐蕃是继突厥之后，势均力敌的两个强大民族。历史上，他们的关系也非常微妙，双方时战时和，并多次合兵进攻唐朝边城。[2]840年之前，高昌被吐蕃占据，使吐鲁番盆地和伊州、河西的吐蕃势力连成一体，被黠戛斯击溃的回鹘余部，就投奔到甘州吐蕃之地。可见，采取防御吐蕃与回鹘的联手攻击，并非是黠戛斯人的杞人忧天之举。

不仅黠戛斯人意识到一旦回鹘与吐蕃结成联盟，会对唐朝及黠戛斯产生不利的后果，唐朝方面也已经考虑到这个问题。李德裕提出"至河冰合时，深虑可汗突出过河，兼与吐蕃连结，则为患不细，深要防虞"[3]。虽然吐蕃国内纷乱，但吐蕃占领河、陇，对唐朝构成的威胁依然存在。对吐蕃的防御对策，是唐朝与黠戛斯共同面对的当务之急。

此前，已有回鹘部众投奔吐蕃，如果乌介再将公主劫持入吐蕃境内，双方联合力量必然壮大。那样一来，无论对唐还是对黠戛斯，都将产生无法预料的后果。为了阻止回鹘余众挟持太和公主西奔吐蕃，更重要的是防止吐蕃与回鹘余众结成联盟，黠戛斯才决定在三河口布防。"三河口"（今额济纳境内的营盘）位于居延古道，是西

---

[1] 吐蕃约在广德二年（764）或稍后攻陷凉州（今甘肃武威），大历元年（766）又陷甘州（今甘肃张掖）、肃州（今甘肃酒泉），德宗贞元三年（787）沙州也陷落。
[2] 贞元七年至大中元年（791—847）年间，吐蕃、回鹘联合对唐朝边界地区的劫掠，文献中也屡见不鲜。为争夺对唐朝安西、北庭的统治，双方也曾经数年僵持不下。
[3] 《会昌一品集》卷14《请发陈许徐汝襄阳等兵状》，第89页。

入吐蕃的重要关口。黠戛斯军队是否在此拦截了投奔吐蕃的漠北回鹘余众，囿于史料记载的匮乏，结果还不得而知。

840年，黠戛斯为了阻止回鹘西入吐蕃，对其采取了防范措施外，二者并未兵戎相见。此间吐蕃与黠戛斯仍有一定的联系。据敦煌藏语文献记载，吐蕃曾向北方诸国派出使者打探各部信息，并称黠戛斯为"Gir tis"或"Gir-Kis"。[①]十世纪时，回鹘文文献还反映出黠戛斯与吐蕃两部仍是南北两大强族。[②]

（六）南下大败室韦部，收复漠北回鹘南下余众

黠戛斯军事部署中的另一个重要策略，是希望与唐合力剿灭南下漠南的回鹘乌介残众。由于黠戛斯全部兵力集中在天山地区，所以与南下的回鹘军队并没有发生正面的冲突。派往唐朝的使者，也只是与唐朝协调共同打击回鹘事宜，如确定核准双方发兵的日期、地点等问题。使者从唐朝带回的国书中，一方面是唐敦促黠戛斯趁机歼灭回鹘余众的信息，另一方面是关于黠戛斯可汗的封号问题。双方对出兵问题，始终停留在商榷中，并没有双方共同出击回鹘的实质性行动。

会昌二年（842），黠戛斯第一次派使者踏布合祖入唐。唐时任宰相李德裕不仅将黠戛斯来使一事通报回鹘宰相，还把黠戛斯给唐朝的国书，也誊写一份附上一并送与回鹘。说明当时唐朝对黠戛斯还缺乏了解，对回鹘乌介可汗复国还心存侥幸。当探报告知"昨者二千骑送踏布合祖至碛北，令累路逢着回鹘即杀。踏布自本国至天

[①] 〔日〕森安孝夫：《敦煌藏语史料中出现的北方民族——DRU-GU与HOR》，陈俊谋译，《西北史地》1983年第2期。
[②] 华涛：《回鹘西迁及东部天山地区的政治形势》，《西北民族研究》1990年第1期。

德西城，更不逢着回鹘一人，无可杀戮"①，才确信黠戛斯所述情况属实，唐朝方面的态度也发生了改变。

唐朝除了令黠戛斯乘机歼灭回鹘余众，同时也开始对回鹘有所防备。由于语言不通，双方交流要通过翻译传译。回鹘人石佛庆是中书译语人（翻译），以往都是请他做翻译。但此次与黠戛斯使者的谈话，李德裕担心有些言语"不便于回鹘者"，他也许不会翻译出来，或是将机密泄露给在京的回鹘人，于是建议从驻边的军队中借调译语人来京。②以此表明，唐朝前述的扶持回鹘复国的策略，已经变为敦促黠戛斯尽快消灭回鹘残众。

此时，回鹘南逃的乌介可汗在唐边境已借住多年，期间唐朝几乎对其是有求必应。在确定了黠戛斯确实打败了回鹘之后，而回鹘又复兴无望时，唐才下决心进攻乌介可汗并迎回太和公主。逃走的乌介可汗余众转而依托了黑车子室韦，武宗诏令"黠戛斯出兵攻之"③。对此，黠戛斯表示"阿热愿乘秋马肥击取之，表天子请师"④。从840年，攻破漠北回鹘汗庭，再与唐朝约定出兵日期，双方均以书信往来。会昌四年（844），李德裕提到，"黠戛斯使云，今冬必欲就黑车子收回鹘可汗余烬，切望国家兵马接应。黠戛斯使回日，已赐敕书，令幽州、太原、振武、天德，各于要路出兵邀截"，约好844年冬天合兵打击回鹘。为此，唐朝还做了周密的部署，不仅点检

---

① 《会昌一品集》卷8《代刘沔与回鹘宰相书白》，第54页。
② 《会昌一品集》卷15《论译语人状》，第96页。文曰："右缘石佛庆等皆是回鹘种类，必以本国有情。纥扢斯专使到京后，恐语有不便于回鹘者，不为翻译。兼潜将言语辄报在京回鹘，望赐刘沔、忠顺诏，各择解译蕃语人不是与回鹘亲族者，令乘递赴京，冀得互相参验，免有欺蔽。"
③ 《旧唐书》卷18上《武宗本纪》，第594页。
④ 《新唐书》卷217下《黠戛斯传》，第6150页。

退浑、沙陀兵马,还"各令于把头峰内要害城镇屯集,待知回鹘指的消息,即于山外邀截。其天德自西受降城至振武穿阴山贼路,如有要路削及添木石镇塞处,早令下手修缮,仍于要路深掘壕堑,多置陷马坑,须防黠戛斯向北蹙逐回鹘人入塞唐突"。①由此,双方只待冬日就合力出击乌介可汗。唐武宗还命"给事中刘蒙为巡边使",因为"河、龙四镇十八州久沦戎狄,幸回鹘破弱,吐蕃乱,相残齿",此番部署可以借机一举败之。②

此时,黠戛斯的主要兵力用于西征,主力集中在西域一带,所以并没有履约出兵。唐朝也只能单方面出击,打击南下回鹘余众。唐朝将士们从南下回鹘余众处救回太和公主,并基本剿灭南下唐边的回鹘军事力量。乌介被唐军击败后又被逼杀,回鹘余众由其弟遏捻可汗统领,转附于奚王及室韦而得到供给补充。大中二年(848),得知漠南回鹘残众已被室韦七部瓜分,黠戛斯相阿播领"诸蕃兵称七万,从西南天德北界来取遏捻及诸回鹘,大败室韦。回鹘在室韦者,阿播皆收归碛北"③,南下收复回鹘余众。黠戛斯国相统军经西南天德军至漠南远征室韦,将躲避在室韦的回鹘人余众悉数带回漠北,这也是黠戛斯直接针对南下的回鹘残众的唯一一次军事行动。

唐昭宗大顺元年(890),黠戛斯与吐蕃、赫连铎等联合出兵数十万,帮助唐朝平定了沙陀李克用之乱。④此后,黠戛斯的军事历史,再未见于汉文记载。

---

① 《会昌一品集》卷16《巡边使刘濛状》,第108页。
② 《新唐书》卷217下《黠戛斯传》,第6150页。
③ 《旧唐书》卷195《回纥传》,第5215页。
④ 《资治通鉴》卷258,唐昭宗大顺元年(890),第8524页。

第五章　黠戛斯汗国的对外关系

西汉时，黠戛斯以坚昆之名见诸汉文史籍，历经魏晋至隋唐，在与后突厥汗国、漠北回鹘的不断较量中逐渐发展强大。公元8世纪初，黠戛斯建立了汗国。唐开成五年（840），黠戛斯联合漠北诸部击溃了漠北回鹘汗国，并迫使回鹘西迁。黠戛斯此举不仅改变了统治蒙古高原的民族格局，也对中亚历史产生了极大的影响。

据突厥碑铭文献与汉文史料记载，黠戛斯汗国的构成，也与突厥、回鹘等北方民族的组成相仿，都是以一个核心民族吸纳其他民族而成，所以，民族关系也较为复杂。囿于史料记载的详略不一，仍需加以明确。

第一节　黠戛斯与北方诸部的关系

据突厥碑铭文献与汉文史料记载，黠戛斯汗国与后突厥、回鹘汗国一样，由黠戛斯各部以及依附于汗国的其他北方各族组成。

一、黠戛斯的属部

汉文史料载，黠戛斯的属部，仅有都播、弥列哥、俄支等号称"木马三突厥"的三部。木马三突厥作为黠戛斯联盟的成员，定期向黠戛斯交纳赋税，"坚昆（黠戛斯）之人得以役属之"。[①] 这种贡赋关系即意味着他们隶属于黠戛斯。古突厥文专家拉德洛夫，将这三部的突厥文族名比定为 Tuba、Bälig、Ach。[②] 黠戛斯古代贵族的墓葬，出土的素面小金罐底部刻有古鲁尼文字 "altuns(?) ïyacin" 意为"金子……阿齐之贡礼"[③]。证实了 acin 可比 Ach，即"阿齐"当是木马三突厥中的"俄支"。

据古突厥文碑铭文，可考黠戛斯其他属部。《毗伽可汗碑》东面第 26 行记载，"当我二十六岁时，鞠部（Čik）同黠戛斯人一起与我们为敌。我渡过剑河（Käm）出征鞠部。我战于 Örpän，败其军队。我获取了阿热（Az）人民……并使其臣属"[④]。Čik 人即汉文史料所载的鞠部。《新唐书》载，鞠部"邻丁黠戛斯剑海之濒"[⑤]，该部与黠戛斯濒临剑海（即剑河，唐代泛指今叶尼塞河上游地区，今专指其支流克穆契克河）。因鞠部与黠戛斯联合对抗后突厥汗国，导致鞠部遭到后突厥毗伽可汗的攻击。

天宝三载（744），后突厥汗国灭亡后，漠北回鹘汗国兴起。鞠

---

① 《新唐书》卷 217 下《黠戛斯传》，第 6148 页。
② 韩儒林著:《突厥官号研究》，林幹《突厥与回纥历史论文选集》，第 246 页，注释③。
③ [苏联] C. B. 吉谢列夫:《南西伯利亚古代史》下册，第 137 页。
④ 《毗伽可汗碑》，耿世民:《古代突厥文碑铭研究》，第 159 页。
⑤ 《新唐书》卷 217 下《黠戛斯传》，第 6146 页。

部再次与黠戛斯同时出现在回鹘的碑铭中。《磨延啜碑》北面第22行记载，回鹘磨延啜可汗得到密报，听黠戛斯派人说："你们出征吧！你们也叫鞠部（Čik）人出征吧！"磨延啜可汗得知双方联合的信息后，随即开始部署了军队，称"我往那里 Čik 派去以……都督为首的千人（部队），往其同盟者地方派去了少数人"①。因为鞠部与黠戛斯联合应敌，黠戛斯、鞠部二部，都遭到磨延啜可汗的严重打击。考以上碑铭，二者不仅共同对抗过后突厥汗国，还数次抵抗回鹘，双方的关系恐怕并不是简单的同盟而已，或可视为鞠部因隶属于黠戛斯而应召出战。

后突厥《阙特勤碑》载，黠戛斯、骨利干都是突厥的敌人②。至于两族关系如何，并无明确记载。检索汉文史料，可见将两部马匹特征作类比的记载。《新唐书》载骨利干地"处瀚海北"（今贝加尔湖）；"产良马，首似橐它，筋骼壮大，日中驰数百里"③。《唐会要》亦载"结骨（黠戛斯）马与骨利干马相似，少不如，印'出'"④。漠北多良马的民族不止骨利干，何以只将黠戛斯马与之比较，考不同的文献记载，可初解端倪。拉施特《史集》载今贝加尔湖附近，居住着 Quri 部（豁里）⑤。因而有学者据汉文的记载，推测该 Quri 部或许就是唐朝的骨利干⑥。与之相佐的记载，另见《世界境域志》："FUK（Quri？），为一部落名，属黠戛斯，住在其东面，不与黠戛

---

① 《磨延啜碑》，耿世民：《古代突厥文碑铭研究》，第199页。
② 《阙特勤碑》东面第14行，耿世民：《古代突厥文碑铭研究》，第124页。
③ 《新唐书》卷217下《骨利干传》，第6144页。
④ 《唐会要》卷72《诸蕃马印》，第1305页。
⑤ 〔波斯〕拉施特：《史集》第1卷第1分册，商务印书馆1986年版，第198页。
⑥ 〔波斯〕佚名：《世界境域志》，第86页。

斯的其他集团相混合";"其他的黠戛斯人不懂他们的语言"。^① 据此可见,FUK(Quri?)部即汉文所载的唐代骨利干部,而且是黠戛斯的属部。

《世界境域志》载黠戛斯的其他属部,还有"K. SAYM,黠戛斯一个氏族之名,他们携毡房居于山坡之上。他们猎取毛皮,麝香,犀牛(角)等类。他们是不同于黠戛斯的一个部落。其语言接近葛逻禄,服饰类似基马克"[②]。《世界境域志》英文译者米诺尔斯基将K. SAYM复原为"kishtim",该部曾与黠戛斯一起被成吉思汗征服。该族名还见于8世纪中叶的敦煌藏语史料,据载位于黠戛斯西南,濒剑海有Gesdum部,语文学上可比定为Käšdim,汉译名有"客史的音"、"克失的米"等多种写法。[③]与此相近的族名,还见于南西伯利亚克姆契克河的卡伊巴什河口的叶尼塞碑铭,上刻"此碑立于吾可汗与吾埃利所有之喀喇-森吉尔。碑文系安申所书。汝众人等听喀喇-森吉尔之领主言。勇士。——伊南啜,奇格什匐,以吾之功勋吾乃克施季姆六族中之至高无上者,此吾之优越也。喀喇-森吉尔吾有之,岁次卅八年吾乃足智多谋之将军。奉可汗之……谕命(吾)系都督匐,疆土及于彼方"[④]。碑铭提到的"克施季姆六族",很可能就是《世界境域志》提到的K. SAYM族。此碑显示,黠戛斯可汗封克施季姆六族的领主为都督匐,作为汗国的属部之一,他们以此隶属为荣。

《世界境域志》所载与黠戛斯有关的部族,还有"Q. RQ.

---

① 〔波斯〕佚名:《世界境域志》,第66页。
② 同上。
③ 〔日〕森安孝夫:《敦煌藏语史料中出现的北方民族 DRU GU与HOR》,《西北史地》1983年第2期。
④ 〔苏联〕C. B. 吉谢列夫:《南西伯利亚古代史》,第141页。

RKHAH，是基马克的另外一个地区，其居民的习惯与黠戛斯同"[①]。与此相佐，在一幅表示中亚的《伊德利希地图》上，黠戛斯境内有两处标着与 Q. RQ. RKHAH 相近的名字。该部虽然属于基马克，但是其居民与黠戛斯有相同的习惯，或许曾经被黠戛斯征服过。因而，这个基马克的一部很有可能也曾短暂隶属过黠戛斯。

二、与黠戛斯关系密切的各部

公元 6 至 10 世纪，与黠戛斯关系密切的民族，主要位于其西南方向的葛逻禄与突骑施部，他们都与黠戛斯有姻亲关系。

葛逻禄，鄂尔浑古突厥碑文音译为 qarluq[②]。葛逻禄原居北庭都护府（今新疆吉木萨尔北破城子）西北，金山（今阿尔泰山）之西，原游牧于东天山内外，与黠戛斯相邻。自从回鹘汗国建立，黠戛斯就与葛逻禄结盟共同对抗回鹘。黠戛斯君长阿热的可敦"妻葛逻禄叶护女"[③]。贞元五年（789），黠戛斯曾与三姓葛逻禄（谋落、炽俟、踏实力）和吐蕃联盟抗击回鹘，回鹘向西扩张并占据北庭，葛逻禄被迫西移中亚楚河流域。[④]

黠戛斯与葛逻禄，还共同充当了东西贸易的守卫者。据载，"（坚昆）常与大食、吐蕃、葛禄相依杖，吐蕃之往来者畏回鹘剽钞，必住葛禄，以待黠戛斯护送。大食有重锦，其载二十囊它乃胜，既

[①] 〔波斯〕佚名：《世界境域志》，第 68 页。
[②] 《阙特勤碑》，北面译注，耿世民：《古代突厥文碑铭研究》，第 226 页。
[③] 《新唐书》卷 217 下《黠戛斯传》，第 6149 页。
[④] 参见〔法〕沙畹《西突厥史料》，冯承钧译，中华书局 1958 年版，第 194—195 页。

不可兼负，故裁为二十匹，每三岁一饷黠戛斯"①。由于回鹘阻断东西交通，并时有劫掠来往商队。中亚的商队来往于大食（为中国唐、宋时期的阿拉伯人）、葛（逻）禄（原居阿尔泰山南部即新疆北部的草原，公元8世纪中叶迁徙至锡尔河流域、七河流域、伊犁河河谷与费尔干纳盆地）和西藏高原的吐蕃之间，都要借助黠戛斯的保护才能顺利交易。为此，大食每三年一回馈黠戛斯。

公元8世纪，突骑施（Tukhs）崛起于碎叶川及伊犁河地区，后迁至楚河。《世界境域志》记载，其"西面是一帮黠戛斯人"②，则黠戛斯南下西征回鹘时曾与之为邻，两族的联系非常密切。后突厥汗国时期，黠戛斯还与突骑施、唐结成联盟，试图共同打击后突厥。阿热母亲是"突骑施女也"③。坚昆可汗与突骑施汗国有和亲关系。

天宝元年（742），突骑施的黑姓可汗，即伊里底蜜施骨咄禄毗伽可汗（EI-Etmiš Kutlug Bilgä）建立了汗国。突骑施与黠戛斯关系密切，曾多次联合对抗后突厥、回鹘。直至天宝十五载（756）间，双方仍互有使者往来。叶尼塞乌巴特第1碑就是一位黠戛斯人的衣冠冢，从碑文内容推断，墓主是黠戛斯遣往黑汗处的使者（yalabač），却再也没有返回。在今叶尼塞图瓦地区发现的"图瓦Ⅲ号碑"（叫37.）铭文显示，墓主是一位名为艾孜盖乃的突骑施伯克，来自卡拉汗（皇宫）④。突骑施的伯克长眠于黠戛斯，两部的关系非同寻常。往来的黑汗突骑施人使者，也有因出使而客死于黠戛斯之

---

① 《新唐书》卷217下《黠戛斯传》，第6149页。
② 〔波斯〕佚名:《世界境域志》，第80页。
③ 《新唐书》卷217下《黠戛斯传》，第6149页。
④ 胡振华编著:《柯尔克孜语言文化研究》，第208页。

地。①唐设立北庭都护时，由于黠戛斯与突骑施的特殊关系，曾将两部作为唐在北方的重点防范对象。

黠戛斯与吐蕃同为唐朝时期的强大民族，黠戛斯与吐蕃联系的记载，文献中并不多见。公元10世纪回鹘文文献将黠戛斯与吐蕃视为南、北两个强大的民族。文中讲到唐朝"在南方，经略吐蕃之地，在北方征讨了黠戛斯"②。虽然两族相距甚远，但历史上仍然不免有一定的接触。

吐蕃于公元7世纪初，在今青藏高原上兴起后，迅速向东北方向发展，征服吐谷浑之地，公元7世纪中叶开始进入西域，吐蕃曾与回鹘争夺北庭。790年至840年间，黠戛斯始与吐蕃联系，并与葛逻禄、吐蕃形成了抵抗回鹘的同盟。古突厥碑铭将吐蕃记作（töpüt），叶尼塞发现的"恰库尔碑"记载，820年左右，碑主人"为了高尚的事业，我去吐蕃汗那里，往返为使臣"。也有人将其译作："Ärärdäm üçün töpüt kanka yalabaç bardim. Kälmatim.（由于我男子汉的勇气，我作为使臣去见吐蕃的可汗，但是我没有回来）"③。这表明黠戛斯曾与吐蕃联合，为了各自的利益而共同对抗回鹘。

---

① 〔法〕路易·巴赞：《突厥历法研究》，第121页。
② 参见回鹘文译本《Bodistwtaito Samtso Ačariniŋ Yorïɣïn Uqïtmaq Tsi-in-čuin tigmä Nom Bitig》（《记述菩萨大唐三藏法师事迹的名为慈恩传的经书》）。雅森·吾守尔：《古代汉文文献中"匈奴"等名称的回鹘语译名》，《民族语文》2006年第1期。
③ 〔苏联〕A.伯恩什达姆：《6至8世纪鄂尔浑叶尼塞突厥社会经济制度（东突厥汗国和黠戛斯）》，第229页。L.巴：《叶尼塞河上游的碑文：中亚历史的起源》，载《突厥资料》第二卷（1976年），第1—11页。沃尔夫冈–埃克哈特·夏利普：《古突厥碑铭中提到的中国和吐蕃》，欣慰译，《第欧根尼》1997年第1期，第62—63页注释6。

黠戛斯与吐蕃除了政治军事上的结盟,双方还有贸易的往来。《新唐书》载黠戛斯"然常与大食、吐蕃、葛禄相依仗,吐蕃之往来者畏回鹘剽钞,必往葛禄,以待黠戛斯护送"①。因为回鹘汗国控制着当时东部天山以北地区,而黠戛斯活动的中心在今俄国叶尼塞河上游地区。因此,吐蕃、葛逻禄和黠戛斯同盟间的交通联系路线,主要是穿越葱岭山区。②为维护这种贸易关系,黠戛斯曾与大食、吐蕃、葛逻禄结成联盟③,以对抗破坏这种贸易关系的漠北回鹘。由于担心遭到回鹘抢劫,吐蕃派往黠戛斯的使者也不敢径直前往,而要留在葛逻禄等黠戛斯来人护送,黠戛斯阿尔腾库尔碑文也证实了《新唐书》关于黠戛斯人和吐蕃的贸易关系的记载。④黠戛斯不仅仅是吐蕃、葛逻禄、大食、西域回鹘的贸易伙伴,还是此间能与漠北回鹘抗衡的北方强国。

840年,黠戛斯为了阻止回鹘西入吐蕃,采取了防范措施,但并未兵戎相见。唐昭宗大顺元年(890),黠戛斯还与吐蕃、赫连铎等联合出兵数十万,帮助唐朝平定了沙陀李克用之乱。⑤在此期间吐蕃与黠戛斯仍有一定的联系,据敦煌藏语文献记载,吐蕃曾向北方诸国派出使者打探各部信息,并称黠戛斯为"Gir-tis"或"Gir-

---

① 《新唐书》卷217下《黠戛斯传》,第6149页。
② 王小甫:《唐、吐蕃、大食政治关系史》,北京大学出版社1992年版,第129—130页。
③ 葛逻禄有三个主要部落,因而有"三姓葛逻禄"之称。他们于公元8世纪60—70年代之间,从金山(阿尔泰山)地区南下,取代突骑施而成了"十姓可汗故地"的主人,他们与吐蕃、黠戛斯结成同盟,共同对抗漠北的回鹘汗国(744—840年)。
④ 〔苏联〕A.伯恩什达姆:《6至8世纪鄂尔浑叶尼塞突厥社会经济制度(东突厥汗国和黠戛斯)》,第229页。
⑤ 《资治通鉴》卷258,唐昭宗大顺元年(890),第8524页。

Kis"①。公元10世纪时，回鹘文文献还反映出黠戛斯与吐蕃两部仍是南北两大强族。②

三、与黠戛斯接触的其他各部

古突厥文《阙特勤碑》提到过"阿热（Az）"人，似乎是一个与黠戛斯关系较密切的民族。③与阿热（Az）相关联的词汇，还见于《新唐书·黠戛斯传》载黠戛斯"其君曰阿热，遂姓阿热氏"④。至于阿热（Az）与黠戛斯的关系，囿于记载只能暂且存疑。

《阙特勤碑》东面第14行载："黠戛斯、骨利干、三十姓鞑靼、契丹、奚，都与我们为敌。"⑤铭文所指的三十姓鞑靼、契丹与奚，虽然都被后突厥视为敌人，但他们与黠戛斯的关系究竟如何，却没有明确的表述。李德裕奉旨给回鹘嗢没斯特勤的诏书，曾讲到"今又知坚昆等五族深入凌虐，可汗被害"⑥。排除其所属的骨利干部，此"坚昆等五族"，很可能是黠戛斯、鞑靼、契丹、奚、室韦等五部。⑦黠戛斯击溃回鹘后，曾经派出使者赴唐其所携文书，明确讲到"纥斯（黠戛斯又一音译）即移就合罗川，居回鹘旧国，兼以得安西、

---

① 〔日〕森安孝夫：《敦煌藏语史料中出现的北方民族——DRU-GU 与 HOR》，《西北史地》1983年第2期。
② 雅森·吾守尔：《古代汉文文献中"匈奴"等名称的回鹘语译名》，《民族语文》2006年第1期。
③ 《阙特勤碑》东面第19行，耿世民：《古代突厥文碑铭研究》，第126页。
④ 《新唐书》卷217下《黠戛斯传》，第6147页。
⑤ 《阙特勤碑》，耿世民：《古代突厥文碑铭研究》，第124页。
⑥ 《会昌一品集》卷5《赐回鹘嗢没斯特勤等诏书》，第31页。
⑦ 薛宗正：《黠戛斯的崛兴》，《民族研究》1996年第1期。

北庭鞑靼等五部落"。① 可见，鞑靼等五部落曾被黠戛斯征服，他们很可能也参与了黠戛斯对漠北回鹘的攻击。此外，唐朝曾命检校兵部尚书张仲武兼任东面招抚回鹘使，同时令"奚、契丹、室韦等，并自指挥"②。可见，回鹘败亡后，唐朝曾令奚、契丹、室韦听从唐将张仲武的指挥。奚、契丹、室韦等部再次并列出现，恐怕并非偶然。

以上史料，虽不足以认定三十姓鞑靼、契丹与奚就是黠戛斯的属部，但可以肯定，鉴于回鹘对漠北诸部的征服，他们也短暂参与了黠戛斯击溃回鹘的联盟。

敦煌藏语史料记载，位于黠戛斯东南方即萨彦岭南，在"剑海（今克姆契克河）东岸，还有名为 Ku-hu'ur 的民族"。公元 8 世纪，黠戛斯与回鹘对峙时期，此 Ku-hu'ur 部与回鹘也处于敌对关系。③《蒙古秘史》载"Güčü'üt"部是属于乃蛮部的古出古惕氏。此 Ku-hu'ur 部可比对为"乃蛮部古出古惕氏"④。Ku-hu'ur 部或与黠戛斯不是敌对关系。但不见有关系明确的记载。具体隶属与否，囿于史料所限，暂不得而知。

征服过黠戛斯的北方强族，先后有东、西突厥汗国，薛延陀汗国，后突厥汗国以及漠北回鹘汗国。位于黠戛斯北方的驳马国曾与黠戛斯数度交战。史载"与结骨数相侵伐，貌类结骨，而言语不相

---

① 《会昌一品集》卷 8《代刘沔与回鹘宰相书白》，第 53 页。
② 《会昌一品集》卷 3《授张仲武东面招抚回鹘使制奉王撰》，第 20 页。
③ 〔日〕森安孝夫:《敦煌藏语史料中出现的北方民族——DRU-GU 与 HOR》,《西北史地》1983 年第 2 期。
④ 《蒙古秘史》158 节，有"Güčü'üt"部，即乃蛮部的古出古惕氏。成吉思汗曾征讨的不亦鲁黑·罕，就出自该部。

通"①。《唐会要》亦载"其北有骝（驳）马国"；"貌类结骨，而不敦邻好，交相侵伐"的记载②。《新唐书》也称驳马"好与结骨战，人貌多似结骨，而言语不相通"③。从上述史料可知，虽然黠戛斯人与驳马人外貌上很相似，但使用的语言完全不同，并且关系也不睦。

黠戛斯与室韦诸部虽然不是邻族，却发生过直接接触。唐开成五年（840），被黠戛斯击破汗帐后，回鹘乌介自立可汗率众南下，投依和解室韦。其后，回鹘相美权者逸隐啜逼杀乌介可汗于金山，并立其弟特勒遏捻为可汗，转依奚王硕舍朗。大中元年（847）春，唐将张仲武大破奚众，回鹘失去供给后部众日渐耗散。大中二年（848）春，回鹘余众仅存的名王贵臣五百人左右，又转而依附于室韦，唐边将张仲武至室韦"却令还蕃"，致使回鹘遏捻可汗恐惧连夜逃亡。于是"室韦分回鹘余众为七分，七姓室韦各占一分"。闻知此讯后"经三宿，黠戛斯相阿播领诸蕃兵称七万，从西南天德北界来取遏捻及诸回鹘，大败室韦。回鹘在室韦者，阿播皆收归碛北"④。因室韦瓜分了回鹘余众，黠戛斯国相统军远征并大败室韦，并将回鹘余众带回了黠戛斯。

黠戛斯对外关系中，由于史料记载的匮乏，仅粗略梳理如上。其中，黠戛斯与各部亲疏不一，其中有姻亲关系、有密切的盟友（如黠戛斯强盛时，凝聚了漠北部分民族一起抗击回鹘，故有"坚昆九族""坚昆五族"之说），也有与之敌对的各部，但除了对突

---

① 《通典》卷200《驳马》，第5493页。
② 《唐会要》卷100《结骨国》，第1784页。
③ 《新唐书》卷217下《黠戛斯传》，第6146页。
④ 《旧唐书》卷195《回纥传》，第5215页。

厥、回鹘的战争，汉文史籍并未见黠戛斯主动出击过其他各部的记载。

第二节　黠戛斯汗国与唐朝的关系

从太宗朝起，唐朝联合漠北各部击败了东突厥汗国。漠北以薛延陀为核心的铁勒各部，纷纷觐见唐太宗。贞观二十二年（648），黠戛斯君主"闻铁勒等已入臣，即遣使者献方物，其酋长俟利发失钵屈阿栈身入朝"，唐太宗"以其地为坚昆府，拜俟利发左屯卫大将军，即为都督"，于其地设置坚昆都督府，黠戛斯隶属唐朝始于此。[①] 其后，黠戛斯于"高宗世，再来朝。景龙中，献方物，中宗引使者劳之曰：'而国与我同宗，非它蕃比。'属以酒，使者顿首。玄宗世，四朝献"[②]。唐玄宗朝，坚昆都督右武卫大将军骨笃禄毗伽可汗率军，以"弧矢之利，所向无前"，与其他北方各部协助唐朝打击了后突厥汗国。[③] "乾元中，为回纥所破，自是不能通中国"[④]，因回纥兴起阻断了黠戛斯与唐朝的交通，使黠戛斯与唐保持了数十年的联系被迫中断。

文献所见黠戛斯汗国与唐朝的关系，主要表现为遣使求封、唐对黠戛斯的封册、黠戛斯助唐平乱等几个方面。

[①] 《新唐书》卷217下《黠戛斯传》，第6149页。
[②] 同上。
[③] 《全唐文》卷21《征突厥制》，第252页。
[④] 《新唐书》卷217下《黠戛斯传》，第6149页。

一、黠戛斯数度遣使求封

唐开成五年（840），经过与漠北回鹘汗国数十年的对抗，黠戛斯彻底击溃了回鹘可汗的牙帐，漠北回鹘汗国的历史被终结。面对回鹘余众南下、西迁的分散局面，黠戛斯西征追剿回鹘溃散余众。此外，黠戛斯攻取回鹘可汗牙帐时，还见到了与回鹘和亲的唐朝太和公主。黠戛斯可汗便以护送太和公主为契机，南下恢复与唐朝的联系。

黠戛斯可汗派出使者，谋求恢复与唐朝中断已久的联系，并期望能像回鹘汗国的可汗一样得到唐朝的封号。黠戛斯主动恢复与唐朝联系的动力，主要是当时其战略重点在于倾力追剿西迁的回鹘余众，而无暇顾及南下唐朝边境并自立为回鹘可汗的乌介势力。如果能尽快与唐朝建立联系，就会促成黠戛斯与唐朝联合，共同围剿回鹘乌介可汗，进而实现黠戛斯的战略安排：先消灭西迁回鹘，后再回师东征乌介残余。同时，黠戛斯迅速恢复与唐朝的关系，也会给乌介与唐朝结盟增加阻力，甚至可以借唐朝之手剿灭南下的回鹘余部。未料唐朝却屡求不予，为此，黠戛斯可汗数度遣使，以求册封。

（一）首次遣使入唐，却路遇回鹘截杀

据《新唐书·回鹘传》记载，击溃回鹘牙帐救得太和公主后。唐武宗会昌元年（841），黠戛斯阿热就"遣使者达干奉主来归。乌介怒，追击达干杀之，劫主南度碛，边人大恐"[①]。《新唐书·黠戛斯传》亦载："阿热以公主唐贵女，遣使者卫送公主还朝，为回鹘乌介

---

① 《新唐书》卷217上《回鹘传》，第6131页。

可汗邀取之，并杀使者。"①黠戛斯阿热于回鹘牙帐，救得下嫁回鹘的大唐太和公主，遣使者达干专门护送公主回中原。②南行途中，使团遭遇自立为回鹘可汗的乌介带领败军，使者将军达干被击杀，太和公主被乌介乘机劫走。

（二）再遣使者入唐，求封不果

见派出护送公主返唐的使者迟迟不归，唐朝也没有任何回应，会昌二年（842）冬十月，黠戛斯阿热遂再遣使者入唐。此前，唐朝还不知晓回鹘乌介可汗杀害黠戛斯使者、挟持太和公主并再南下唐边，唐朝与回鹘的关系如初。直至第二批黠戛斯使者踏布合祖等抵唐，问及护送太和公主的使者何在，使者是否已将公主送达唐廷时，方知公主被回鹘乌介所劫、黠戛斯使者已遭乌介截杀。

李德裕《代刘沔与回鹘宰相书白》中，与回鹘宰相谈及此事："（黠戛斯）破灭回鹘之时，收得皇帝女公主。缘与大唐本是同姓之国，固不敢留公主，差都吕施合将军送至南朝，至今不知信息。不知得达大唐，为复被奸人中路隔绝。"③由此方知，《新唐书》所载，黠戛斯可汗派出的首位使者，为都吕施合将军达干，因被回鹘截杀

---

① 《新唐书》卷217下《黠戛斯传》，第6150页。
② 《旧唐书》卷195《回纥传》，第5211—5215页，载：长庆元年（822）四月，"册回鹘君长为登罗羽录没密施句主录毗伽可汗"，五月，"敕：太和公主出降回鹘为可敦"。会昌元年（841），"乌介途遇黠戛斯使，达干等并杀之，乌介可汗，乃质公主同行"。会昌三年（843），"丰州刺史石雄兵遇太和公主帐，因迎归国"。《新唐书》卷217下《回鹘传》，第6129页，载："诏以太和公主下降。主，宪宗女也。"《新唐书》卷83《诸帝公主·宪宗十八女》，第3368页，载："定安公主，始封太和。下嫁回鹘崇德可汗。会昌三年来归。"唐宪宗女太和公主出降回鹘崇德可汗，在回鹘生活了20余年，太和公主是唐代最后一位与回鹘和亲的公主。
③ 《会昌一品集》卷8《代刘沔与回鹘宰相书白》，第53页。

而致使命夭折。

会昌二年（842）冬十月，黠戛斯阿热再度派来的专使，是踏布合祖、达干迈悉禾亥义、判官元因娑拽汗阿巳时等七人。黠戛斯使者虽然抵达了唐天德军（故址位于今内蒙古巴彦淖尔市临河区高油坊古城，后迁至今乌拉特中旗奋斗古城），但并未直入长安。① 黠戛斯使者踏布合祖来朝之事，两《唐书》均未记载，仅见于时任宰相李德裕的《会昌一品集》与司马光所撰的《资治通鉴》。《资治通鉴》载："会昌二年，冬十月，黠戛斯遣将军踏布合祖等至天德军，言'先遣都吕施合等奉公主归之大唐，至今无声闻，不知得达，或为奸人所隔。今出兵求索，上天入地，期于必得'。"② 《资治通鉴》的史料，显然源自李德裕的《会昌一品集》。

从唐玄宗天宝年间，回鹘阻断交通，黠戛斯与唐断绝了往来。至此，已达半个多世纪再未与唐往来。唐武宗朝官员对黠戛斯早已陌生，时任宰相李德裕据译者所言，将其族名译作"纥扢斯"。李德裕考察了前朝文案后，在《与纥扢斯可汗书》中，说明了汉译黠戛斯族名的由来，是因为"黠戛斯国号，皆依蕃书，译字所以不同。商量册命时，奏请依贾（耽）相公华夷述，便以黠戛斯为定"③。因此，依据贞元年间唐德宗宰相贾耽的译写，将其族名"纥扢斯"改称为"黠戛斯"。

黠戛斯遣将军踏布合祖等至天德军一事，由于两《唐书》不载，使者踏布合祖来唐的使命，仅由《会昌一品集》李德裕的回书，窥其一斑。会昌三年（843）年初，黠戛斯使者踏布合祖携《与纥扢斯

---

① 《会昌一品集》卷8《代刘沔与回鹘宰相书白》，第53页。
② 《资治通鉴》卷246，唐武宗会昌二年（842），第8089页。
③ 《会昌一品集》卷6《与纥扢斯可汗书》，第33页。

可汗书》返回。

览书可见，这次黠戛斯阿热派使者的来意，主要是告破回鹘事、问询公主是否得归大唐、并欲求得册封。李德裕奉诏撰写的《与纥扢斯可汗书》以"皇帝敬问纥扢斯可汗"开篇，告知将军踏布合祖等已到。其后，追溯了黠戛斯与唐朝来往的历史，书曰："贞观四年，西北蕃君长诣阙顿颡，请上尊号为天可汗。是后降玺书西北蕃君长，皆称皇帝天可汗。临统四夷，实自兹始。暨贞观六年太宗遣使臣王义弘至可汗本国，将命镇抚。贞观二十二年，可汗本国君长身自入朝，太宗授左屯卫将军坚昆都督。至天宝末年，朝贡不绝。则可汗祖先，已受我国家恩德。计可汗国中遗老，必自流传。朕缵奉丕图，思申旧好。比闻天宝以后，为回鹘所隔，久阻诚款。"①

此段陈述有两处与《新唐书》的记载有出入，今依李德裕言应予以更正：其一，黠戛斯入唐的时间，《新唐书》的记载与李德裕的说法略有出入。《新唐书》卷217下《黠戛斯传》载"贞观二十二年，闻铁勒等已入臣，即遣使者献方物，其酋长俟利发失钵屈阿栈身入朝"②。其二，至于黠戛斯与唐中断联系的时间，《新唐书·黠戛斯传》载"乾元中，为回纥所破，自是不能通中国"③。据李德裕所言，黠戛斯君主是贞观二十二年（648）入唐，天宝以后才失去了联系。文中均依李德裕说。

李德裕的《与纥扢斯可汗书》中，既然回顾了黠戛斯与唐朝的过往，自然会提到回鹘与唐的旧恩、新怨。李德裕历数了回鹘乌介在唐边的所为："回鹘自谓天骄，罔修仁义，肆行残忍，凌虐诸蕃。

---

① 《会昌一品集》卷6《与纥扢斯可汗书》，第33页。
② 《新唐书》卷217下《黠戛斯传》，第6149页。
③ 同上。

知可汗代为仇雠，果能报复，灭其国邑，皆已丘墟。驱彼酋渠，尽逾沙漠，茂功壮节，近代无俦。回鹘当中国伐叛之时，尝展勋力，列圣嘉其大顺，累降姻亲。今失国逃亡，寄于塞上，只合早归穷款，受朕抚循。而乃转自鸱张，益怀狼顾，在阳山之外，诱惑小蕃，乘我无虞，即来侵掠，恣为边患，今已四年。朕大征甲兵，久欲除翦。比令幽州、太原两道节度使皆充招抚，以示绥怀，望其悛心，犹务含育。"①回鹘乌介初以亡国挟公主南下，借居唐边。但如今已为边患。旧时回鹘于唐有功，今武宗虽有欲除之心，但却不得不行招抚怀柔之策。

唐朝对回鹘的无奈，除了十余万回鹘兵众压境，还有唐太和公主也被乌介挟持。顾忌到公主的安危，唐没有与回鹘乌介正面交锋。相比回鹘乌介所为，黠戛斯对公主的救助、护送与关切，令武宗感慨不已，并深表谢意。《与纥扢斯可汗书》谈及公主时，言到："而（乌介）凌蔑公主，频拟伤残，驰突边城，敢谋盗窃。近太原节度使刘沔不胜其忿，潜出偏师，乘其诪张，使袭牙帐。虏众大溃，穹庐尽焚；元恶伤残，脱身潜窜。已取得太和公主，即至阙廷"②；"昨闻太和公主为可汗众兵所得，可汗以同姓之国，使遣归还，有以见可汗秉礼义之心，重亲邻之好。朕深用感叹，至于涕零。公主寻为回鹘劫夺，久不归国；可汗所遣使臣，皆被诛戮。朕言念伤痛，至今不忘。昨见可汗表求访公主，使公主上天入地，必须觅得。今边将愤惋，已立奇功，回鹘罪人，计日可致，即当显戮，以谢可汗。"③武宗从感慨回鹘乌介与黠戛斯对待太和公主的不同态度，又想起黠戛

---

① 《会昌一品集》卷6《与纥扢斯可汗书》，第34页。
② 同上。
③ 同上。

斯与回鹘的恩怨，自然就催促黠戛斯剿灭回鹘，意在借黠戛斯之手以翦除回鹘对唐边的威胁。

因此，李德裕《与纥扢斯可汗书》接着讲道："可汗既为雠怨，须尽残夷；倘留余烬，必生后患。想远闻庆快，当惬素心。闻可汗受氏之源，与我同族"；"我国家承北平太守之后，可汗又是都尉苗裔，以此合族，尊卑可知。"①前已提及唐中宗朝曾提出过李唐与黠戛斯同宗说法。此次，李德裕再度提及此说，其意仍在于拉近唐与黠戛斯的关系，足令本来就看重与唐关系的黠戛斯人也信以为真。

李德裕又进一步坦言："况回鹘夷灭，种族必尽，与可汗便为邻国，各保旧疆。继好息人，事同一体。从此边陲罢警，弓矢载橐。必当诸部服从，皆怀健羡，知我两国，永为宗盟。"黠戛斯与唐即为同族，理应相互信任、互为友好，因此"想可汗明智，自有良算。故令太仆卿、兼御史中丞赵蕃持节充使，以答深诚，质于神明，用存大信"。李德裕许诺遣使并探寻黠戛斯可汗的求封用意，"又自古外蕃，皆须因中国册命，然可弹压一方。今欲册命可汗，特加美号，缘未知可汗之意，且遣谢怀。待赵蕃回日，别命使展礼，以中和好"②。明言册封对北方民族的意义所在，遣使面谢可汗，然后再"别命使展礼"。李德裕的这封《与纥扢斯可汗书》，要义在于许诺要遣使黠戛斯，尤其是提出了黠戛斯与唐"同族"说，特别强调了黠戛斯与唐朝关系的密切。黠戛斯使者虽然并未完成求册的使命，但带回了册命指日可待的希望。

---

① 《会昌一品集》卷6《与纥扢斯可汗书》，第34页。
② 同上书，第34—35页。

（三）三遣使者入唐，轰动长安

会昌三年（843），黠戛斯第三次派使者入唐，由于前两次遣使均未达到求封的目的，黠戛斯阿热三派使者入唐。此次使者入朝的情况，诸史所见如下：

（1）《旧唐书》记载，会昌三年（843），"黠戛斯使注吾合素入朝，献名马二匹，言可汗已破回鹘，迎得太和公主归国，差人送公主入朝，愁回鹘残众夺之于路。帝遂遣中使送注吾合素往太原，迎公主"①。

（2）《唐会要》亦载，"会昌三年，其国遣使注吾合索等七人来朝，兼献马二匹"；"且凭大唐威德，求册命焉"②。

（3）《资治通鉴》武宗会昌三年二月辛未条，载："黠戛斯遣使者注吾合索献名马二；诏太仆卿赵蕃饮劳之。甲戌，上引对，班渤海使之上。"③

（4）《新唐书》载："会昌中，阿热以使者见杀，无以通于朝，复遣注吾合素上书言状。注吾，房姓也；合，言猛；素者，左也，谓武猛善左射者。行三岁至京师。"④

关于注吾合素来唐的史料，除了《新唐书》的记载，还见于《旧唐书》《唐会要》及《资治通鉴》等汉文文献。但使者的名字除了"注吾合素"，亦作"注吾合索"。汉译差别出现在其名字的最后一个字：素，桑故切，构拟音值为 *su；索，苏各切，构拟音值为 *sak。《唐会要》作者在文中，特别注明"注吾合索（上声呼之）"，

---

① 《旧唐书》卷18《武宗本纪》，第595页。
② 《唐会要》卷100《结骨国》，第1785页。
③ 《资治通鉴》卷247，唐武宗会昌三年（843），第8095页。
④ 《新唐书》卷217下《黠戛斯传》，第6150页。

声母相同,韵母有别,显然是汉字异写所致。

唐武宗会昌三年(843)二月底,黠戛斯使者注吾合素抵达唐都长安。考《新唐书》记载,注吾合素从黠戛斯"行三岁至京师"。但见诸史对使者来朝的所载,均言会昌三年而非"行三岁"。可知《新唐书》以"会昌三年"抵达唐朝,当作"行三岁至京师",显然有误。至于黠戛斯到唐长安需花费的时间,可由李德裕《会昌一品集》得证,因为"自回鹘至塞上及黠戛斯入贡,每有诏敕,上多命德裕草之"①。唐武宗会昌年间的文书,基本都出自李德裕之手,并收入其《会昌一品集》。据载,会昌四年(844)二月,黠戛斯又遣温仵合来。会昌五年(845)春,将军谛德伊斯难殊来唐时,带来了可汗给唐武宗的书信,信中黠戛斯可汗曾问道"温仵合将军归国后,汉使不来"②。可见,两位使者前后仅间隔一年的时间,就有了书信的反馈,说明从黠戛斯至唐的行程只需半年时间,据此尤可证《新唐书》的记载有误。

黠戛斯使者注吾合素来唐,在唐庭上下引起了一阵轰动。唐武宗宴请诸蕃使臣时,特令注吾合素坐于渤海使者的上位。唐武宗还"诏宰相即鸿胪寺见使者,使译官考山川国风","又诏阿热着宗正属籍",并再次宣布"命太仆卿赵蕃持节慰其国"。③

由《新唐书·黠戛斯传》的记载可见,唐武宗诏命宰相赴鸿胪寺召见使者、史官了解黠戛斯国情、注宗正属籍等,皆因黠戛斯与唐失联过久。为此,李德裕再阅前朝文案之后,又撰写了《进黠戛斯朝贡图传状》,对所朝臣所绘制并撰写的图文,予以说明:"臣

---

① 《资治通鉴》卷247,唐武宗会昌三年(843),第8098页。
② 《会昌一品集》卷6《与黠戛斯可汗书》,第35页;《与黠戛斯书》,第36页。
③ 《新唐书》卷217下《黠戛斯传》,第6150页。

二十一日于延英面奏，吕述等准敕访黠戛斯国邑风俗，编为一传。今修撰已成，稍似详备。臣伏见贞观初，因四夷来朝，太宗令阎立本各军其衣服形貌，为职贡图。臣谨令画工注写注吾合素等形状，列于传前。兼臣不揆浅陋，辄撰传序。所冀圣明柔远之德，高于百王，绝域慕义之心，传于千古。轻渎宸严，伏增兢惧，谨封上进。"①

李德裕上奏请依太宗朝惯例，记录域外各族来朝的情况。故此，命会昌太子詹事韦宗卿、秘书少监吕述等，前往使者所在鸿胪馆舍，询问黠戛斯详情，绘图并配以撰文，以便圣览。会昌三年（843）二月底，依使者注吾合素的描述而作的《黠戛斯朝贡图》完成。吕述也撰成了《黠戛斯朝贡图传》一卷。②

李德裕上奏《进黠戛斯朝贡图传序》，再次说明作《黠戛斯朝贡图》《黠戛斯朝贡图传》的详情。《进黠戛斯朝贡图传序》的开篇，李德裕用大段的篇幅，赞颂了唐武宗的功德。《传序》言："龙荒君长黠戛斯遣使注吾合素等上表，献良马二匹。"注吾合素的到来，使"皇帝以前有鸾旗，焉用骥騄，不贵龙友，惟驾鼓车，乃命其使，见于内殿，赐以珍膳，锡之文锦"③。其言可见，鉴于黠戛斯为龙荒之地，使者入朝觐见，也受到唐武宗的宴请与优待，这是大唐的恩威，也是黠戛斯使者的殊荣。

回顾黠戛斯与唐朝往来的历史，李德裕追述太宗贞观二十二年（648）入朝，"谨按故相魏国公贾耽所撰《古今四夷述》，黠戛斯者，

---

① 《会昌一品集》卷18《进黠戛斯朝贡图传状》，第120页。《新唐书》、《宋史》等艺文志都有收录。
② 《新唐书》卷58《艺文志·地理类》，第1508页，载"高少逸四夷朝贡录十卷；吕述黠戛斯朝贡图传一卷"。
③ 《会昌一品集》卷2《进黠戛斯朝贡图序》，第14页。

本坚昆国也,其酋长入朝授以将军印,拜坚昆都督。逮于天宝季年,朝贡不绝。暨中国多难,为回鹘隔碍"。李德裕又援引唐太宗治北方之策略,并进言唐武宗:"陛下所以丕承王业,为中兴之君",因此,"乃诏太子詹事韦宗卿,秘书少监吕述,往莅宾馆,以展私觌,稽合同异,觇缕阙遗。传胡貊兜离之音,载山川曲折之状。条贯周备,文理洽通"。①诏大臣为使者注吾合素等画像,以记录黠戛斯人的体貌特征与着装。

李德裕之所以令朝臣给黠戛斯使者绘图并做传,本是依唐初贞观朝的惯例:"臣伏以贞观初,中书侍郎颜师古上言:'昔周武王天下太平,远国归款,周史乃集其事为《王会篇》。今万国来朝,蛮夷率服,实可图写,请撰为《王会图》。'有诏从之,臣辄因韦宗卿、吕述所纪异闻,饰以缋事。敢叙率服,以冠篇首。"②太宗朝,就有绘制《王会图》,以刻画四方来者图像的惯例。因此,黠戛斯使者来访,李德裕提出理应依惯例而行事。此外,李德裕特将黠戛斯使者来访,美化成是武宗的德威所致。因此,李德裕又以黠戛斯朝贡,莫知其国本原为由,命给事中渤海高少逸撰《四夷朝贡录》,将黠戛斯之事,著录其中。③

唐武宗也视黠戛斯使者来朝,是为大唐的恩威所致,故将《黠戛斯朝贡图》带在身边。君王此举,令李德裕感动不已,遂再上《谢宣示进黠戛斯朝贡图深惬于怀状》,以谢皇恩。④

---

① 《会昌一品集》卷2《进黠戛斯朝贡图传序》,第14—15页。
② 同上书,第15页。
③ [宋]陈振孙:《直斋书录解题》卷5《杂史类·四夷朝贡录》,上海古籍出版社1987年版,第147页。
④ 《会昌一品集》卷19《谢宣示进黠戛斯朝贡图深惬于怀状》,第127页,文曰:"今日欸义、行深至,奉宣圣旨,卿所进图传,深惬于怀者;伏以陛下大化神明,

在黠戛斯与唐朝的联系中断达半个多世纪后，会昌年间，黠戛斯派使者再次来朝，在唐武宗朝引起了极大的反响。不仅成为武宗炫耀功绩的话题，其后唐朝的官方公文也一再提及，如《上尊号玉册文》讲到"坚昆稽首，鞮译来献"[①]；《仁圣文武至神大孝皇帝真容赞并序》提到"西伏坚昆，稽首称臣"[②]；《武宗皇帝遗诏》载"朕以寡备，祗守丕业，恭临万宇，迨兹七年。夙夜忧勤，聿修大政，除黠虏，通款坚昆，诛稹壶关，擒弁并部"[③]。可见，黠戛斯恢复与唐的联系，无论对黠戛斯，还是唐武宗，都具有重要意义。

会昌三年（843），黠戛斯使注吾合素在唐期间，刚好唐朝欲攻乌介救回太和公主，故"帝遂遣中使送注吾合素往太原迎公主"[④]。黠戛斯使者随之前往迎接公主还朝，"主次太原，诏使劳问系涂，以黠戛斯所献白貂皮、玉指环往赐"[⑤]。被回鹘乌介可汗劫掠的太和公主，方得以返唐。武宗将黠戛斯贡予的玉指环，转交注吾合素代赐与太和公主。从黠戛斯阿热遣使者护送大唐公主归唐，到黠戛斯使者注吾合素见证太和公主回归，历经四年。

会昌三年（843）三月，唐朝"以太仆卿赵蕃为安抚黠戛斯宣慰使"[⑥]。唐武宗使者赵蕃与黠戛斯使者注吾合素同行，前往黠戛斯。李

百蛮震叠，故远夷慕义，万里来朝，诚宜图以丹青，录于编简，传之千古，以焯威灵。臣学术空虚，文艺浅薄，辄为传序，莫究圣功。陛下遽纳微诚，特赐宣示，宠渥所及，缙绅为荣，不任荷恩感戴之至。"
① 《会昌一品集》卷1《上尊号玉册文》，会昌五年，第8页。
② 《会昌一品集》卷1《仁圣文武至神大孝皇帝真容赞并序》，第8页。
③ 《全唐文》卷76《武宗皇帝遗诏》，第804页。
④ 《旧唐书》卷18《武宗本纪》，第595页。
⑤ 《新唐书》卷83《定安公主传》，第3669页。
⑥ 《资治通鉴》卷247，唐武宗会昌三年（843），第8097页。845年（会昌五年），李德裕与黠戛斯的回书，印证了宣慰使出使黠戛斯之事。

德裕亲撰《与黠戛（斯）王书》，交与注吾合素带回，以回复黠戛斯可汗来使之请。

《与黠戛（斯）王书》中，李德裕首先对黠戛斯王致以问候，告知使者注吾合素等已入朝，"省表并进马事"都已收到，并再次重提了黠戛斯于贞观中朝贡、得授坚昆都督官爵，后为回鹘所隔、破回鹘后又特遣专使送归太和公主归唐等旧事。

为了督促黠戛斯尽早平定回鹘，李德裕又历数回鹘南下唐边以来的行径："回鹘顷以失国为词，款塞相讬，朕以勋亲是念，拯邮屡加，曾不知恩，渐开稔恶，贱弃公主，侵暴平人，日寻干戈，时窃牛马。朕为全旧好，不下明诛，岁月滋深，边防将倦，各用长策，继彰殊勋，焚帐幕而公主归还，透网罗而元恶逃遁，顾其余类，何所寄生，国王远闻，想同深慰。然尤恐奔窜，尚有凶奸，又虑侵彼封疆，将复仇怨，国王亦须严为备拟，善设机谋，同务讨除，尽其根本，无贻后患，勉继前修。"①文中表达了唐对南下回鹘的态度，也晓谕黠戛斯"国王"应相机而行、谋划剪除回鹘余众。

最后，谈到黠戛斯求册一事，李德裕承诺"亲仁善邻，惟彼与此，勿谓遐迩，常存寤思，因注吾合素回，且先诏示，其他礼命，续专遣使宣慰，想宜知悉"②。至于黠戛斯最关心的封册一事，唐朝回复会再续专遣使宣慰。纵观注吾合素此行，较之踏布合祖的到访，终丁得到唐朝册封的许诺。

---

① 岑仲勉：《〈会昌伐叛集〉编证上》，岑仲勉：《岑仲勉史学论文集》，中华书局1990年版，第434—435页。
② 同上书，第435页。

（四）遣使者入唐，仍未受封

会昌四年（844），黠戛斯派第四位使者温仵合入朝。与踏布合祖一样，温仵合来朝一事，两《唐书》也无记载，仍仅见于李德裕撰写的《会昌一品集》，并为《资治通鉴》所载："黠戛斯可汗遣将军温仵合入贡。上赐之书，谕以速平回鹘、黑车子，乃遣使行册命。"①

据李德裕《代李丕与郭谊书》，会昌四年（844），"近黠戛斯国王遣将军百余人入朝，请发本国兵四十万众，袭逐可汗，擒送京阙"②。此次，大约有百余人的黠戛斯使者入朝，人数大大超过了前两次。温仵合携带黠戛斯可汗致唐朝的书信，代表黠戛斯汗国向大唐展示了结好的愿望，并求尽快获得封册。同时，也表示如果唐朝需要的话，愿意"发本国兵"协助唐朝对回鹘用兵，借以消除唐朝对回鹘大兵压境的顾忌。

李德裕撰《与黠戛斯可汗书》回复黠戛斯可汗，主要内容如下：

首先，告知黠戛斯阿热，使者温仵合将军已到达，也收到了阿热所献的百匹马，十联鹘等礼物。其次，再度追溯黠戛斯与唐朝的渊源，感戴遣重臣护送公主的诚心。又援引历史典故，用汉时呼韩邪与郅支单于的关系比对黠戛斯与回鹘的现状。又言"近则回鹘结大国之援，雄长北蕃，诸部率从，莫敢不服，一隅安乐，百有余年"；"况今回鹘种类未尽，介居蕃汉之间"。回鹘余众尚存，且与和车子结盟，"况登里可汗，回鹘旧号，是国家顷年所赐，非回鹘自制此名。今回鹘国已破亡，理当嫌避"。③ 意在说明回鹘称霸漠北已

---

① 《资治通鉴》卷247，唐武宗会昌三年（843），第8107页。
② 《会昌一品集》卷9《代李丕与郭谊书》，第58页。
③ 《会昌一品集》卷6《与黠戛斯可汗书》，第35页。原书题头使者为"将军谛德

久,声威尚在。回鹘可汗的封号,因其有功才得到唐朝的册封。此外,言及回鹘刚刚亡国,唐即便想册封黠戛斯也应暂缓,此时还不能应封。

依照前此与黠戛斯回信的惯例,书文又一次追述了贞观年间黠戛斯君主入朝的历史,直言"太宗授以左卫将军坚昆都督"。言外之意,既然太宗已经封予黠戛斯先祖为左(屯)卫将军坚昆都督,"彼亦宜遵先祖之明诚。便以坚昆为国,施于册命,更加美号,以表懿亲。况坚者不朽之名,昆者有后之称,示不忘本,岂不美欤!朕昨令礼部尚书郑肃等,与彼使臣面陈大计,温仵合将军等皆谕朕旨,愿言结欢"①。唐武宗试图追随太宗,达成如匈奴与西汉的盟约。并特别强调既然太宗朝已经对黠戛斯予以了"坚昆都督府"的封册,因此,应该遵从先祖的圣意。本朝就不必再加封册了,须仍以"坚昆"相称。

与前此回复相同,书文又再一次督促黠戛斯翦除回鹘,表明唐朝对回鹘的立场:"回鹘初至塞上,请国家精兵十万,送至漠北。渐归本蕃,又请借汉界一城,养育疲羸,以图兴复。朕以可汗之故,尽不听从。今回鹘是国家叛臣,为可汗雠敌,须去根本,方保永安";"可汗须乘此机便,早务芟夷。回鹘未灭以前,可汗勿以饮食为甘,弋猎为乐,励兵秣马,不可暂闲。所恨隔在诸蕃,国家难丁同力,倘更近塞,岂复稽诛?又恐余孽归降,可汗未能尽戮,纳有罪之众,受逋逃之臣,倘收吾憎,必开边隙"。转而又言"又闻合罗川回鹘牙帐,未尽毁除。想其怀土之心,必有思归之志。速要平其

伊斯难珠",有误。今据傅璇琮、周建国校笺《李德裕文集校笺》而改正。傅璇琮、周建国校笺:《李德裕文集校笺》,中华书局2018年版,第100页。
① 《会昌一品集》卷6《与黠戛斯可汗书》,第35页。

区落，无使孑遗，既表成功，彼当绝望"。① 至此可见，回鹘初到唐边时，诸如请兵、借城与复兴等图谋，其实也是唐对回鹘的期许。但随着回鹘乌介可汗在唐边的所为，以及黠戛斯与唐恢复联系之后，唐武宗的态度也发生了转变，逐渐疏离了回鹘，并寄希望于黠戛斯能翦除回鹘余众。

最后，唐武宗劝诫黠戛斯可汗若图长治久安，就要"居处服章，皆悉变革"，如果"姑务因循，则何以震耀北方，弹压诸部？"如此，唐朝才能"与可汗方保和盟，义同忧乐，纤微之事，皆欲备言。想可汗与将相筹谋，副兹诚意。此使到日，必谅朕心，即宜速遣报章，此当遣重臣册命"。② 李德裕秉承唐武宗之意，撰写了这封冗长的回书，最后还是一纸许诺。册封之请，依然遥不可期。

随之，李德裕又按圣意，先后奉上了《进所撰黠戛斯可汗书状》《进所撰黠戛斯书状二》等两份奏状③。《进所撰黠戛斯可汗书状》一文，则解释了黠戛斯系坚昆之后的缘由，其言："右奉宣令臣与书内添坚昆事者。缘未审知黠戛斯的是坚昆之后，恐须粗言梗概，未可明书。今已依宣添改。其间有词意未尽处，亦更加添。臣学识空虚，文理浅近，再陈严宸，伏积兢惶。谨连封进。"④ 不难看出，唐武宗君臣利用太宗朝已封册黠戛斯君主"左屯卫将军坚昆都督"之事，来敷衍黠戛斯欲求可汗封号之请，但另一方面却又一再督促黠戛斯要

---

① 《会昌一品集》卷6《与黠戛斯可汗书》，第35—36页。
② 同上书，第36页。
③ 《会昌一品集》卷6《进所撰黠戛斯书状二》，第37页，言："右今月十三日，于阁中面奉圣旨，令撰书进来者。臣请待郑肃等与语己撰述。今撰讫，谨进上"。
④ 《会昌一品集》卷6《进所撰黠戛斯可汗书状》，第36页。该族汉代译写作坚昆，武宗朝以前，唐时都以坚昆相称。黠戛斯是该族唐代晚期的族名，族名问题前文已述，此略。

剿灭回鹘残余，以换取唐边的安宁。至此，黠戛斯第四位使者，仍未完成获得册封的使命。

(五)最后一位使者仍求封不果，但约定合兵事宜

会昌五年（845）二月，黠戛斯阿热收到使者温仵合携回的书信，阅后仍未放弃求封的意愿。第五次派遣使者使谛德伊斯难珠入朝，以再次落实联合打击回鹘并求得到册封两项使命。这也是为了得到唐朝的可汗封号，黠戛斯派出的最后一位使者。[1]武宗赐诏，谕以"今秋可汗击回鹘、黑车子之时，当令幽州、太原、振武、天德四镇出兵要路，邀其亡逸，便申册命，并依回鹘故事"[2]。黠戛斯使者谛德伊斯难珠将军等，携国书并献白马二匹，再次来唐朝表述请求。武宗许以出兵邀击回鹘，事成后可依对回鹘册封的惯例，予以黠戛斯封册。

回书尚未正式交给使者前，李德裕先呈上了《进所撰黠戛斯书状》，奏曰："右奉宣令臣撰进来者。臣详其表中情款，一一报答，尽不阙遗，兼不为文言，遣其易会。缘册命时须令其称藩事，须云册命之礼，并依回鹘故事。若须更有邀约，即待朝廷命使日别赐敕书，稍为允惬。谨缘上进，未审可否？"[3]首先，解释了回复黠戛斯书信的情况。然后对黠戛斯封册，提出具体的步骤与安排，奏请唐

---

[1]《旧唐书》卷18《武宗本纪》，第596页。岑仲勉考证为会昌四年（844）。岑仲勉：《〈会昌伐叛集〉编证》上，岑仲勉：《岑仲勉史学论文集》，第447—448页。《资治通鉴》卷247，第8121页，亦载为唐武宗会昌四年（844）。《册府元龟·朝贡五》第11419页，记载"会昌三年（843），黠戛斯遣使谛德伊斯珠来朝"当是误记，应是会昌五年（845）。

[2]《资治通鉴》卷247，唐武宗会昌四年（844），第8121页。

[3]《会昌一品集》卷6《进所撰黠戛斯书状》，第37页。

武宗定夺。

黠戛斯使者临行之时，带回了李德裕撰写的《赐黠戛斯书》。依此书信可见，黠戛斯使者来书中阿热可汗的疑惑，以及双方的沟通不畅。①《赐黠戛斯书》开篇除了与前面此类书信相近的寒暄，并告知使者来朝以及收到礼物等客套话外，还可窥见黠戛斯阿热来信中的内容。

黠戛斯可汗提到了以下五件事："来书云：'温仵合将军归国后，汉使不来。'温仵合去日，朕书具云：'速遣报章，此当遣重臣册命。'自是可汗未谕此意，报答稍迟。此则寻欲遣使，只是延望来信。"

温仵合将军归国时，武宗曾在其带回的《与黠戛斯可汗书》中，应允"即宜速遣报章，当遣重臣册命"，本是敷衍之词，未知黠戛斯可汗已当真。因此，责问汉使为何不来，由于语言翻译的障碍所限，黠戛斯可汗并不解"即宜速遣报章，此当遣重臣册命"的真正含义，因而对唐朝不履行承诺，提出了质疑。

"又云：'金石路已隔绝。'盖为山川悠远，未得自与可汗封壤接连，非是两国之情，犹有阻隔。想可汗明识，无复致疑。"②面对黠戛斯可汗的质疑，李德裕再三申明唐朝的用意所在。期图重新恢复黠戛斯对唐的信任与诚意。

"又云：'两地遣书，彼此不会。'且书不可以尽言，言不可以尽意。况蕃汉文字，传译不同，只在共推赤心，永保盟好，岂必缘饰词语，以此交欢。每欲思惟先思好意，不更疑惑，便是明诚。"③再次

---

① 《会昌一品集》卷6《赐黠戛斯书》，第36—37页。
② 同上书，第36页。
③ 同上书，第36—37页。

可见，因语言不通，导致双方交流出现了问题。

"又云：'欲除去两楹间恶刺。'此一事最是嘉言。"与"所云请发兵马期集去处，缘黑车子犹去汉界一千余里，在沙漠之中，从前汉兵未尝到彼。比闻回鹘深意，常欲投窜安西。待至今秋，朕当令幽州、太原、振武、天德缘边四镇要路出兵。料可汗攻讨之时，回鹘必当潜遁，各令邀截，便可枭擒。此是军期，须合符契。想可汗必全大信，用叶一心。"① 至此可见，唐朝与黠戛斯双方就秋天出兵合击回鹘一事，达成了一致。

"来书又云：'送公主到彼，无一语来。'缘公主才离可汗五日，便被回鹘劫夺，所遣来使，尽被杀伤。公主二年之中，流离沙漠，事已隔远，所以不再叙言。然赵蕃去日，已具感悦之心，足表殷勤之意。"② 从中可知，太和公主是黠戛斯与唐朝重建联系的纽带，因此，唐朝与黠戛斯的回书中，每每都提及公主，此外，也感念黠戛斯救得并送公主归唐的情谊。不知黠戛斯可汗，缘何出此言。

关于册命之事，武宗强调已与使者沟通过。并言"谛德伊斯难珠，朕已于三殿面对，兼赐宴乐，并依来表，不更滞留。朕续遣重臣，便申册命。故先达此旨，令彼国明知。册命之礼，并依回鹘故事。可汗爰始立国，临长诸蕃，须示邻壤情深，宗盟义重"。唐武宗终于许诺了"册命之礼，并依回鹘故事"③。但并未确定具体何时册封。

从唐给黠戛斯可汗的回信中可知，谛德伊斯难珠此行的主要使命，一是册封，二是商议合兵出击回鹘。至此，唐与黠戛斯约合今

---

① 《会昌一品集》卷6《赐黠戛斯书》，第37页。
② 同上。
③ 同上。

秋出兵一事，已达成一致；但册封之请，则未有定期。黠戛斯可汗来书中提到的"温仵合将军归国后，汉使不来"的言外之意，实际上是暗指唐朝方面缺乏诚信，即便是太和公主已经归唐，唐朝还不肯予以册封，允诺册封却迟迟不予兑现。表明黠戛斯可汗对唐朝的一再推脱，已经心有怨言。

从唐开成五年至会昌五年（840—845），从黠戛斯首次遣使入唐，因路遇回鹘乌介可汗，使者殒命而未抵达。其后又连续四度遣使求封，均未获允。至此直至咸通年间，黠戛斯才再度遣使入唐。

二、唐朝迟迟不予黠戛斯封册的原因

黠戛斯击溃回鹘牙帐后，屡次遣使求封未果，主要原因，在于唐朝与回鹘的关系，左右了唐朝对黠戛斯封册的决断。唐朝之所以一拖再拖且态度隐晦，就在于对回鹘的顾忌。

首先，因为唐朝与回鹘的历史渊源深厚，唐武宗仍对回鹘寄予复国之望。唐朝与回鹘的关系，正如李德裕所言，"近则，回鹘结大国之援，雄长北蕃，诸部率从，莫敢不服，一隅安乐，百有余年"[①]。回鹘在漠北称雄已久，与唐朝关系较为密切。这缘于"回鹘当中国伐叛之时，尝展勋力，列圣嘉其大顺，累降姻亲"[②]。唐天宝年间的

---

① 《会昌一品集》卷6《与黠戛斯可汗书》，第35页。
② 据史料记载，回鹘汗国历史上，共计有十三世可汗，相继有十二位都接受过唐朝的封号，唐朝对回鹘可汗的册封，为北方各部之最。唐朝与回鹘和亲多达八次，分别是至德元年（756），回鹘毗伽公主赴唐和亲；乾元元年（758），唐肃宗次女宁国公主下降回纥英武威远毗伽可汗；乾元二年（759），唐小宁国公主和唐将仆固怀恩之女（毗伽可敦）和亲；大历四年（769），崇徽公主出降回鹘；贞元四年（788），唐德宗以第八女咸安公主和亲回鹘；贞元五年（789），叶公主（仆固怀

"安史之乱"之际,全赖回鹘出兵助剿,唐得以恢复基业。唐历朝帝王对回鹘可汗,都册以相应的中原封号并与之和亲。

唐文宗开成五年(840),回鹘国破后部众纷纷西迁南下。《旧唐书·回纥传》载,会昌初年,相次降于幽州的十余部,武宗诏配于诸道。回鹘特勤嗢没斯、阿历支、习勿啜等三部,回鹘国相爱耶勿弘顺、回鹘尚书吕衡等降于振武军。武宗皆赐三部首领姓李氏,充归义使。回鹘近二十部南下至唐边,不久都先后降于唐,仅有五部分别西奔吐蕃、东走室韦。

唐武宗会昌元年(841),回鹘乌介部南下后,因质唐公主而奏请天德城与太和公主居住,武宗未允。二月,南下的乌介拥众十三部,自立为回鹘可汗。乌介又先后兼并了不服与己的回鹘相赤心、特勤那颉啜等部,称众十万。①

会昌元年(841)十一月初,李德裕上《请遣使访问太和公主状》言:"今回鹘国已破亡,公主未知所在。"② 上奏书欲访寻公主。同月,受质于乌介的太和公主遣使入朝,上表请依惯例求唐廷册命乌介。十二月,武宗遣右金吾大将军王会等慰问回鹘,并赈米一万斛。③ 李德裕撰《遣王会等安抚回鹘制》,称道:"回鹘累代姻亲,久修臣礼",今"告穷请命",以"再复旧疆,永保恩好"宣慰回鹘。④ 可见,唐武宗对回鹘复国曾寄予期望。会昌二年(842),欲遣使册

恩之孙女)和亲;长庆元年(821),唐穆宗以其妹宪宗女太和公主和亲回鹘,出降回纥登罗骨没施合毗伽可汗。

① 《旧唐书》卷195《回纥传》,第5142页。
② 《会昌一品集》卷13《请遣使访问太和公主状》,第84页。《资治通鉴》卷246,唐武宗会昌元年(841),第8078页,亦载"今回鹘破亡,太和公主未知所在"。
③ 《资治通鉴》卷246,唐武宗会昌元年(841),第8079页。
④ 《会昌一品集》卷3《遣王会等安抚回鹘制》,第16页。

乌介可汗，因乌介可汗"屡侵扰边境"而止[1]。乌介甚至还"频劫东陕已北，天德、振武、云朔，比罹俘戮"[2]，致使公主的册命之请，终未实现。

南下回鹘各部多已降唐，唯回鹘乌介部没有降唐的迹象。虽然如此，鉴于回鹘与唐的关系，乌介册命等诉求，唐朝都逐一满足，甚至还向乌介返还以往所欠的马价绢值。会昌二年（842），公主上表言食已尽，乞赐牛羊等食物，武宗赐乌介诏曰："初则念其饥歉，给以粮储；旋则知其破伤，尽还马价"；"今可汗尚此近塞，未议还蕃"。[3]唐廷对乌介可汗，仍寄予早日复国之望，武宗感念唐与回鹘有姻亲之情，询问其复国的打算。《旧唐书·李德裕传》亦载，回鹘乌介"牙于塞上，遣使求助兵粮，收复本国，权借天德军以安公主"。[4]天德军使田牟，请兵出击。李德裕不同意，认为"顷者国家艰难之际，回纥继立大功。今国破家亡，窜投无所，自居塞上，未至侵淫。不如聊济资粮，徐观其变"，武宗"许借米三万石"。[5]乌介初到唐边临塞而居，以复国之名向唐求兵粮、借城。唐武宗听从李德裕之言，念及回鹘故事与太和公主的姑侄之情，对乌介可谓有求必应。偿还马价、予其粮草，甚至还容忍其劫掠，乃至杀戮边民。

会昌二年（842），当黠戛斯使者入朝时，李德裕因回鹘与唐的密切关系，不仅通报了回鹘，还泄露了黠戛斯防御回鹘的措施，皆因回鹘乌介有复国的迹象，令唐武宗抱有期许。李德裕《代刘沔与

---

[1] 《资治通鉴》卷246，唐武宗会昌二年（842），第8080页。
[2] 《旧唐书》卷195《回纥传》，第5142页。
[3] 《旧唐书》卷18《武宗本纪》，第592、593页。
[4] 《旧唐书》卷174《李德裕传》，第4509页。
[5] 同上书，第4522页。

回鹘宰相书白》言:"昨者二千骑送踏布合祖至碛北,令累路逢着回鹘即杀。踏布自本国至天德西城,更不逢着回鹘一人,无可杀戮。又恐回鹘与吐蕃通信,已令兵马把断三河口道路,则筹略兵马之势,揣度可知。"①同时,李德裕还将黠戛斯给大唐的来函,抄录一份连同他的信一并送与回鹘宰相,并告知"倘纥扢斯逼逐,则黑车子之心,焉可保信,不如早归大国,自保安全,顺天命以去危,恃姻好而求福。皇帝宠待存恤,必更加恩。辄献良箴,幸垂采纳。恐要见纥扢斯表本,今亦录往"②。可见唐朝对黠戛斯使者来访,并没有引起足够的重视,反而劝诱并安抚回鹘乌介可汗归唐,并向其通报黠戛斯的机密。

此外,李德裕曾对黠戛斯可汗直言:"况登里可汗,回鹘旧号,是国家顷年所赐,非回鹘自制此名。今回鹘国已破亡,理当嫌避。"③言外之意,包括助唐平乱的回鹘登里可汗在内,回鹘历任可汗的中原汗号,均由大唐所赐。是因为回鹘于唐有功,当此殊荣。现在回鹘刚刚为黠戛斯所破,于情于理大唐都不可能马上册封黠戛斯。应允册封与否,必然触及唐朝与回鹘的关系。基于此,唐武宗难以马上应允。

其二,唐武宗欲利用黠戛斯牵制和削弱回鹘,故不能轻易册封。《旧唐书·回纥传》记载,南下回鹘十三部以乌介为可汗,乌介又先后兼并了回鹘相赤心、特勤那颉啜的部众,最后拥众多达十万,后又"驻牙大同军北闾门山,时会昌二年秋,频劫东陕已北,天德、

---
① 《会昌一品集》卷9《代刘沔与回鹘宰相书白》,第33页。
② 《〈会昌伐叛集〉编证上》,第434—435页。
③ 《会昌一品集》卷6《与黠戛斯可汗书》,第35页。

振武、云朔,比罹俘戮"。① 面对回鹘十余万大军,唐武宗仅仅采取了"诏诸道兵悉至防捍",部署河东节度使刘沔充南面招控回鹘使,以幽州节度使张仲武充东面招控回鹘使等措施。乌介胁迫公主至唐边在前,后又在唐边劫掠不已。以往的回鹘可汗唐朝都予以册封,但唐武宗并没有对乌介予以册封,也始终没有与回鹘正面对决。

直到乌介挟公主久居唐边却不归于唐,甚至杀戮边民。唐朝对乌介的态度才逐渐发生了转变。会昌三年(843)二月,唐武宗"遣石雄袭回鹘牙帐,雄大败回鹘于杀胡山,乌介可汗被创而走。已迎得太和公主至云州"。太和公主被解救,武宗方御宣政殿,临朝受百僚称贺。武宗制曰:"回鹘比者自恃兵强,久为桀骜,凌虐诸部,结怨近邻";"朕念其衰残,寻加赈恤。每陈章表,多诈诿之词;接我使臣,如全盛之日。无伤禽哀鸣之意,有困兽犹斗之心。去岁潜入朔川,大掠牛马;今春掩袭振武,逼近城池。可汗皆自率兵,首为寇盗,不耻破败,莫顾姻亲"。② 武宗历数回鹘乌介窃号自立可汗、以怨报德的行径,唐朝对回鹘的怀柔之心,被回鹘的所为彻底打破。鉴于此,如果没有彻底消灭回鹘,唐朝率先就封册了黠戛斯可汗的封号,一则会引起回鹘乌介的不满,二则恐怕不能让北方各族信服并听命于黠戛斯。唐武宗既然没有依惯例封册回鹘可汗,也就不能马上册封黠戛斯。

因此,李德裕在转交第二位使者的书信中,先向黠戛斯可汗告知"(回鹘)即来侵掠,恣为边患",以回鹘与黠戛斯的恩怨为由,敦促黠戛斯可汗"须尽残夷;倘留余烬,必生后患",表示唐对回鹘

---

① 《旧唐书》卷195《回纥传》,第5142页。
② 《旧唐书》卷18《武宗本纪》,第594页。

已有"久欲除翦"之愿①，劝诱黠戛斯可汗应该具备彻底翦除回鹘残余的斗志。会昌三年（843）三月，第三位使者返回时带回的《与黠戛王书》中，李德裕再一次强调了回鹘务尽的理由，并暗示到"又虑侵彼封疆，将复仇怨，国王亦须严为备拟，善设机谋，同务讨除，尽其根本，无贻后患，勉继前修"②。李德裕提醒黠戛斯可汗，如果回鹘复国后果难料，督促黠戛斯为防止回鹘复仇，必须彻底消灭之。会昌四年（844），第四位使者入朝，武宗"谕以速平回鹘、黑车子，乃遣使行册命"③。此时，乌介可汗走投黑车子，武宗"诏黠戛斯出兵攻之"④。此前，鉴于回鹘与唐的关系，加之公主为质于回鹘，唐武宗一直隐忍不战。黠戛斯使者再来求封，武宗以平定回鹘和与之相伴的黑车子为行册命的条件。会昌五年（845）二月，第五位使者来朝，武宗赐诏，谕以"今秋可汗击回鹘、黑车子之时，当令幽州、太原、振武、天德四镇出兵要路，邀其亡逸，便申册命，并依回鹘故事"⑤。此次，唐不仅与黠戛斯约定了共击回鹘的时间，还提出了出兵计划。表明如果黠戛斯能及时合兵出击，唐不仅践行承诺予以册封，而且册封的礼数还会与回鹘相当。藉此，唐欲以黠戛斯兵力，清除回鹘在唐朝的边患，寓意就更加明了了。

其三，唐武宗顾忌于黠戛斯会重蹈回鹘对唐恃功自傲、连年市马无度的覆辙，因而迟迟不予册封。回鹘自"安史之乱"后，自恃助唐平乱有功。因此，"回纥可汗铭石立国门曰：'唐使来，当使知

---

① 《会昌一品集》卷6《与纥扢斯可汗书》，第34页。
② 岑仲勉：《〈会昌伐叛集〉编证》上，岑仲勉：《岑仲勉史学论文集》，第435页。
③ 《资治通鉴》卷247，唐武宗会昌四年（844），第8107页。会昌三年（843），公主已返唐。
④ 《旧唐书》卷18《武宗本纪》，第595页。
⑤ 《资治通鉴》卷247，唐武宗会昌四年（844），第8121页。

我前后功.'"① 以醒示唐人不忘回鹘助唐平乱之事。

回鹘虽出兵助剿"安史之乱"而有功于唐，但对唐也造成了诸多困扰。如兵众之扰，仅以唐代宗广德元年（763）为例的两条史料为例："有回纥十五人犯含光门，突入鸿胪寺，门司不敢遏"②；"回纥登里可汗归国，其部众所过抄掠，虞给小不如意，辄杀人，无所忌惮"③。回鹘的不羁行为对唐朝的统治造成了不利的影响，对唐朝君臣来讲也是难以容忍的事。

此外，在绢马贸易中，回鹘所市马匹数量庞大致使唐朝欠下回鹘巨额的马价绢。《唐会要》载"回纥恃功。自干元后，仍岁来市，以马一匹易绢四十匹。动至数万马。其使候遣。继留于鸿胪寺者非一番，人欲帛无厌。我得马无用。朝廷甚苦之"④。因此，唐代宗大历年间曾试图减少市马，如大历元年（766），回纥赤心请市马万匹，"有司以财乏，止市千匹。（郭）子仪曰：'回纥有大功，宜答其意，中原须马，臣请内一岁奉，佐马直。'诏不听，人许其忠"⑤。由于回鹘连年赴唐市马，致使其国库空虚。大臣郭子仪愿以年俸充马价，国家财力之匮乏可见一斑。大历八年（773）时，回鹘再派遣一商队，赶着一万匹马来到唐朝请求互市。唐代宗因为费用过大，且"不欲重困于民，命有司量入计，许市六千匹"⑥。唐德宗建中三年（782），大臣源休奉使回鹘，回鹘可汗声称唐"所欠吾马直绢

---

① 《新唐书》卷 217 上《回鹘传》，第 6123 页。
② 《资治通鉴》卷 222，唐代宗广德元年（763），第 7259 页。
③ 同上书，第 7260 页。
④ 《唐会要》卷 72《马》，第 1303 页。同类记载，《册府元龟》卷 999《外臣部·互市》，第 11727 页。
⑤ 《新唐书》卷 137《郭子仪传》第 4607 页。
⑥ 《册府元龟》卷 999《外臣部·互市》，第 11727 页。

一百八十万匹，当速归之"，并派出使者入唐索要，使者返回时，唐德宗诏"与之帛十万匹、金银十万两，偿其马直"①。实际上，唐给予回鹘的回报，如李德裕所言，"岁赐缯二万匹。厥后饰宗女以配之，立宫室以居之。其在京师也，瑶祠云构，甲第棋布，栋宇轮焕，衣冠缟素，交利者风偃，挟邪者景附。其酋侯贵种，则被我文绘，带我金犀，悦和音，厌珍膳，蝎蠹上国，百有余年。既而桀骜元亲，天命不佑，僭侈极欲，神道恶盈"②。丰厚的馈赠、巨额的马价绢，已然成为唐廷的不堪之负。

会昌三年（843），黠戛斯使者注吾合素入朝，唐武宗对其优待有加。唐武宗本应加册黠戛斯可汗，但却犹豫不决，李德裕进言劝解。《资治通鉴》载："上恐加可汗之名即不修臣礼，蹈回鹘故事求岁遗及卖马，犹豫未决。德裕奏：'黠戛斯已自称可汗，今欲藉其力，恐不可吝此名。回鹘有平安、史之功，故岁赐绢二万匹，且与之和市。黠戛斯未尝有功于中国，岂敢遽求赂遗乎！若虑其不臣，当与之约，必如回鹘称臣，乃行册命；又当叙同姓以亲之，使执子孙之礼。'上从之。"③李德裕认为，黠戛斯阿热已然自称可汗，建议唐武宗不要吝惜赐予唐的封号，册封之后也不必担心黠戛斯有不臣之心。首先，黠戛斯并没有像回鹘那样对唐有功，也不至于居功自傲，不臣于唐。再者，为了约束黠戛斯，不致重蹈回鹘覆辙，不妨先令黠戛斯称臣，再以同姓为由加以羁绊。虽然李德裕的考虑很周全，唐武宗也认为有道理，但武宗最终并未准封。

会昌四年（844），第四位使者入朝时，李德裕撰写《与黠戛斯

---
① 《旧唐书》卷127《源休传》，第3575页。
② 《会昌一品集》卷2《幽州纪圣功碑铭（并序）》，第11页。
③ 《资治通鉴》卷247，唐武宗会昌三年（843），第8096页。

可汗书》，遵照武宗圣意，以黠戛斯既然已得到太宗的厚爱，并授予过左屯卫将军坚昆都督，美其名曰"况坚者不朽之名，昆者有后之称"[1]，暗示其应该遵循太宗朝的先例，保持原有的称号为好，没有必要再行封册。以此敷衍黠戛斯对可汗封号的求取。

会昌五年（845），李德裕《上尊号玉册文》言："曩者北狄（回鹘）矜功，耗蠹中国，种类磐牙，根柢封殖，异术肺腑，缟衣如茶，挟邪坐盅，浸淫宇内，倒悬不解，百有余年。"[2] "安史之乱"后回鹘对唐朝的困扰，直到会昌年间依然存在。回鹘乌介可汗南下，武宗仍继续"尽还马价"。此外，回鹘与唐往来的使者皆言乌介可汗"只待马价，及令付之"[3]。可见，唐武宗仍受回鹘之困。回鹘虽已败亡但其种类未尽，尚介居唐与黠戛斯之间（此为武宗泛言）[4]，黠戛斯须助唐彻底解除回鹘的困扰，故此，晓谕黠戛斯"今回鹘是国家叛臣，为可汗仇敌，须去根本，方保永安"[5]。督促黠戛斯要采取行动。武宗君臣承诺翦除回鹘余众之后，"册命之礼，并依回鹘故事"[6]。消灭回鹘依然是获黠戛斯得册封的前提。而且，因为唐朝对回鹘的册封已成惯例，即便是册封黠戛斯可汗，也会参照对回鹘封册的礼数而行。

直至唐宣宗朝，再与谋臣商议册封时，大臣们虽然认为"黠戛斯小种，不足与唐抗"，但不免担忧"回鹘盛时有册号，今幸衰亡，又加黠戛斯，后且生患"[7]。回鹘恃功自傲的种种行径，令唐朝众臣心

---

[1] 《会昌一品集》卷6《与黠戛斯可汗书》，第35页。
[2] 《会昌一品集》卷1《上尊号玉册文》，会昌五年，第8页。
[3] 《旧唐书》卷18《武宗本纪》，第592页。
[4] 《会昌一品集》卷6《与黠戛斯可汗书》，第35页。
[5] 同上。
[6] 《会昌一品集》卷6《赐黠戛斯书》，第37页。
[7] 《新唐书》卷217下《黠戛斯传》，第6150页。

有余悸。如今回鹘被黠戛斯所破，对唐朝而言可谓幸事。再授予黠戛斯可汗以封号，难料以后也会不修臣礼，重蹈回鹘覆辙。鉴于回鹘的因功不臣，直接影响了唐朝对黠戛斯求封之请的态度，因而犹豫不决迟迟不予封册。

三、唐朝对黠戛斯可汗的册封

虽然屡次求封不得，黠戛斯可汗仍表示愿意与唐协力清剿回鹘残余，言"愿乘秋马肥击取之，表天子请师"①。此时，黠戛斯正集中兵力西征已无力南下，但黠戛斯可汗还是向唐请准发兵时间与集会之地，唐朝的答复是"所云请发兵马期集去处，缘黑车子犹去汉界一千余里，在沙漠之中，从前汉兵未尝至彼，比闻回鹘深意，常欲投窜安西，待至今秋，朕当令幽州、太原、振武、天德缘边四镇要路出兵"②。武宗应黠戛斯之请，邀兵约定秋季共剿回鹘余众，至此，黠戛斯与唐也总算达成一点共识。武宗又令"给事中刘蒙为巡边使，朝廷亦以河、陇四镇十八州久沦戎狄，幸回鹘破弱，吐蕃乱，相残啮，可乘其衰。乃以右散骑常侍李拂使黠戛斯，册君长为宗英雄武诚明可汗"③。由于黠戛斯急于想得到册封，并愿意与唐合兵作战，武宗又想假借黠戛斯的力量，乘机收复沦陷吐蕃的"河、陇四镇十八州"。此时，太和公主已同归大唐，南下回鹘余众已经所剩无几了，唐廷已再无对回鹘的后顾之忧了。

会昌五年（845），唐武宗准备派右散骑常侍李拂使黠戛斯，正

---

① 《新唐书》卷217下《黠戛斯传》，第6150页。
② 《会昌一品集》卷18《振武节度使李忠顺与臣状一道状》，第116页。
③ 《新唐书》卷217下《黠戛斯传》，第6150页。

式册命黠戛斯可汗。并拟向黠戛斯颁行《黠戛斯为可汗制》："敕我国家光宅四海,君临八荒,声教所罩,册命咸被。况乎族称宗姓,地接封疆,爰申建立之恩,用广怀来之道,有加常典,得不敬承。黠戛斯国生穷阴之乡,禀玄朔之气。少卿之后,骨裔且异于蕃夷;大漠之中,英杰自雄于种落。日者居于绝徼,隔以强邻,空驰向化之心,莫通事大之体。旋能奋其武勇,清彼朔陲,万里归诚,重译而至。时既当于无外,义必在于固存,是用特降徽章,载明深恩。加其美号,锡以丹书,贻厥后昆,遂荒有北。举兹盛典,彰示远戎,咸服宠光,永孚恩化。可册为宗英雄武明诚可汗,命右散骑常侍兼御史中丞李拂持节充册立使。仍命有司择日备礼册命。"①

唐武宗拟予黠戛斯可汗的封号,诸史略有出入。《新唐书·黠戛斯传》载唐武宗拟"册君长为宗英雄武诚明可汗"②,《资治通鉴》也载将册其可汗的封号为"宗英雄武诚明可汗"③。《新唐书》与《资治通鉴》的记载相同,但《新唐书·黠戛斯传》与《资治通鉴》均不载册立诏书。册立诏书仅见于《唐大诏令集》与《全唐文》,但《唐大诏令集》与《全唐文》虽载同文,拟封其可汗号却为"宗英雄武明诚可汗"。④诸史所载,因何略有出入,暂不得考。因《唐大诏令集》成书于宋时,早于《全唐文》。《全唐文》的诏书当引自《唐大诏令集》,个别用字略有出入也情有可原,此诏应以《唐大诏令集》为准。

除了撰写册封的诏书、任命使者,唐朝还做了一番军事部署,

---

① 《唐大诏令集》卷128《黠戛斯为可汗制》,第692页。
② 《新唐书》卷217下《黠戛斯传》,第6150页。
③ 《资治通鉴》卷248,唐武宗会昌五年(845),第8137页。
④ 《全唐文》卷76《立黠戛斯为可汗制》,第801页。

以确保此次唐遣使黠戛斯的顺利。李德裕《会昌一品集》载:"缘朝廷册命黠戛斯,恐回鹘可汗必怀嫉妒,与诸小番合势遮截汉使,请令汉兵且于天德住待,计会黠戛斯兵马迎接,方可进发。"[1]此时,回鹘虽然大势已去,但余众尚存,一旦难以接受唐朝对黠戛斯的封册而进犯,唐朝不得不防。这表明回鹘对唐册封黠戛斯一事的反应,左右了唐对黠戛斯册封的决断。不久,武宗驾崩,册封黠戛斯可汗的使者"以国丧未行",册封一事又再度搁浅。

唐宣宗继位,鉴于黠戛斯对获得唐朝册封的诚意,又再次重提黠戛斯可汗封号问题,诏与群臣商议:"宣宗嗣位,欲如先帝意,或谓黠戛斯小种,不足与唐抗,诏宰相与台省四品以上官议,皆曰:'回鹘盛时有册号,今幸衰亡,又加黠戛斯,后且生患。'乃止。"[2]回鹘因功受封,对唐不恭,且"求索无倪",令唐宣宗朝君臣顾忌重重,再次影响了对黠戛斯的册封。

此时,"乌介部众至大中元年诣幽州降,留者漂流饿冻,众十万,所存止三千已下。乌介嫁妹与室韦,托附之。为回鹘相美权者逸隐啜逼诸回鹘杀乌介于金山,以其弟特勤遏捻为可汗,复有众五千以上,其食用粮羊皆取给于奚王硕舍朗。大中元年(847)春,张仲武大破奚众,其回鹘无所取给,日有耗散"[3]。回鹘乌介可汗被杀,唐将张仲武大破奚众,依附于奚的回鹘部众失去了物质供给。余众"皆西向倾心望安西庞勒之到。庞勒已自称可汗,有碛西诸城"[4],南下回鹘皆有意西奔西迁回鹘。

---

[1] 《会昌一品集》卷18《振武节度使李忠顺与臣状一道状》,第116页。
[2] 《新唐书》卷217下《黠戛斯传》,第6150页。
[3] 《旧唐书》卷159《回纥传》,第5215页。
[4] 同上。

唐宣宗大中元年（847）五月，"吐蕃论恐热乘武宗之丧，诱党项及回鹘余众寇河西"①，而此时能将之驱逐的力量只有黠戛斯。边境危机，最终促使唐朝决定册封黠戛斯可汗。大中元年（847）六月，唐宣宗"卒诏鸿胪卿李业持节册黠戛斯为英武诚明可汗"②。此前，武宗给黠戛斯的封号是"宗英雄武诚明可汗"；宣宗的封号是"英武诚明可汗"。相较唐武宗给的封号，少了"宗""雄"二字，表明了唐朝对黠戛斯的封册，仍然有情非得已之意。

大中二年（848），乌介被杀后，回鹘"唯存名王贵臣五百人已下，依室韦。张仲武因贺正室韦经过幽州，仲武却令还蕃，遣送遏捻等来向幽州。遏捻等惧，是夜与妻葛禄、子特勤毒斯等九骑西走，余众奔之不及，回鹘诸相达官老幼大哭。室韦分回鹘余众为七分，七姓室韦各占一分"③。适时，黠戛斯阿播相"领诸蕃兵称七万，从西南天德北界来取遏捻及诸回鹘，大败室韦。回鹘在室韦者，阿播皆收归碛北"④。这是黠戛斯唯一一次在漠南出现，却并非直接打击回鹘，而是与室韦争夺回鹘余众。此前，黠戛斯与唐武宗秋后合兵的约定，史册并不见载。至于阿播率军从何而来，经三昼夜就到了漠南，史无详载，故此暂无从知晓。

从唐文宗开成五年至唐宣宗大中元年（840—847），历经七年黠戛斯五度派出使者到唐朝请求册封，至此，黠戛斯终于得到唐朝的册命。

唐遣使黠戛斯之事，史书明确记载的仅有两次，时间在会昌三

---

① 《资治通鉴》卷248，唐宣宗大中元年（847），第8152页。
② 《新唐书》卷217下《黠戛斯传》，第6150页。
③ 《旧唐书》卷159《回纥传》第5215页。
④ 同上。

年（843）和大中元年（847），但实际绝不止此数。唐使出访黠戛斯不仅史册有载，还反映在唐代的文学作品中。诗人赵蕸曾作《送从翁中丞奉使黠戛斯六首》，其中一句"料得坚昆受宣后，始知公主已归朝"①。结合史实，可知此诗当写于武宗派出的赵蕃出使之时。因为黠戛斯与唐相距遥远，赵蕸的朋友随行出使，为了给朋友送行即兴赋诗相赠，既表达对朋友的深情厚谊，又对公主回归故里而庆幸。

840年，黠戛斯击溃了漠北回鹘汗国，终结了突厥语民族在蒙古高原的统治。回鹘余众由于汗庭被黠戛斯击溃，而西迁葱岭、河西走廊、西州，很快又建立了新的统治秩序。尽管黠戛斯也采取了一系列的军事行动，最终也没能彻底剿除漠北回鹘余众。黠戛斯在历史鼎盛时期，选择了退归叶尼塞河故地，并没有占据蒙古高原。唐武宗朝官员们所担心的事，也始终没有发生。

四、黠戛斯与唐的后续来往

开成五年（840）黠戛斯击溃回鹘，相继向唐朝派出使者，到大中元年（847），黠戛斯得到唐朝的册封，此后双方的联系仍未间断。唐大中十年（856）二月，黠戛斯使者来唐，"又有回鹘随黠戛斯李

---

① ［唐］赵蕸：《送从翁中丞奉使黠戛斯六首》，全文如下："扬雄词赋举天闻，万里油幢照塞云。仆射峰西几千骑，一时迎着汉将军。旌旗杳杳雁萧萧，春尽穷沙雪未消。料得坚昆受宣后，始知公主已归朝。虽言穷北海云中，属国当时事不同。九姓如今尽臣妾，归期那肯待秋风。牢山望断绝尘氛，滟滟河西拂地云。谁见鲁儒持汉节，玉关降尽可汗军。山川险易接胡尘，秦汉图来或未真。自此尽知边塞事，河湟更似托何人。秦皇无策建长城，刘氏仍为北路兵。若遇单于旧牙帐，却应伤叹汉公卿。"［清］彭定求等校点：《全唐诗》，中华书局1960年版，第6373—6374页。

兼至"①。此次的使者或许并不是黠戛斯可汗派出的，而是散居在天山东部的黠戛斯部众之一，具体是黠戛斯的何部派出的使者，因史册缺载，无从考证。

唐懿宗咸通四年（863），黠戛斯可汗又派使臣合伊难支入唐，向唐提出三个要求：一是请求经籍；二是请求每年遣使来走马并获取历书；三是要求攻打回鹘，"使安西以来悉归唐"。②但是，不知何故，此次黠戛斯的这些请求并没有得到唐朝的支持。于是，咸通七年（866）十二月，黠戛斯又遣将军乙支连几入贡，一请唐朝准许其派"鞍马迎册立使"，二是请发第二年的历书。③此次，唐朝对黠戛斯册封与否，不见于汉文文献记载。

据考古发现的实物史料证实，咸通七年（866），唐朝对黠戛斯实施了册封。2009年，在俄罗斯阿巴坎博物馆，中国学者刘凤翥先生发现并鉴定了其馆存的唐代玉册残简文，正是唐咸通七年颁与黠戛斯的册文。玉册材料为五块大理石，可视为玉册之属，每块长27厘米，宽3厘米，厚1.3厘米，两端有穿孔，上刻汉字。④册文的内容残缺，可识"维大唐咸通七年""贡是修保尔封疆烟""身所谓奉诚之美也""总以名实成其辉光""以恩信怀来无思不"等字样，考其特征后联以成文，可推黠戛斯受到册封⑤。

2002年7月，西安东郊史家湾唐墓出土了一方题名为《唐故

---

① 《唐大诏令集》卷128《议立回鹘可汗诏》，第692页。
② 《资治通鉴》卷250，唐懿宗咸通四年（863），第8229页。
③ 同上。
④ 刘凤翥：《俄国阿巴坎博物馆所存的唐代玉册残简》，中国社会科学院历史所隋唐宋辽金元史研究室主编：《隋唐辽宋金元时论丛》（第1辑），紫禁城出版社2011年版，第11页。
⑤ 王洁：《唐咸通年间授封黠戛斯考》，《内蒙古社会科学》（社科版）2014年第2期。

河东监军使银青光禄大夫守左监门卫将军上柱国彭城县开国伯食邑七百户赐紫金鱼袋刘公（中礼）墓志铭并序》的墓志（以下简称《刘中礼墓志铭》），现藏于西安碑林博物馆。墓志中显示宦官刘中礼逝于咸通十四年（874），曾以鸿胪礼宾使身份，作为唐朝派往黠戛斯的使者成员之一，"北通黠戛斯"[①]。据墓志可知，刘公担任鸿胪礼宾使的时间，正处于唐武宗会昌后期至唐懿宗咸通前期，或许他就是咸通七年（866）出使的使者之一。若此则为玉册所记册封一事，提供了又一佐证。

唐大顺元年（890），"黠戛斯举勤王之众，推效命之诚"[②]，再次派兵帮助唐朝平定沙陀李克用之乱，这是黠戛斯与唐联系的最后记载。黠戛斯汗国与唐朝的来往，正如史册所载"后之朝聘册命，史臣失传"[③]，再也未出现在唐代汉文史籍中。

---

① 赵力光编：《李寿墓志·南川县主墓志·刘中礼墓志》，上海古籍出版社2012年版，第42页。张全民：《唐河东监军使刘中礼墓志考释》，《敦煌学辑刊》2007年第2期。
② 《旧唐书》卷20上《昭宗本纪》，第744页。
③ 《新唐书》卷217下《黠戛斯传》，第6150—6151页。

第六章　黠戛斯汗国的经济与文化

相较于其他北方民族，古代黠戛斯的经济、文化习俗具有独特的内容。黠戛斯依山傍水的居住区域，形成了相应的生产方式、生活习俗。考古发现，黠戛斯使用了古突厥文字。

第一节　黠戛斯汗国的经济

黠戛斯人活动于南西伯利亚叶尼塞河流域的河谷地带，森林、草原等自然资源得天独厚。黠戛斯人从事畜牧、渔猎、农业、手工业等经济活动，与典型的游牧民族不同，属于农牧混合经济。由于处于河流交错之地，故渔猎活动也是饮食的必要补充。因此，黠戛斯经济包涵畜牧、渔猎、农业、手工业、商业贸易等，呈现出多重经济形式并存的特点。

这一地区出产珍贵的动物皮毛、麝香、可做刀柄的动物角等，都是贸易的重要商品。商业贸易也是黠戛斯经济的重要组成部分。黠戛斯与中原王朝的经济往来盛于唐朝，此外也与波斯、大食、吐蕃有往来。

一、畜牧、狩猎与农业

地处叶尼塞河流域的黠戛斯，草原辽阔、森林茂密，水系发达，自然资源较为丰富，因此，畜牧、渔猎是其主要生产活动。叶尼塞河上游米努辛斯克盆地，宜于发展畜牧业、谷物类种植农业，此外，复杂的灌溉系统也为种植业提供了保障。黠戛斯所处地区不仅水利资源丰富，在河谷与山区还有广阔的草原和茂密的森林。由于水利、森林、野生动物等自然资源非常丰富，黠戛斯人从事畜牧、狩猎与农业等经济生活有了坚实的物质基础。

总之，黠戛斯人的经济生产形态较为丰富。他们并非只有畜牧业这单一经济形式，而是畜牧业与农业、渔猎等多种经济形式并重，呈现出同步发展、优势互补的态势。

（一）畜牧与狩猎

黠戛斯畜牧与狩猎并重的经济模式，始于其远祖坚昆人。坚昆人的基本生产方式是"随畜牧"，因而"有好马"，"亦多貂"[1]，以游牧、狩猎为业。至唐代依然以"有马，出貂"著称[2]。黠戛斯人还善于驯养牲畜，每当"畜，马至壮大，以善斗者为头马"，他们会选最善斗的头马，以令其带动其他马匹听从主人的召唤。被驯养的牲畜，除了马以外，还有牛、羊、橐它（骆驼）等家畜，其中尤以"牛为多，富农至数千"[3]。由叶尼塞碑铭可见，他们把家畜区别为有角的牲

---

[1] 《三国志》卷30《魏书·乌丸鲜卑东夷传》附鱼豢撰《魏略·西戎传》，第858页。
[2] 《通典》卷200《结骨国》，第5493页。
[3] 《新唐书》卷217下《黠戛斯传》，第6147页。

畜与马等两大类。

汉文文献中,牛、羊、马等作为黠戛斯人财富的象征,也是富家用来做婚嫁聘礼的首选。骆驼也被刻画在不止一处的黠戛斯的岩画上。发现于黑伊尤斯河沿岸皮萨纳亚山的骆驼岩画,骆驼被套在带篷的车子上。① 這幅最有价值的岩画,表明他们驯养了牛、羊、马、骆驼等家畜,食用之外还可以役使。

古代黠戛斯的贵族们,生前拥有牛羊无数,死后也要它们作为牺牲陪葬。黠戛斯的科彼内遗址中,就发现了上下两层的羊骨,超过了随葬物总数的一半,其中还有数量大体相当的牛骨与马骨。这些大量出土的骆驼、牛、羊、马等家畜骨骼,证实了黠戛斯家畜种类与数量之多。殉葬大量牛羊,是因为贵族拥有庞大的畜群数量,反映了黠戛斯畜牧业的发达。

由于畜牧业的发达,牲畜被视为主要财产。在叶尼塞河流域发现的黠戛斯碑铭,显示死者会逐一向自己生前"尘世"间的一切告别,特别是历数自己的牛羊、马匹等,视其牲畜为首要财产。《苏吉碑》(又名《黠戛斯之子碑》)第五行,有"tägdi.bay bat ärtim. aγïlïm on. yïlqïm sansïz ärti./ 我是很富有的,我有畜圈十个,我的马匹无数"②。《乌尤克-土兰碑》的墓主人则感叹曾经拥有"(a)ltï bing yont(ï)m./ 六千匹马"。死者因告别了尘世,为不得不"失去"六千匹马,而深感不舍③。《别格烈碑》《艾莱盖斯特碑》都提到了死者的有角牲畜和马。《阿啜尔碑》铭文,提到生前"土地上有无数打戳印

---

① 〔苏联〕C. B. 吉谢列夫:《南西伯利亚古代史》下册,第123页。
② 耿世民:《古代突厥文碑铭研究》,第226页。
③ 胡振华编著:《柯尔克孜语言文化研究》,第231页。

的牲口"①。乌雷匐的财产"土地打印记的马群不可胜数……囊中财物多如乌发"②。叶尼塞的阿尔啜铭文，还提到了有烙印的牲畜，即铭文主人的"土地上有无数打戳印的牲畜"③。叶尼塞《巴依·布隆1号碑》（现藏于米努辛斯克博物馆）第5行，以墓主人的口吻，自述因作战英勇"获取了一千左右的马群"④。与此相佐，汉文古籍也记载"结骨马与骨利干马相似，少不如，印'出'"⑤。北方游牧民族畜牧业发达，牲畜动辄就数以千计。为了区别自己与别人的马匹，他们会给马烙上不同的纹饰烙印。黠戛斯畜牧发达，牲畜之多也远播中业。波斯人论及黠戛斯人的财富，就是"货物，牛、羊和马匹"⑥，足见畜牧业占黠戛斯经济的统治地位。

黠戛斯畜牧业的发达，有赖于"他们随气候的变化逐河流水草迁徙"⑦。古代黠戛斯人积累了一定的关于天文与地理知识的经验，从而能够根据气候的变化，在地处不同高度的河流沿岸，选择不同地域、不同的草场来放牧牛羊。其次，叶尼塞河流域大小不一的河流，滋养了沿岸肥美的牧草。得天独厚的自然条件，是黠戛斯能够拥有众多牛羊的客观原因。

黠戛斯所处地区林木茂盛，还有丰富的野生动物资源，所以，

---

① 〔苏联〕A.伯恩什达姆：《6至8世纪鄂尔浑叶尼塞突厥社会经济制度（东突厥汗国和黠戛斯）》，第205、206页。
② 〔苏联〕C.B.吉谢列夫：《南西伯利亚古代史》下册，第123页。
③ 〔苏联〕A.伯恩什达姆：《6至8世纪鄂尔浑叶尼塞突厥社会经济制度（东突厥汗国和黠戛斯）》，第206页。
④ 通拉嘎：《叶尼塞鲁尼文碑铭译注与相关社会文化初探》，内蒙古大学硕士学位论文，2017年，第35页。
⑤ 《唐会要》卷72《诸蕃马印》，第1305页。
⑥ 〔波斯〕佚名：《世界境域志》，第66页。
⑦ 同上。

除了养殖家畜之外,黠戛斯人也"好狩猎"[①]。叶尼塞河上游发现的黠戛斯别格烈和阿尔腾库尔碑铭文,都发现过古突厥文"狩猎"的字样。[②] 打猎之外,临水而居的人们,还可以捕鱼。

黠戛斯丰富的狩猎资源,远播中亚并见载于波斯、阿拉伯文献。黠戛斯周围地区以"生有若许黑貂、灰鼠及麝羚,树木森森,猎物丰富,山里宜于居住"而知名[③]。黠戛斯部落境内的图拉斯山(TULAS,今阿尔泰山脉的一部分),"山中有黑豹、灰松鼠和麝。黠戛斯境内的山脉中,有麝、犀牛——[角]、灰松鼠和黑豹"[④]。再如,黠戛斯的特产是"出产大量麝香,皮毛,Khadang 木,Khalanj木,和牛角做的刀把"[⑤]。此外,位于黠戛斯西部的 K. SAYM 族,"猎取皮毛,麝香,犀牛(角)等类"物产[⑥]。阿拉伯文献《道里邦国志》也记载道"黑尔黑斯(黠戛斯)人有麝香"[⑦]。商人们"从黠戛斯地运出麝香、毛皮和突骰角"[⑧]。可见,黠戛斯地区以出产珍贵的麝香、皮毛等特产闻名域外。同时这也表明,丰饶的狩猎资源,为黠戛斯对外贸易提供了特有的交换物资。

---

① 《太平寰宇记》卷199《北狄·黠戛斯传》,第3823页。
② 〔苏联〕A.伯恩什达姆:《6至8世纪鄂尔浑叶尼塞突厥社会经济制度(东突厥汗国和黠戛斯)》,第206页。
③ 〔匈〕A. P. 马尔丁奈兹:《迦尔迪齐论突厥》,杨富学、凯旋译,何天明、云广主编:《朔方论丛》第4辑,内蒙古大学出版社2015年版,第202页。
④ 〔波斯〕佚名:《世界境域志》,第37页。
⑤ 同上书,第66页。
⑥ 同上书,第66页。
⑦ 〔阿拉伯〕伊本胡尔达兹比赫著:《道里邦国志》,宋岘译注,中华书局1991年版,第35页。
⑧ 〔俄〕瓦·弗·巴托尔德著:《加尔迪齐著〈记述的装饰〉摘要——〈中亚学术旅行报告(1893—1894年)〉的附录》,《西北史地》1983年第4期。突骰角是中亚特有的一种动物的角,也是中亚诸族同阿拉伯人进行贸易的物品之一。

汉文文献记载的黠戛斯狩猎资源，野生动物有"野马、骨咄、黄羊、貑豣、鹿、黑尾，黑尾者似麝，尾大而黑"；此外还有"雁、鹜、乌鹊、鹰、隼"等鸟类狩猎资源。①叶尼塞碑铭《阿勒腾·阔耳1号碑》载"altun šoa 山林的鹿群增多、分散"②。《克孜勒·奇拉2号碑》第2行载："（狩猎）敏捷的鹿中我是英雄"③，墓主人以擅于猎鹿而自豪。黠戛斯人信仰萨满教时，鹿曾是他们的图腾，根据宗教信仰鹿是不能被射杀的，既然能够猎鹿，说明他们的宗教信仰已经发生了改变。

叶尼塞碑铭《海木奇克·奇尔呷克碑》，以墓主人的口吻自述其狩猎的情况道："我骑了从前的马，为了狩猎（准备了）六百匹带印的马。"④丰富的资源与对狩猎的喜好，促成了壮观的黠戛斯人狩猎画面。黠戛斯的狩猎工具也极具浓烈的地域特色，《通典》记载了"其国猎兽皆乘木马，升降山磴，追赴若飞"的画面⑤。《唐会要》也记载，每当狩猎之时，黠戛斯人"皆乘木马，升降山磴，追赴若飞"⑥。黠戛斯人狩猎时之所以能腾飞自如，是因为他们发明了名为"木马"的狩猎器具。《新唐书》揭晓了木马的原理："以板藉足，屈木支腋，蹴辙百步，势迅激。"⑦将这种工具绑缚在脚上，手撑木棍在雪上滑行快速如飞。因适于雪地行驶，在叶尼塞河流域狩猎民族中得以广泛

---

① 《新唐书》卷217下《黠戛斯传》，第6147页。
② 通拉嘎：《叶尼塞鲁尼文碑铭译注与相关社会文化初探》，内蒙古大学硕士学位论文，2017年，第35页。
③ 同上书，第46页。
④ 同上书，第43页。
⑤ 《通典》卷200《结骨国》，第5493页。
⑥ 《唐会要》卷100《结骨国》，第1784页。
⑦ 《新唐书》卷217下《黠戛斯传》，第6148页。

使用。

　　这种独特的雪上交通工具,也甚为中原文人所称道。如北宋苏轼对此就做过研究,并试图将其推广到江南。他讲到"吾尝在湖北,见农夫用秧马行泥中,极便",联想到"近读《唐书》回鹘黠戛斯传,其人以木马行水上,以板荐之,以曲木支腋下,一蹴辄百余步,意殆与秧马类欤?"①足见黠戛斯人因狩猎而创造的独特工具,产生了深远的影响。

　　至大蒙古国时期,乞儿吉思地区依然使用这种交通工具。拉施特撰写的《史集》,也关注到这种特有的冬日交通工具:因为在他们国内,山和森林很多,而且雪下得很大,所以冬天他们在雪面上打到许多野兽。他们制造一种名为"察纳(janeh)"的特别的板子,站在那板上用皮带做成缰绳,将它栓前端,然后手拿着棒并以棒撑地,滑行于雪面上,有如水上行舟。他们就这样用察纳"滑雪板"驰逐于原野上下,追杀山牛等动物。除自己踏着察纳外,他们还拖着连接起来的另一些"滑雪板"走,他们将打杀的野兽放在上面。即使放上百斤重物,也花不了多大力气,就可以轻快地行走在雪层上。②由于拥有了适宜的工具,整个冬天人们都能收获猎物,轻松运送回家,得以积存过冬的食物。

　　狩猎所得的动物皮毛除了用于交换,还被黠戛斯人视为最贵重的礼物。当成吉思汗派使者到乞儿乞思人(黠戛斯)时,那里的君主也派出使者并"将白海青、白骟马、黑貂鼠来拜见拙赤表示归

---

① 苏轼:《正文·补遗题秧马歌后四首》(之四),孔凡礼点校:《苏轼文集》第 5 册,中华书局 1986 年版,第 2153 页。
② 〔波斯〕拉施特著《史集》第 1 卷第 1 分册,商务印书馆 1986 年版,第 202、203 页。

附"①。狩猎获得的猎物远比金银珠宝珍贵，足以说明在黠戛斯人的观念中，历尽千辛万苦狩猎得到的猎物，才是表达心意的最好的礼物。

狩猎是黠戛斯人主要的经济来源，黠戛斯人狩猎所得的貂鼠皮毛，也是缴纳赋税的主要物资。黠戛斯人及其属部纳税，都是以"内貂鼠、青鼠为赋"②。黠戛斯人的狩猎所得，用于纳税、贡献、果腹生存，折射出人与自然的和谐。

狩猎虽然是黠戛斯人赖以生存的最基本的生产方式。但其实捕猎动物仅仅是黠戛斯人狩猎的一部分。因为境内多河流，鱼类品种也很丰富。《新唐书·黠戛斯传》记载，鱼类有"蔑者长七八尺，莫痕者无骨，口出颐下"。据苏联学者列文考证，"莫痕"就是常见于叶尼塞河且味道鲜美的"鲟鱼"。③因此，渔、猎并举让他们的食物种类，得以更加丰富。

（二）黠戛斯的农业

黠戛斯聚居的萨彦岭北坡，因为纬度高，气候寒冷，无霜期短，黠戛斯人农业种植的品种单一。但"土地"一词，在叶尼塞的碑铭中的频繁出现，考古也发现黠戛斯人使用犁铧、石磨、镰刀，可知黠戛斯也有农业经济生产。

在叶尼塞的碑铭中，发现了多处关于土地的铭文，如乌鲁格-谦、库里-谦等铭文，均发现了"耕地"（tarly）一词。④此外，

---

① 《蒙古秘史》第239节，余大钧译注：《蒙古秘史》，河北人民出版社2001年版，第394页。
② 《新唐书》卷217下《黠戛斯传》，第6148页。
③ 同上书，第6147页。列文：《西伯利亚民族》，苏联科学院1956年版，第42页。
④ 〔苏联〕A. 伯恩什达姆：《6至8世纪鄂尔浑叶尼塞突厥社会经济制度（东突厥汗国和黠戛斯）》，第206页。

《别格列碑》记载："我离开了我的土地以及我的河水。"《恰库尔碑》有"失去了卡查（？）土地"、"tarlyɤm/我的耕地"的字样。《阿尔腾库尔碑》载"我失去了（住在）我的土地上的我的虎氏族、我的勇士"，表明土地的所有权属于氏族。《乌尤克土兰碑》言："我艾古克卡屯离开了我的土地。"[①]从这些碑铭记载表明，黠戛斯人不仅从事农业生产，而且具有一定的规模。

黠戛斯人种植农作物的种类、生长期等相关内容，也见于汉文史料。《新唐书·黠戛斯传》载"气多寒"；"稼有禾、粟、大小麦、青稞，步硙以为面糜。穄以三月种，九月获，以饭，以酿酒，而无果蔬"。[②]黠戛斯地处北方，气候寒冷，以畜牧业为主，农业较少，农作物品种较为单一，以适应寒地的作物为主，如粟、大小麦、青稞等少数耐寒的农作物。因为无霜期短，农作物一年只能种一次，三月种植穄，九月收获。除了食用，还用来酿酒。黠戛斯科彼内的农业遗迹，出土了加工粮食的磨，直径大约50—70厘米[③]，印证了汉文献的记载。

米努辛斯克盆地出土过铁制农业工具，其中还发现了中原式犁铧，证实了黠戛斯确有农业耕作。发现的犁铧用生铁铸成，分量很重并且还带有犁镜，有的犁铧上还有工匠印记——鱼纹，十字纹，仿汉字，甚至有些犁铧的犁镜上还有汉字铭文"人造"二字。据考证，这种犁镜可能"造于唐代以前，很可能是造于五世纪"[④]。犁铧上

---

① 〔苏联〕A.伯恩什达姆：《6至8世纪鄂尔浑叶尼塞突厥社会经济制度（东突厥汗国和黠戛斯）》，第209页。
② 《新唐书》卷217下《黠戛斯传》，第6147页。
③ 〔苏联〕C.B.吉谢列夫：《南西伯利亚古代史》下册，第122页。
④ 同上书，第123页。

有制作工匠的印记，因此可以断定是来自中原。此外，黠戛斯人还自制装有三角形的犁铧尖端的犁，在米努辛斯克草原还发现了三齿犁的铁头。除了耕犁，黠戛斯分布的山区、河流沿岸等很多地区，还出土了各种各样的锄及铁镰等农具。公元9世纪，该地区还出现了有梃的镰刀，刀刃有很大的弯度，更便于收割。镰刀的产生和使用，反映出黠戛斯人当时已经大面积种植庄稼。考古发现表明"古代黠戛斯居民大规模经营农业，即使不太适宜种植的土地，他们也加以开拓，在那里修建大规模的水利设施"[1]。在威巴特草原发现的别亚河引水灌溉工程遗迹，水渠长度达 15—20 公里，灌溉的渠道相错密如蛛网。[2] 土地、农具以及与农业配套的水利设施遗迹的发现，反映了黠戛斯的农业发展水平。

综上，黠戛斯经济并非只是以畜牧业为主的单一经济模式，而是畜牧业、渔猎业、农业多种经济形式并存，呈现出畜牧、渔猎与农业同步发展、优势互补的态势。

二、采矿冶炼与手工业

黠戛斯的经济活动中，采矿、冶炼，尤其是铁的开采、冶炼、铸造，以及手工业加工技术，并不逊色于畜牧业与农业的发展程度，甚至具有较高的水平，促进了商业贸易的发展。

黠戛斯商业的发展，得益于丰富的野生自然资源：狩猎所获得的珍贵皮毛，森林资源中的一些名贵木材，手工业制品包括兵器、

---

[1] 〔苏联〕C. B. 吉谢列夫：《南西伯利亚古代史》下册，第 134 页。
[2] 同上书，第 123 页。

农具等,都是对外商业交流的主要输出物。此外,黄金与皮毛、麝香、胡图角(用于制作刀柄)、桦树皮(汉文记载"桦尤多",波斯文也有载)等,也深受贸易伙伴的欢迎。

有证据表明,黠戛斯也有一定的对外经济交流:西去可与中亚,与大食、粟特人交易;东行可与蒙古高原各部贸易;南下可达中原,用马匹与唐朝交易。考古发现的中原犁铧、钱币等,就是黠戛斯与唐朝来往的见证。

(一)采矿冶炼与铸造手工业

黠戛斯地区蕴含丰富的矿产资源,促使黠戛斯人学会了开采矿石,掌握了冶炼技术。采矿规模与冶炼技术的进步,带动了金属加工行业的发展,尤其是兵器、农具的制造。

汉文史籍的记载与黠戛斯考古发现相互印证。黠戛斯人从事的手工业行业,有我们熟知的铁矿开采与冶炼,金属器具的铸造和加工(包括农具和兵器),还有制陶业、首饰加工、制鞋、制鞍、石雕刻等多种行业。大蒙古国时期,乞儿吉思人居住的谦州地区仍以出产良铁闻名,也是成吉思汗驻兵,武器制造、手工业加工的重要基地。

黠戛斯的金属矿产资源、采集和加工,汉文史籍多有记载。唐代杜佑《通典》记载道"天每雨铁",黠戛斯人"收而用之,号曰迦沙,以为刀刃,甚铦利"。[①] 史料中"迦沙"一词,加拿大学者蒲立本认为,"迦沙"即黠戛斯语,中古汉语可构拟为 *kisaa-saa,突厥语是 *qaša 或 qša。此外,"雨铁"一词,蒲立本认为是陨铁,理由

---

① 《通典》卷200《结骨国》,第5493页。

是突厥语qša,意为"贵重的石头"。①"雨铁"现象,学界曾颇有争议②。此处记载之所以会产生歧义,源于宋代欧阳修撰写《新唐书》时,并没有因袭唐人杜佑"天每雨铁"的记载。《新唐书》也载,黠戛斯境内"有金、铁、锡,每雨,俗必得铁,号迦沙,为兵绝犀利,常以输突厥"③。分歧在于是因"下雨而见铁"还是"天下铁雨",即《新唐书》作者不认同陨铁的说法。宋代乐史撰《太平寰宇记》载:"其五金出铁与锡,《王会图》云:'其国每有天雨铁,收之以为刀剑,异于常铁。'曾问使者,隐而不答,但云铁甚坚利,工亦精巧,盖是其地中产铁,因暴雨洴树而出,既久经土蚀,故精利而,若每从天而雨,则人畜必遭击杀,理固不通。贾耽曰:'俗出好铁,号约迦沙,每输之于突厥。'此其实也。"④从中可见,杜佑与欧阳修所言,都没有完整引用或并不是直接引自黠戛斯人的口述。乐史编纂《太平寰宇记》时,不仅直接引用了唐太宗朝所著的《王会图》,还采取了唐人贾耽的观点。⑤揭晓了"雨铁"非"铁雨",只因为黠戛斯地藏

---

① 〔加〕蒲立本著:《柯尔克孜族称考》,李祥瑞、牛汝极:《阿尔泰学论丛》,新疆出版社1984年版,第129页。
② 黠戛斯人所言"雨铁"现象,至今仍有人解释为陨铁。如徐文堪:《关于"迦沙"》,《中华文史论丛》2008年第3期。也有学者持不同看法,如张旭东:《"迦沙"非陨铁》,《中华文史论丛》2008年第2期;张旭东:《再谈"迦沙"》,《中华文史论丛》2008年第4期。
③ 《新唐书》卷217下《黠戛斯传》,第6147页。
④ 《太平寰宇记》卷199《北狄·黠戛斯传》,第3822—3823页。
⑤ 《旧唐书》卷197《南蛮·东谢蛮》,第5274页。贞观三年(652),有载"中书侍郎颜师古奏言:'昔周武王时,天下太平,远国归款,周史乃书其事为王会篇。今万国来朝,至于此辈章服,实可图写,今请撰为王会图。'从之"。《王会图》之说,始自三代,此举以后历代都有沿袭。唐人宗朝、武宗朝均做了包括黠戛斯各部使者等画像与其所述来处的《王会图》,惜今早已佚,乐史的描述可见其当见过唐代的诸朝《王会图》。

露天铁矿,所以,经雨水冲刷才现出了铁矿石。

公元前3至4世纪,南西伯利亚米努辛斯克地区,就进入了铁器时代。[①]铁被广泛地用于制造兵器、农具。古代黠戛斯人,除了采集矿石还精于冶铁、锻制工具和兵器,留下了许多铁矿场、熔铁炉的遗迹,这些遗迹分布在米努辛斯克盆地周围的山里,萨彦岭和阿尔泰的支脉,盆地草原的中心如土巴河沿岸等地。[②]进一步的考古发掘还表明,从事炼铁和加工铁器的工匠,是与农业村落分开居住的,他们选择靠近水源的地方集中居住。尤其在叶尼塞河及其支流——阿巴干河、土巴河、奥亚河沿岸的沙丘、松林等处,发现了大量的生吹炼铁工场的遗址。在米努辛斯克地区的所有松林中,几乎都发现了古代熔炼铁矿的遗迹。铁匠聚聚的村落遗址,遍布叶尼塞河沿岸。

冶炼铁矿的炼炉,被安放在沙丘南偏东南的斜坡,便于通风与排除废气。他们就地取材,用松林的木材烧制木炭,做冶铁的燃料。生铁炼成熟铁,供进一步锻造加工。由于矿石的质量好,所以炼出来的熟铁质量很高。考古发现,铁匠们炼好的熟铁并不在附近加工,而是带到了别处再处理。因为冶铁炉周边没有发现生活日用品。以小科彼内村遗址为例,遗址范围内的耕地上,没有炭屑矿渣堆,也没有冶炼铁矿的遗迹。但2公里外的同时期的科彼内-卡腊盖沙丘遗址,却遍布炭屑、矿渣、炉子的遗迹。从事手工业的村落,大都发现于沿河岸边,依水而居,尤其是交通便利的叶尼塞河水系的附近。水系附近,是铁匠比较集中的地方,冬季的叶尼塞河是"通往南方

---

① 〔苏联〕A. Л. 蒙盖特:《苏联考古学》,第137页。
② 〔苏联〕C. B. 吉谢列夫:《南西伯利亚古代史》下册,第124页。

走出萨彦岭的唯一道路"。① 他们不仅要考虑炼铁、加工铁的用水问题，还会留意到铁器的外销问题。依水而居，不仅便利生产也易于产品的运输与交换。

出土的实物表明，黠戛斯铁匠不仅能锻制农具，如本地的铧、镰和锄等，还能制造斧等砍伐工具，仅米努辛斯克博物馆，就收藏了不同时期的铧、镰、锄和斧等器具，编号从914到1117号大约有204件，制作规模可见一斑。②

畜牧业的发达，促进了马具制造业的繁荣。公元6至8世纪的黠戛斯墓葬就出土了大量的马具，如马镫、马衔、马鞍带扣、马身饰物等，反映出手工业的工艺精湛及生产规模。手工业行业最主要的是铁器制造，这与黠戛斯人对武器的需求相关。犁耕农业的流行，则要求有更多的铁制造犁铧、犁镜、镰刀和其他工具。铁也是制造马具的主要材料。因此，采矿、冶铁、制造就形成了一条经济链。③ 铁的开采、冶炼和加工武装了军队、带动了农业发展，促进了与邻族、中亚地区和唐朝的交换。

优良的弓箭及刀、剑、盾等铁制兵器，是黠戛斯军队的主要装备，声名远播并为中原人所知。《太平寰宇记》载，黠戛斯"铁甚坚利，工亦精巧"④；"其兵器多用盾牌及弓箭"⑤。这些装备是黠戛斯军队战斗力的主要保障，也是其手工业发达的反映。公元6至8世纪黠戛斯的兵器遗存中，数量最多的是铁镞，仅米努辛斯克博物馆就

---

① 〔苏联〕C. B. 吉谢列夫：《南西伯利亚古代史》下册，第125页。
② 同上书，第200页。
③ 同上书，第126页。
④ 《太平寰宇记》卷199《北狄·黠戛斯传》，第3822页。
⑤ 同上书，第3833页。

收藏了 4144 件，此外还有其他兵器出土。箭镞集中发现于叶尼塞河上游，不同时期的箭镞，具有不同的特征。公元 6 至 8 世纪，黠戛斯人主要制造三棱、三翼镞，平刃、顶端较薄，呈铲形的扁镞，它们与阿尔泰镞完全相同。公元 9 至 10 世纪，黠戛斯人则制造菱形的、两面有不高的棱的扁平厚镞。黠戛斯是公元 5 至 10 世纪萨彦-阿尔泰地区所用箭镞的制造中心，可谓实至名归。①

箭镞之外，黠戛斯铁匠还制造其他武器，如剑和短剑。剑的特征是很长（约 80—90 厘米），平刃，有直格。柄是木料或皮革装在铤上。短剑的形制最初近于三角形，有铤，像公元 6—8 世纪的阿尔泰短剑。稍晚至公元 9—10 世纪，黠戛斯人开始制造双刃几乎平行而剑身较宽的短剑。威巴特恰阿塔斯坟墓出土的一件短剑，有铤，柄与剑身形成一个拆角，像公元 8—9 世纪的某些马刀的样子。剑格的结构也同后者相似。黠戛斯人矛用得较少，出土的矛头也比较罕见，形状像猎熊的大矛。②

除了兵器，黠戛斯军士护身的武器，也值得称道。汉文文献载"其战有弓矢、旗帜，其骑士析木为盾，蔽股足，又以圆盾传肩，而捍矢刃"③。这种特制的盾牌"以捍箭，箭不能裂"④。在对敌作战中，这些装备对将领与士兵们起到了很好的保护作用。

盾、盔甲等形制，可从黠戛斯人刻于岩石的图画上得以印证。科彼内的浮雕人像前方膝部有盾。在苏列克岩画上，还可见圆形的护胸盾，椭圆形的护肩盾等，在人体不同部位相应地配以不同形制

---

① 〔苏联〕C. B. 吉谢列夫：《南西伯利亚古代史》下册，第 126 页。
② 同上。
③ 《新唐书》卷 217 下《黠戛斯传》，第 6147 页。
④ 《太平寰宇记》卷 199《北狄·黠戛斯传》，第 3823 页。

的盾。黠戛斯兵士甲胄的外形，还可根据叶尼塞河沿岸岩画上的武士像来复原。在叶尼塞河沿岸，特别是从苏列克村附近的岩画上和塔舍巴河畔恰阿塔斯坟墓的一块石上，清晰地看到长及膝盖的甲胄。岩画上也有黠戛斯盔的形状，是东方常见的尖顶盔。[1]

在米努辛斯克盆地的波克洛夫斯克窖藏，考古学家们发现了属于黠戛斯文化的铠甲碎片，并将其复原成有护胸、护肩，袖口下摆都有甲片的样子。米努辛斯克盆地发现了大量的中世纪晚期的铠甲衣。中世纪发达时期之初，米努辛斯克盆地和图瓦的叶尼塞黠戛斯人的大公们，尚未独立的时候就能制造这样的铠甲。后来，在蒙古帝国统治时期，乞儿吉思人仍然使用这种铠甲。[2]

除各种各样的工具和武器外，黠戛斯铁匠还大量制造各种马具部件。在米努辛斯克盆地发掘的公元6—8世纪墓葬中，曾发现许多马衔、马镫、马鞍带扣等马具。根据这些出土物和比较资料，可以断定各种马具形制的发展序列。[3]

公元9到10世纪，叶尼塞沿岸制造的马镫，有些薄片呈高高凸起状，同时，弧形铁的两侧与镫板之间弯曲得也很别致。这与同时期中国所出一种铜马镫完全相同。威巴特恰阿塔斯5号塚出土的一件马镫，更直接表明薄片耳的马镫形制是起源于中国。马镫饰上华丽的银盘枝卷曲的银质花草纹之间，还嵌有展翅飞翔的鎏金铜鸟。直到公元9—10世纪在叶尼塞河沿岸，黠戛斯人还制造带有薄片耳

---

[1] 〔苏联〕C. B. 吉谢列夫：《南西伯利亚古代史》下册，第126页。
[2] 〔俄〕Ю. C. 胡佳科夫：《萨彦-阿尔泰古代和中世纪游牧民的武器窖藏》，内蒙古博物院、内蒙古自治区文物考古研究所编：《中国北方及蒙古、贝加尔、西伯利亚地区古代文化》（中），科学出版社2015年版，第492页。
[3] 〔苏联〕C. B. 吉谢列夫：《南西伯利亚古代史》下册，第126页。

的马镫,如秋赫加塔窖藏就有这种马镫。① 与之十分相似的纹饰,也出现在唐代的铜镜、金盘上。由此可见,遥远的叶尼塞河沿岸的手工业制造,与中原存在着密切的技术交流。

(二) 其他手工业制造

黠戛斯制陶业也很发达。公元6至8世纪小科彼内遗址,黠戛斯的墓葬就出土了大量的在陶轮上精心制作的深腹陶瓶,考古学家称之为"黠戛斯瓶"。② 这种陶瓶的特点是胎质非常特别,有如石头般的质感。它的形制是器腹作长卵形,高颈,敞口,肩部有一圈用模子连续压印的杉针形宽带纹。从"黠戛斯瓶"与粗陶器一起被陪葬的现象,可见其具有一定的制作规模。③

黠戛斯陶瓶的外形,同中国北部、蒙古和布里亚特出土的某些陶器相似。公元6—7世纪蒙古诺音泰苏木一座古墓,也出土了一件与黠戛斯瓶非常相似的陶瓶。④ 不仅形状和陶质一致,而且纹饰也相同。从纹饰上的特征看,这种瓶子可追溯至古代匈奴时期。⑤ 同类型的瓶子,还发现于色楞格河、欧侬河、契卡河及其他河流域的回鹘古城址及房屋遗址。瓶子上有连续扣连的菱格带状纹饰,形状类似黠戛斯人制造的瓶子,但不如黠戛斯人采用的土质好。⑥ 这种极具特

---

① 〔苏联〕C. B. 吉谢列夫:《南西伯利亚古代史》下册,第126页。
② 同上书,第131页。
③ 同上书,第136页。
④ 同上书,第131页。
⑤ 〔哈〕阿不来提·卡玛洛夫:《8—9世纪中亚游牧回鹘人的物质文化》,彭杰译,《新疆师范大学学报》2005年第2期。
⑥ 同上。

色纹饰的陶瓶,在蒙古和布里亚特地区也有发现,尤其在黠戛斯米努辛斯克盆地大量出土。[1] 这说明北方游牧民族的历史文化传承,不仅体现在政治、军事、生活等方面,还表现在手工业制造方面的交流与融合。

除了陶器制作,黠戛斯还有饰物匠人,主要制品是随身饰物,包括带饰、络饰。在卡普查勒1号墓、库迪尔格墓就发现了马具的配饰、胸前戴的配饰等实物[2]。在属于公元6至8世纪的出土工艺品中,有包金叶、银叶和铜叶,制作工艺精致考究的木雕制品,其中以绵羊雕像最为流行。此外,黠戛斯还能生产"牛角做的刀把"[3],黠戛斯人精于加工牛角,并能将其做成各种刀把,从加工工艺角度看,也非一般工匠所为。这些物品当时畅销于中亚地区,生产加工的规模当也较大。

苏联考古学家蒙盖特撰写的《苏联考古学》一书,记述了在叶尼塞河畔的科品(彼)内村附近的恰阿塔斯,由苏联考古学家A. 叶芙秋置娃和 C. B. 吉谢列夫发现的一座古墓。这座古墓被认为是一座属于7—8世纪基尔吉兹(黠戛斯)贵族的厚葬墓。墓中出土了两件金罐,上刻着树枝和花朵的浮雕,其间有怪枭啄鱼图。金盘上刻着飞禽和花卉。另有描写狩猎情景的青铜雕像,也极为优美:浮雕画面上骑马奔驰的骑士,转身用弓箭射击来袭的猛虎,几只雪豹、牡鹿和野猪在骑士的前方逃逸。这些雕像当是马鞍上的装饰品。蒙盖特认为,科品(彼)内出土的器物,是基尔吉兹(黠戛斯)人

---

[1] 〔苏联〕C. B. 吉谢列夫:《南西伯利亚古代史》下册,第131页。
[2] 同上书,第127页。
[3] 〔波斯〕佚名:《世界境域志》,第66页。

具有高度艺术的明证。①

由于萨彦岭盛产玉石，所以，黠戛斯的玉石加工也具有一定水平。唐会昌三年（843），唐将击败回鹘乌介可汗，被其挟持的太和公主也被迎回太原。为此，唐使者曾慰劳太和公主，以"黠戛斯所献白貂皮、玉指环往赐"②。此玉指环虽然不排除是外贸而来，但也可能是黠戛斯人自己制造的。唐代文人也提到了黠戛斯的玉器：唐大历二年（767），杜甫在诗中，就抒发了"勃律天西采玉河，坚昆碧碗最来多"的感慨③。诗中所指的"坚昆碧碗"显然是黠戛斯出产的玉质制品，由此可推断"玉指环"也出自黠戛斯工匠人之手。

除了铁匠、铸工、武器匠人、制陶工、制鞋匠、马鞍匠，黠戛斯岩画上还可见首饰匠、美工匠、装饰箭和马鞍的骨雕和木雕匠人。如威巴特的铭文，就是石匠以及雕刻铭文的文字雕刻匠的铭文，该工匠被冠以"能工巧匠之子"的称谓。④可见，黠戛斯人中会各种工艺的工匠能手，多数都系家传世袭而成。

13世纪，乞儿乞思被蒙古帝国所灭。叶尼塞河流域的灌溉系统因而荒废，手工业也日趋衰落了。⑤

三、黠戛斯的商业

公元6世纪到9世纪期间，黠戛斯同唐朝、吐蕃和其他国家建

---

① 〔苏联〕А.Л.蒙盖特：《苏联考古学》，第285页。
② 《新唐书》卷83《定安公主传》，太和公主从回鹘返唐以后，受封为定安公主。第3669页。
③ 《全唐诗》卷230，《喜闻盗贼蕃寇总退口号五首》，第2520页。
④ 〔苏联〕С.В.吉谢列夫：《南西伯利亚古代史》下册，第131页。
⑤ 〔苏联〕А.Л.蒙盖特：《苏联考古学》，第287页。

立了外交和商业联系。黠戛斯商队来到大唐边关，进行马匹互市。在黠戛斯的考古发现中，出土了漆器、瓷器、犁铧、模具、铜镜和钱币等中原器物，反映了黠戛斯与唐朝贸易联系。黠戛斯与吐蕃、大食、葛逻禄和中亚，也有活跃的贸易记载。

（一）黠戛斯与中原王朝的贸易

汉文文献与叶尼塞河沿岸的考古发掘表明，黠戛斯与中原王朝的贸易关系，始自并全盛于唐朝时期，直到元朝仍很活跃。

黠戛斯与中原贸易的发展，伴随着各个历史时期的政治形势而变化。魏晋时期，中国正处于多个政权并存的历史混乱状态，自然影响了与北方民族的经济交流。其后，北方柔然与突厥、回鹘等游牧政权先后兴起，再度制约了北方与中原的贸易来往。840年，漠北回鹘汗国覆亡后，黠戛斯与唐之间商业贸易较之以前更加频繁。迄今为止，9世纪前的中原钱币在萨彦岭以北地区出土的很少，仅见西魏恭帝拓跋廓元年（554）的四枚货币。因为没有直接的史料记载，推测这几枚钱币或许来自来往的商人。841—846年间，这一地区发现了多达237枚唐代钱币。[1] 叶尼塞上游出土的唐代钱币的数额，反映了不同时期黠戛斯与唐朝的联系程度。据哈卡斯米努辛斯克博物馆馆藏，唐高祖武德四年（621）的钱币，出土了45枚。唐肃宗乾元年间（758—759）的货币，发现了12枚。德宗建中元年（780）年的货币，仅出土6枚。因为此间回鹘阻隔了交通，所以双方的往

---

[1]〔苏联〕C. B. 吉谢列夫：《南西伯利亚古代史》下册，第131页。货币编号：唐高祖时期（3293-3339号）；乾元年间（3244-68、3617-18、3709、710、716、718、720号）；德宗建元年间（5177-715、717号）；武宗年间（5340-5558、5279-90、5816、5884-5886号，另外5枚编号不明）；宋朝（5569、5574-5609号）。

来几乎断绝。唐宪宗元和九年至武宗会昌六年（814—846）的钱币，出土了237枚。公元10世纪末至11世纪，宋朝的钱币，出土了37枚。公元金代的货币，出土8枚。在米努辛斯克盆地，也发现了辽朝的钱币[①]，可证黠戛斯与辽王朝的联系。从出土的历代中原王朝钱币数量，大略可知黠戛斯对中原的贸易，主要集中在唐朝时期，尤其是武宗朝。宋、金、元时期的中原货币，黠戛斯发现的数量明显变少，说明当时黠戛斯的对外经济交流不再通畅。

黠戛斯与唐朝的往来，会因北方草原大环境的影响时断时续。自太宗朝入唐之后，高宗上元三年（676）二月乙亥，"坚昆献名马"[②]。唐高宗永淳元年（682）之后，后突厥汗国的兴起与强大，黠戛斯也处于发展阶段，双方的关系十分紧张。为了扼制黠戛斯的发展势头，后突厥汗国曾经前后两次进攻黠戛斯，黠戛斯遭到沉重的打击。因此，高宗朝的来往较少。

唐中宗景龙年间（707—710），黠戛斯再入朝献方物。玄宗朝，唐与突厥的关系稍有缓和，黠戛斯得以数次入朝。开元十五年（727），唐玄宗许于朔方军西受降城（今内蒙古自治区巴彦淖尔市乌拉特中旗库伦补隆古城）为北方互市之所。[③] 唐西受降城是黠戛斯经由回鹘牙帐，抵达唐朝最近的城池。具体路线如《新唐书·黠戛斯传》所载，"阿热牙至回鹘牙所，橐它四十日行。使者道出天德右二百里许抵西受降城，北三百里许至鹨鹈泉，泉西北至回鹘牙

[①] 〔苏联〕Ю. С. 胡德雅科夫：《连接古丝绸之路和南西伯利亚的商道》，联合国教科文组织、中国社会科学院考古研究所编：《十世纪以前的丝绸之路和东西文化交流》，新世界出版社1996年版，第119—134页。
[②] 《旧唐书》卷5《高宗本纪》，第101页。
[③] 周清澍：《内蒙古历史地理》，内蒙古大学出版社1994年版，第63页。

千五百里"①。阿热牙至回鹘牙所，骆驼行走四十天，从回鹘牙帐向南行一千五百里至鹏鹈泉（乌尼乌苏河，今内蒙古巴彦淖尔市乌拉特后旗境内）②，再向南行三百多里就到了唐西受降城。从回鹘汗牙到西受降城，沿途都设有驿站，方便过往商队留宿。在唐朝的西受降城，坚昆主要用马匹从唐方面换取丝绸。

史册所见坚昆首次驱马入唐交易的时间，大约是开元二十一年至开元二十二年间（733—734）。玄宗朝时任宰相张九龄《敕突厥可汗书》，言"苏农贺勒兼领坚昆马来，朕以一年再市"；"令赐苏农贺勒下及坚昆使下总二万匹绢，任其市易"；"其马今并勒令却去"。③坚昆随突厥入唐交易马匹，唐却没有与之全部交易。据《全唐文》载，关于此次唐玄宗不予交易全部马匹的事，张九龄曾连续撰写了三篇《敕突厥可汗书》，此是第一篇。唐之所以不予交易的缘由，如张九龄再撰《敕突厥可汗书》所言："去年所将马来，其数倍多，又有诸蕃马来"；"往者先可汗在日，每年约马不过三四千匹，马既无多，物亦易办。此度所纳，前后一万四千，缘儿初立可汗，朕又约为父

---

① 《新唐书》卷217下《黠戛斯传》，第6148页。
② 严耕望：《唐代交通图考》篇15《唐回鹘三道》，严先生将鹏鹈泉定位于乌尼乌苏河，严耕望：《唐代交通图考》，上海古籍出版社2007年版，第613页。
③ 《全唐文》卷286《敕突厥可汗书》，第2903页。全文如下："敕州可汗：比来和市，常有限约，承前马数，不过数千。去岁以儿初立，欲相优赏，特勒欲谷前至，纳马倍多，故总与留著，已给物市买。中间苏农贺勒兼领坚昆马来，朕以一年再市，旧无此法，哥解骨支去日，丁宁示意，又移健达后到，亦以理报知，不遣重来，须存信约。遂不依处分，驱马直来，无礼无信，是何道理？朕缘儿义重，深为含容，论其无知，岂能不怪？计儿忠孝，必无非理，未委此等，何故而然！总其远来，碛踘艰苦，勒令却退去，似不相亲，令觐都，赐苏农贺勒下及坚昆使下总二万匹绢，任其市易，想儿知之。其马今并勒令却去，至彼之日，以理告示也。夏末甚热，儿及平章事并平安好，遣书指不多及"。

子，恩义相及，不可却回，所以总留，计物五十万匹。"[1] 由于突厥等北方各部频繁前来交换马匹，尤其是突厥连年交易马匹，对唐玄宗朝来讲，已然是一种负担。所以，此次唐朝没有与坚昆（黠戛斯）交易全部马匹，是因为突厥违背了与唐玄宗朝的交易约定，连带坚昆的交易也受到了影响。

天宝三载（744），后突厥汗国灭亡后，黠戛斯与中原唐朝的贸易获得重新发展的机会。天宝六载（747）四月，"突厥九姓献马一百五十匹，坚昆献马九十八匹"[2]；十二月，九姓坚昆及室韦，"献马六十匹，令于西受降城使纳之"[3]。唐玄宗朝，黠戛斯使者与商队多次往来于西受降城丝道，与唐进行边境贸易。

现藏于今米努辛斯克市博物馆的一面唐代"鹊绕花枝镜"，也见证了此间黠戛斯与唐朝的联系。"铜镜为八出菱花式，圆钮。镜面水银古，局部绿锈；镜背亦包饰水银古，有小面积绿锈。镜背内区纹饰配置有对向布局的四枝花枝，间配对称布局的两只飞鹊、两只站立的鸿雁。外区为八出菱花边，分别对称配置四支小花枝和四只飞舞的蜜蜂。铜镜形制及装饰内容，与唐代同式鹊绕花枝镜完全一致，是典型的鹊绕花枝菱花形镜"[4]。据考"鹊绕花枝镜"是唐代最为流行的花式镜之一，且仅流行于唐中宗神龙（705—707）至玄宗天宝年

---

[1] 《全唐文》卷286《敕突厥可汗书》，第2903页。
[2] 《册府元龟》卷971《外臣部·朝贡四》，第11412页。
[3] 《唐会要》卷72《马》，第1303页。
[4] 武仙竹、王照魁：《鹊影菱花满光彩——俄罗斯米努辛斯克盆地古代文明交融新证》，《大众考古》2016年第4期。据考该镜出土于今俄罗斯东西伯利亚克拉斯诺亚尔斯克边疆区南部的米努辛斯克市西南郊的甜菜村附近的一处墓地。孔祥星、刘一曼的《中国古代铜镜》对该式铜镜有记述，在湖北十堰博物馆馆藏铜镜、安徽宿州博物馆馆藏铜镜、河南新郑唐墓出土铜镜中，均可见到同式铜镜。该铜镜保存完好，目前，国内仅存的三块同款，品相都不如该镜精美。

间（742—756），这也是黠戛斯与唐联系最密切的时期。至于是否是与唐朝贸易而来，抑或是来自唐朝赏赐，暂不得知。

随着漠北回鹘的逐渐强大，至"乾元中，（黠戛斯）为回鹘所破，自是不能通中国"[①]。黠戛斯遭到回鹘的重创，且回鹘控制着通往中原的道路，黠戛斯与唐朝的联系被迫中断。公元9世纪初，随着黠戛斯国势的逐渐强大，直到击溃回鹘的840年以后，黠戛斯才重新与唐朝恢复了联系。

综上可见，公元前3世纪，匈奴征服了萨彦岭–阿尔泰山地区，打开了其对外尤其是与蒙古高原的通道。檀石槐鲜卑军事大联盟时期，鲜卑西部大人的军卒踏入了这片土地。柔然人也或许来过，西魏恭帝元年的货币很可能就是柔然人带过来的，虽然仅仅四枚，也会让人遐想无限。唐朝是黠戛斯与中原联系最密切的王朝，汉文文献与出土的唐朝货币，见证黠戛斯了与唐朝的经济往来。叶尼塞地区发现的唐朝的漆器、瓷器、犁头、模具、铜镜和钱币等，足以为证。[②] 黠戛斯与唐朝的交流，并不仅仅局限在政治或经济方面，在手工业制造的技术与工艺方面，双方也有交流与影响。古谢列夫在《南西伯利亚古代史》中指出，黠戛斯的工匠"他们能够创造性地移植中国、波斯和远方拜占庭的工艺美术标本"[③]。在黠戛斯发现的金盘、漆器、陶器等制品，与同时期中国唐朝的同类产品有极其类似的工艺与图案。说明古代黠戛斯人与中原王朝存在着长期的交流，双方工匠们的技艺在相互之间也产生影响。

[①] 《新唐书》卷217下《黠戛斯传》，第6149页。
[②] 〔苏联〕C. B. 吉谢列夫：《南西伯利亚古代史》下册，第131页。
[③] 同上书，第137页。

（二）黠戛斯的其他贸易对象

黠戛斯对外贸易的主要物品，中亚文献记载主要是名贵的香料麝香。阿拉伯的商人早已知道那里盛产麝香等名贵稀有特产，并清楚地描述了去黠戛斯的路线。波斯人与黠戛斯的贸易交换，见于《世界境域志》的记载，黠戛斯部落境内的图拉斯山（TULAS，今阿尔泰山脉的一部分），"山中有黑豹、灰松鼠和麝。黠戛斯境内的山脉中，有麝、犀牛——[角]、灰松鼠和黑豹"[①]；"黠戛斯国出产大量麝香，皮毛，Khadang 木，Khalanj 木，和牛角做的刀把"。此外，黠戛斯西部另一个名为 K. SAYM 的氏族，也会"猎取皮毛，麝香，犀牛（角）等类"[②]。这些特产，是黠戛斯对外贸易的主要商品。穆斯林的商队不远千里来到黠戛斯，只为了交易名贵的麝香。[③] 此外，黠戛斯森林资源非常丰富，树木品种也很多，而"桦尤多"。桦树皮是当时人们生活的必需品，也是与外界交换的主要物资。

黠戛斯注重与外界的交往，用丰富的物产换取自己所需的生活用品，包括奢侈品，所以，黠戛斯对外贸易需求较为主动、活跃。《新唐书·黠戛斯传》载，黠戛斯人"女衣罽毼、锦、罽、绫，盖安西、北庭、大食所贸售也"[④]。来自各地的商人们，将阿拉伯地区及安西、北庭出产的罽毼、罽等精美的毛织品和锦、绫等华丽精致的丝织物，与黠戛斯人贸易以获取其所需。

---

① 〔波斯〕佚名：《世界境域志》，第 37 页。
② 同上书，第 66 页。
③ 〔苏联〕威廉·巴托尔德：《中亚突厥史十二讲》，罗致平译，第 33 页。
④ 《新唐书》卷 217 下《黠戛斯传》，第 6147 页。考北庭（今吉木萨尔护堡子古城遗址）唐代开始在这里设置庭州，后成为北庭都护府治所，是天山北麓的交通枢纽和政治中心。安西是指唐代安西都护府，其治所在龟兹城（库车皮郎古城遗址），共辖有疏勒（今喀什附近）、龟兹、于阗、碎叶等"四镇"。

黠戛斯在发展对外贸易的同时,还充当了护送保护来往商队的角色。因为当时漠北回鹘国势强大并占据交通要道,大食等国家的商队担心遭到回鹘劫掠,就转而寻求黠戛斯的保护。史载"大食有重锦,其载二十橐它乃胜,既不可兼负,故裁为二十匹。每三岁一饷黠戛斯"①。大食出产重锦,一块需要裁成二十匹,用二十峰骆驼才能驼得动。因为时常遭遇漠北回鹘人的劫掠,来往的大食商人借助于黠戛斯人的保护,商队得以顺利通行并贸易。所以,他们每三年都要送一批重锦,作为给黠戛斯人的回报。

(三)黠戛斯的对外贸易路线

尽管叶尼塞河地区地处偏远,却从未被排除在草原丝绸之路或玉石之路的交易范围之外。汉文文献记载,黠戛斯通往唐朝、回鹘牙帐与西方的道路,都离不开古代丝绸之路的草原古道。

唐德宗宰相贾耽所撰的《皇华四达记》,记载了从长安出发通向四方边域的路线,其中"四曰中受降城入回鹘道"②。黠戛斯与唐朝的往来,可经由中受降城与回鹘道往返。《新唐书·地理志》记载,从唐长安出发至中受降城,有两条路可至回鹘牙帐:其一,"中受降城正北如东八十里,有呼延谷,谷南口有呼延栅,谷北口有归唐栅,车道也,入回鹘使所经。又五百里至鹈鹕泉,又十里入碛,经麕鹿山、鹿耳山、错甲山,八百里至山燕子井。又西北经密粟山、达旦泊、野马泊、可汗泉、横岭、绵泉、镜泊,七百里至回鹘衙帐"。其二,"又别道自鹈鹕泉北经公主城、眉间城、怛罗思山、赤崖、盐

---

① 《新唐书》卷217下《黠戛斯传》,第6149页。
② 《新唐书》卷43下《地理志·羁縻府州》,第1146页。

泊、浑义河、炉门山、木烛岭,千五百里亦至回鹘衙帐"。回鹘牙帐"东有平野,西据乌德鞬山,南依嗢昆水,北六七百里至仙娥河,河北岸有富贵城。又正北如东过雪山松桦林及诸泉泊,千五百里至骨利干,又西十三日行至都播部落,又北六七日至坚昆部落,有牢山、剑水"①。

公元7到8世纪,米努辛斯克盆地与唐朝的交通基本顺畅,黠戛斯通过这条道路向唐朝输送骏马。这条从唐中受降城经由回鹘牙帐至黠戛斯的路线,《新唐书·地理志·羁縻府州》也有记载:从中受降城(今内蒙古包头南)出呼延谷(今内蒙古包头市北昆都仑河谷)是一条车道,也是回鹘等北方各部入唐的主道。北行五百里至䴙䴘泉(乌尼乌苏河,今内蒙古巴彦淖尔市乌拉特后旗境内),至此向北,路分两条:一条路程是"七百里至回鹘衙帐";另一条有点绕远,路程是"千五百里亦至回鹘衙帐"。

回鹘牙帐行至黠戛斯阿热牙帐,骆驼要行走四十日。从回鹘牙帐"哈拉巴勒嘎斯"所在的仙娥河(今色楞格河)北岸出发,再北至骨利干(今俄罗斯布里亚特自治共和国)之后,又西转至都播(今俄罗斯图瓦自治共和国),再北转可至黠戛斯(今南西伯利亚叶尼塞河上游)。具体路线是从回鹘所在地的鄂尔浑河畔,进入色楞格河上游,沿特斯河谷底,穿越唐努乌拉山脉到达叶尼塞河上游。还有一种可能是沿戈壁沙漠北沿和东沿以及阿尔泰山进入大湖盆地,并穿过唐努乌拉山脉和萨彦岭,最终进入抵达黠戛斯。

公元9到11世纪的中亚文献《迦尔迪齐论突厥》记载,从黠

---

① 《新唐书》卷43下《地理志·羁縻府州》,第1148—1149页。同样记载,见《新唐书》卷217下《黠戛斯传》,第6148页。

戛斯可汗的牙帐出发，有三条道路通向远方：一条是通往南方的回鹘路，也是黠戛斯经由回鹘入唐的主要通道；另一条路通往西方的基马克汗国和 Khalluks；第三条路通往西伯利亚草原，可达豁里（Quri）部落，需要行走三个月。①

黠戛斯可汗的牙帐，去往南方回鹘的路。要穿过萨彦岭、图瓦盆地和唐努乌拉山脉，最后到达"蒙古草原遍布大湖的盆地"②。

黠戛斯大汗的牙帐"向西"通向基马克（Kimaks）和葛逻禄。从叶尼塞通往 Cis-Chulim 地区及东欧。这条路线的走向，可能是从米努辛斯克盆地南部穿过 Kuznctsk Platau 到达托木河谷，再穿过鄂毕河和阿列伊河到达额尔齐斯河上游，并继续向前到达七河地区。③ 突骑施和 Horesmic 硬币、镜子、串珠等物品的发现表明，在很长的时期内，这条路从七河地区通往额尔齐斯河上游和鄂毕河上游，直趋钦察草原至欧洲，此即连接阿尔泰草原丝绸之路的"林中大道"。④ 黠戛斯与中亚的联系，反之也可从撒马尔罕出发由七河流域东行可达可塔格（Ektag），经北庭可至叶尼塞河上游的黠戛斯。

公元 7 世纪中期，黠戛斯就与泽拉夫善河谷的粟特人建立了直接的联系。黠戛斯人从曳至河（额尔齐斯河）往西，就可到达锡尔

---

① 〔匈〕A. P. 马尔丁奈兹：《迦尔迪齐论突厥》，何天明、云广主编：《朔方论丛》第 4 辑，第 202 页。
② 〔苏联〕Ю. C. 胡德雅科夫：《连接古丝绸之路和南西伯利亚的商道》，联合国教科文组织、中国社会科学院考古研究所编：《十世纪以前的丝绸之路和东西文化交流》，第 119—134 页。
③ 同上。
④ 张志尧主编：《草原丝绸之路与中亚文明》，新疆美术出版社 1994 年版，第 83 页。

河流域的粟特人居留的地方。[①] 公元 9 世纪初，摩尼教寺院已普遍存在于天山以南的高昌、龟兹、焉耆、乌什、阿克苏和天山以北的北庭。这些信奉摩尼教的粟特商人将丝绸等产品转输给了黠戛斯。又将黠戛斯的金属加工与独特稀有物产远播。

四、黠戛斯的赋税

论及黠戛斯的经济，不免涉及其赋税问题，就汉文史料记载而言，此类内容的史料也很零散。但考古发现的实物史料证实，公元 8 世纪以前，黠戛斯人及其属部已经由"内貂鼠、青鼠为赋"，转变为缴纳"金银"，从实物税过渡到以金银为主的货币税。纳税的方式是衡量社会进步与经济发展的标尺，也是黠戛斯经济发展与进步的显著标志。

黠戛斯早期的赋税以实物为主。黠戛斯所处地区林木茂盛，有丰富的野生动物资源。所以，狩猎是主要生产方式。从《新唐书》与《太平寰宇记》所载，可知，黠戛斯"人好狩猎"，因此狩猎业相对发达。早期黠戛斯人"其税输貂皮及青鼠"[②]，即以猎获所得的"内貂鼠、青鼠为赋"[③]，纳税实物是珍贵的动物皮毛。以猎取的动物及其皮毛来抵赋、税的方式，应属于实物税范畴。黠戛斯与唐朝的接触，始于公元 7 世纪中叶，此间黠戛斯的赋税当以实物税为主。

公元 8 至 10 世纪左右，黠戛斯人的纳税形式发生了变化。突厥

[①] 〔苏联〕威廉·巴托尔德：《中亚突厥史十二讲》，罗致平译，第 45 页。
[②] 《新唐书》卷 217 下《黠戛斯传》，第 6149 页。
[③] 同上书，第 6148 页。

碑文及黠戛斯出土的部分金属器皿上的铭文，显示出其纳税不再以实物，而代之以金银为主的货币。

黠戛斯小科彼内 2 号冢，出土过一个素面小金瓶，瓶底的鄂尔浑－叶尼塞铭文写的是"baglkkms baartimiz/ 匈的银子，我们交了"[①]，纳税已由实纳税物转成金银。黠戛斯人要定期以金银纳税，黠戛斯的属部也同样用金银纳税。另出土的小金罐的底部，用鄂尔浑－叶尼塞铭文刻着"altuns(?) ïyacin/ 金子……阿齐之贡礼"[②]，黠戛斯的属部用金子缴纳贡礼。另一方面，庶民要向可汗及匈同步缴税。黠戛斯人从早期用猎取的猎物缴纳赋税，到用金银抵税。赋税从实物税改为用货币纳税，折射出黠戛斯经济发展及文明程度的进步。

公元 6 至 10 世纪，黠戛斯的经济比较发达，畜牧业、农业、手工业等也有一定的规模，并在一定程度上发展对外政治及经济交流。手工业不仅发达，有些行业的制作工艺还达到了与中原地区相当的水平。黠戛斯经济的发展进步，为其国家的形成和发展强大，奠定了牢固的基础，为黠戛斯抗衡后突厥、击溃漠北回鹘提供了有力的后勤保障。

第二节　黠戛斯汗国的习俗

古代黠戛斯聚居在今叶尼塞河流域，黠戛斯文化是南西伯利亚

---

① 〔苏联〕С. В. 吉谢列夫：《南西伯利亚古代史》下册，第 137 页。
② 同上。

古代历史文化的延续，直接传承于该地区的塔加尔文化、塔施提克文化。① 由于自然资源比较丰富，社会经济相对其他北方民族繁荣。与此相适应，黠戛斯的文化发展也具有较高水平。考古所见，历史发展过程中，黠戛斯与中原唐朝以及其他北方民族存在文化交流，黠戛斯甚至出现了突厥化的演变。黠戛斯文化内容首先是文字使用，此外还有多种宗教信仰、历法的使用、风俗习惯等方面。

汉文文献囿于历史时期的视野，对黠戛斯文化的记载较为零散。所幸考古发现提供了诸多的实物史料，为进一步了解并研究黠戛斯历史文化，提供了宝贵的第一手资料。

一、黠戛斯生活习俗

汉文文献史料中，黠戛斯非常零散的物质文化记载，反映在黠戛斯衣食住行等方面。② 依托考古发现，可窥其一斑。

汉文古籍所见黠戛斯"衣服同于突厥"，且贫富有别。黠戛斯地多森林，境内貂鼠资源较为丰富，以至纳税多以貂鼠的皮为赋。富者也"服饰以貂豽"③；在黠戛斯人的意识中"服贵貂、豽"④。唐贞观

---

① 〔苏联〕C. B. 吉谢列夫：《南西伯利亚古代史》下册，第121页。〔苏联〕A. Л. 蒙盖特：《苏联考古学》，第137页。塔加尔文化因今俄罗斯米努辛斯克附近的塔加尔岛得名。塔加尔时期开始于公元前8世纪前后，结束于公元前2世纪。塔施提克文化得名于米努辛斯克附近的塔什提克河，起于公元前1世纪，止于公元4世纪。
② 本节内容的史料，参见《太平寰宇记》卷199《北狄·黠戛斯》、《新唐书》卷217下《黠戛斯传》、《通典》卷193《坚昆》、《通典》卷200《结骨国》，因多有重复，故不一一注释。
③ 《通典》卷193《坚昆》，第5268页。
④ 《新唐书》卷217下《黠戛斯传》，第6147页。

十七年（643），黠戛斯遣使贡貂裘及貂皮。① 这些珍贵的皮毛，毛色美观，质感柔软温暖，主要用于缝制冬季的帽子，阿热及贵族等冬夏都着帽，尤其是阿热可汗"冬则以貂鼠为帽"，"夏则以金装帽"。阿热帽子的材质，因季节变化而有所不同。其他贵族"则以白毡为帽，余制略同"。帽子的款式是"锐顶而卷其末"，至今尤被其后裔所传承②。《新唐书》载除了帽子，男士还都"喜佩刀砺"，尤其是勇士们，基本都"腰佩刀砺"。黠戛斯腹地米努辛斯克盆地，发现了公元7至9世纪的石人像，可窥见黠戛斯人佩刀砺、耳环等一些服饰特征。③ 黠戛斯科彼内青铜浮雕饰牌，就展现了一位公元6至8世纪衣冠整齐、武器齐全、身下坐骑辔鞍具备的骑士的风采。骑士无冠带，长发飘动，发上束带，在后脑打结。中长外衣上束一腰带，脚穿无后跟软靴，右侧挂一只上窄下宽的箭箙，佩M形的复合弓。④

　　至于普通人的服饰，就非常简单。狩猎中取之于自然的动物皮，经过加工成衣，即可遮体御寒。史载"贱者衣皮而露首"、"贱者衣皮不帽"等语，贫者大多不戴帽子。黠戛斯大部分人以狩猎为业，故以兽皮为衣。黠戛斯与鞠邻于剑海之滨，鞠部"以鹿皮为衣"⑤。畜牧、狩猎的经济生活，反映在日常生活中就是食肉衣皮，体现了物

---

① 《太平寰宇记》卷199《北狄·黠戛斯传》，第3823页。
② 这种款式的男士帽子，至今犹存。今新疆柯尔克孜自治州的柯尔克孜以及吉尔吉斯斯坦，男士仍然戴着这种传统的毡帽，名曰喀勒帕克（Qalpaq）。
③ Anatoly. I. Martynov, *The Ancient Art of Northern Asia*, University of Illinois Press, 1991, pp. 95-98 and 256-258.
④ 〔苏联〕C. D. 古谢列夫，《南西伯利亚古代史》下册，第141页。
⑤ 《太平寰宇记》卷199《北狄·黠戛斯》，第3821页。《新唐书》卷217下《黠戛斯传》，第6146、6148页。

尽其用的朴素自然观。

由于畜牧业发达，黠戛斯人还用剪下的兽毛编织成毛织品。故有"衣有锦罽杂色，女衣毛褐，而富者亦衣绫锦"；"女衣氎毾、锦、罽、绫"等记载。①普通女性的衣服，由罽、氎毾等毛织物、褐（一种粗布）等制成。只有"富者亦衣绫锦"，绫锦是高档的丝织品，来自与安西、北庭及大食等交易所得。

唐代杜佑撰写的《通典》，始见黠戛斯饮食的记载。黠戛斯因为土质、气候等原因，农耕只有"土宜粟麦稷豆之属"等耐寒的作物，不耐寒的水果、蔬菜等则不宜栽培，因此"无果菜"。②相近的记载，还见于《新唐书·黠戛斯传》："稼有禾、粟、大小麦、青稞，步硙以为面糜。穄以三月种，九月获，以饭，以酿酒，而无果蔬。"③农作物的种类并无添加，但增加了作物加工、耕种与收获的时间，以及"糜以为饭"而成饭食、酿酒等内容。"步硙以为面糜食物"的描述，表明了黠戛斯人可以使用石磨并将谷物去壳，麦子研磨成粉。

南西伯利亚考古发现的科彼内农业遗迹，出土了用以加工粮食的石磨，直径大约50—70厘米④，足见黠戛斯人会利用石磨加工粮食。但因为谷物的稀缺，"惟阿热设饼饵"，即仅有君主、设等官员能吃到面食，普通贵族也鲜少食用，诸部及其普通人就只有"食肉

---

① 《新唐书》卷217下《黠戛斯传》，第6148页。《太平寰宇记》卷199《北狄·黠戛斯》，第3821页。
② 《通典》卷193《坚昆》，第5268页。卷200《结骨国》，第5493页。
③ 《新唐书》卷217下《黠戛斯传》，第6148页。《太平寰宇记》亦载"五谷唯出大小麦、青稞、麻米。糜以为饭，又以酿酒，麦以步硙以为面。阿热食兼饼饵，其部下则惟食肉及马酪而已"。《太平寰宇记》卷199《北狄·黠戛斯传》，第3822页。
④ 〔苏联〕C. B. 吉谢列夫：《南西伯利亚古代史》下册，第122页。

及马酪"等常见的食物。

黠戛斯人四季肉食的补充,除了饲养的家畜,还有狩猎所获的野生动物,"其兽有野马、骨咄、黄羊、羱羝、鹿、黑尾,黑尾者似麇,尾大而黑"①。丰富的野生动物资源,使捕猎易有所获,猎物是食物的主要来源。此外,因为叶尼塞河流域水系颇多,鱼类资源较为丰富,盛产大鱼,甚至是奇特的鱼,如"有蔑者长七八尺,莫痕者无骨,口出颐下"②。滨河而居的人们捕鱼补充丰富自己的食材。由于森林资源也较为丰富,林木中栖息着各种鸟类,如"鸟、雁、鹜、乌鹊、鹰、隼"等③,黠戛斯人也捕这些鸟类充作食物。

黠戛斯人日用生活的饮食器具,有陶锅、木碟、木勺等炊具与食具。黠戛斯人善制陶,酒杯形陶器等出土器物,也印证了《新唐书》所载的"酿酒"之说。由于森林资源较为丰富,黠戛斯人手制各类木质的日用器物④。

黠戛斯人有农牧渔猎多种经济形态,其衣食住行都与经济形态以及自然环境相适应。居住方式当也不例外,靠近林区就搭建木屋,以草原游牧为主,即住毡帐,皆因地制宜就地取材的自然模式。

因黠戛斯人"事狩猎,杀野牲",他们的居所要经常流动,因而"他们住帐篷与毡房"⑤。南西伯利亚科彼内遗址的考古发掘,证实了黠戛斯人住所的形制之一,即"具有非常强烈的游牧特征",在"住所的地表留有许多圆形和椭圆形坑穴",数量多达50多个。穴坑的

---

① 《新唐书》卷217下《黠戛斯传》,第6148页。
② 同上。
③ 同上。
④ 〔苏联〕C. B. 吉谢列夫:《南西伯利亚古代史》下册,第121页。
⑤ 〔波斯〕佚名:《世界境域志》,第66页。

直径12—15米，却没有发现支撑的木柱与树桩等任何遗迹，故此可判定这些住所显然是帐篷。帐篷拆装便利，非常适应他们的生产和生活方式。在疑似帐篷遗址的大坑穴之间，还散布着许多直径1—2米的小坑，内见牛、羊、马等动物的碎骨，黠戛斯瓶的碎片，此处无疑是他们专门用于堆积炊事残余等垃圾的地方。①此外，在叶尼塞河盆地岩画中，还发现过房屋的图像。②在叶尼塞的碑铭中，如《艾莱盖斯特碑》第11行、《别格列碑》第10行、《巴依·布隆1号碑》（现藏于米努辛斯克博物馆）第4行，都提到了"八个脚（角）的帐篷（毡房）"，虽然此处是用以形容财产的多少，但也表明他们的毡房的型制。③

黠戛斯人的住所形式，无论是毡帐还是木屋，都会因社会地位而有差别。《新唐书》记载："阿热衙立木为栅，坐大毡帐，号为'密的支'，其首领以降，皆有小毡帐，兼以木皮为屋"④；"以木为室，覆以木皮"；"冬处室，木皮为覆"。黠戛斯阿热可汗，有名曰"密的支"的大毡帐，周围还用立木围起来。其他首领都是小毡帐，或者是桦树皮覆顶的木屋。普通人夏天住帐篷，因寒冷而"冬处室"，冬天才住进木屋。树木繁茂"桦尤多"，覆盖屋顶的木皮是桦树皮。⑤黠戛斯东方的木马突厥三都播、弥列、哥饿支等部，所住的房屋也都

---

① 〔苏联〕C. B. 吉谢列夫：《南西伯利亚古代史》下册，第122页。
② Anatoly. I. Martynov, *The Ancient Art of Northern Asia*, pp. 65-66 and 224-226.
③ 通拉嘎：《叶尼塞鲁尼文碑铭译注与相关社会文化初探》，内蒙古大学硕士学位论文，2017年，第22、23、45页。
④ 《新唐书》卷217下《黠戛斯传》，第6148页。
⑤ 《太平寰宇记》卷199《北狄·黠戛斯》，第3821页。《新唐书》卷217下《黠戛斯传》，第6148页。夏天抑或有如鄂伦春等民族类似的"撮罗子"式的住处，但不见于文献记载。

是"桦皮覆室"。相邻的鞠部,也是"聚木作屋"。驳马部也是"桦皮帽。构木类井干,覆桦为室"①。可见,具有良好韧性的桦树皮,是覆盖屋顶的首选材料。

俄罗斯考古新发现证实,公元 8 世纪,古代黠戛斯人也建造了城堡。"这个民族没有建立环绕自己村落的城墙。用石头砌成的石墙建立在附近的山顶。那里没人居住。当遇到危险时,人们跑到那里避难。新的研究表明,专门的建筑工程师建造了山顶城堡。这种城堡也有小的,也有大的(乌格拉赫特山上的城墙和要塞的壕沟长达 25 公里)"②。

黠戛斯人出行的交通工具,主要借助畜力。尤其是陆路交通,以马、骆驼等为主。从叶尼塞上游阿热可汗的牙帐,到鄂尔浑河上游的回鹘可汗牙帐,"橐它四十日行"。因为骆驼能负重,有耐力,是主要的陆上交通工具。马除了战争期间骑乘,平时也是可借助的畜力交通工具。如叶尼塞《海木奇克·奇尔呷克碑》碑铭文载,墓主人自述其一生"骑过六十匹马"③。

由于所处的叶尼塞河流域水系相连,许多冶炼遗址也都临水而建,便于运输,就是利用了水上交通工具。夏日可"偶艇以度(渡)"④。冬日在雪地、冰上则借助号称"木马"的工具,可行走如飞。《新唐书》载"俗乘木与驰冰上,以板藉足,屈木支腋,蹴辄百

---

① 《新唐书》卷 217 下《驳马传》,第 6146 页。
② 〔俄〕科兹拉索夫:《俄罗斯突厥考古新收获》第一讲《突厥考古》,努尔兰·肯加哈买提译,2006 年北京大学法鼓山人文基金讲座。
③ 乌拉嘎:《叶尼塞鲁尼文碑铭译注与相关社会文化初探》,内蒙古大学硕士学位论文,2017 年,第 43 页。
④ 《新唐书》卷 217 下《回鹘传》,第 6148 页。

步，势迅激"。至大蒙古国时期，乞儿吉思地区依然使用这种交通工具。拉施特《史集》转述了其所闻：他们国内，山和森林很多，而且雪下得很大，所以冬天他们在雪面上打到许多野兽。他们制造一种叫做"察纳（janeh）"的特别的板子，站在那板上用皮带做成缰绳，将它拴前端，然后手拿着棒并以棒撑地，滑行于雪面上，有如水上行舟。他们就这样用察纳"滑雪板"驰逐于原野上下，追杀山牛等动物。除自己踏着察纳外，他们还拖着连接起来的另一些"滑雪板"走，他们将打杀的野兽放在上面，即使放上两三千曼（重量单位）的重荷，也花不了多大力气就可以轻快地行走在雪层上[①]。由于拥有了适宜的雪上交通工具，使得人们可以整个冬天都能收获猎物，及时补充食物的不足。

二、黠戛斯文化习俗

在汉文文献以及考古发现中，黠戛斯的文化习俗反映在其社会习俗、宗教信仰与历法、语言文字等方面。

(一) 黠戛斯的婚嫁与丧葬习俗

黠戛斯的婚嫁与丧葬习俗，见于汉文、波斯文文献和古突厥文碑铭的零散记载。

唐人杜佑撰《通典·结骨国》记载古代黠戛斯人的婚嫁习俗道，"婚姻无财聘"[②]。宋人欧阳修撰修的《新唐书·黠戛斯传》则曰

---

① 〔波斯〕拉施特：《史集》第一卷第一分册，第202、203页。
② 《通典》卷200《结骨国》，第5492页。

"昏嫁纳羊马以聘，富者或百千计"①。在此，二者出现了截然相反的表述。

《苏吉碑》(《黠戛斯之子碑》)，碑文共计 11 行，应为黠戛斯人于 840 年左右所立。碑文第 7 行载"我把我的女儿不要聘礼地嫁了出去"②。这条出自黠戛斯人的碑文记载，与杜佑《通典》"婚姻无财聘"的说法相符③。不同时期的史籍，出现不同的记载，不能排除黠戛斯人的婚俗随时代有变迁，在后来出现以羊马作为聘礼，甚至"富者或百千计"的情况。但唐人杜佑的《通典》与黠戛斯人碑铭记载的吻合，则黠戛斯婚姻无聘礼的说法，更具有说服力。

史载黠戛斯人特有的婚俗，是"妇人嫁讫，自耳以下至项亦黥之"④；"女已嫁黥项"⑤。黠戛斯的女子以"黥项"，来区别其已婚或未婚。黠戛斯女性的纹身习俗，也具有特殊的寓意。

古代北方的匈奴、乌桓、乌孙、突厥、回纥、蒙古等部族，都存在收继婚现象。收继婚即父死，儿子可以娶后母；兄弟死，他的弟兄都可以娶嫂或弟妹为妻。也就是说，可以妻后母、报寡嫂，被收继者死后又归最初的亡夫。如，隋义成公主就是一位历史上较为著名的被收继人，她曾先后为突厥启民可汗、启民子始毕可汗、始毕弟处罗可汗、处罗弟颉利可汗之妻。在汉文文献中，并不见黠戛斯收继婚习俗的明确记载，《新唐书》载"其俗人率与突厥同"⑥，或许黠戛斯也存在收继婚的习俗。

---

① 《新唐书》卷 217 下《黠戛斯传》，第 6148 页。
② 《苏吉碑》(《黠戛斯之子碑》)，耿世民：《古代突厥文碑铭研究》，第 226 页。
③ 《通典》卷 200《结骨国》，第 5492 页。
④ 《太平寰宇记》卷 199《北狄·黠戛斯》，第 3823 页。
⑤ 《新唐书》卷 217 下《黠戛斯传》，第 6147 页。
⑥ 同上书，第 6148 页。

剺面是匈奴、突厥等古代北方民族的古老习俗，生者在葬礼上哀悼死者时，用刀划面部、割耳朵、剪头发，致血泪俱下以表示哀痛和悲伤。在送别、诉冤、明志、请愿等场合，也用剺面来表达强烈的情感。汉文文献所见，黠戛斯人既有"丧不剺面"又有"剺面"的记载。如《新唐书》载"丧不剺面，三环尸哭"[①]。《通典》载"若死，唯哭三声，不剺面"[②]。而《唐会要》则有"死丧刀剺其面"[③]，《册府元龟》也有相同记载。由于缺乏相应的佐证资料，对此姑且存疑。

　　公元7至8世纪，黠戛斯葬俗接近于塔施提克文化的特征。最基本的民族学标志是火葬，以焚烧死者的仪式，来纯净、整洁死者的灵魂。唐代文献载黠戛斯人"火葬，收其骨，踰年而为坟墓"[④]。宋代文献也载"火葬收其骨，踰年而葬"[⑤]；"乃火之，收其骨，岁而乃墓，然后哭泣有节"[⑥]。叶尼塞河沿岸发掘的黠戛斯恰阿塔斯冢墓群，都有火葬习俗的遗存。但考古发现显示，火葬仅仅是黠戛斯自由民的葬俗，为主人殉葬的仆人或奴隶，不能火葬。"陵墓用石头砌成，而具有多角形，每个角落挖出垂直的（立式）石头。中央正方形坑是很

---

① 《新唐书》卷217下《黠戛斯传》，第6148页。
② 《通典》卷200《结骨国》，第5493页。《太平寰宇记》沿用了《通典》"不剺面"的记载。
③ 《唐会要》卷100《结骨国》，第1784页。黠戛斯人"不剺面"和"剺面"，研究者也持法不一。刘美崧：《两唐书回纥传·回鹘传疏证》，中央民族出版社1989年版，第165页注释3。
④ 《通典》卷200《结骨国》，第5493页。《太平寰宇记》沿袭了《通典》的记载。第3823页。
⑤ 《唐会要》卷100《结骨国》，第1784页。
⑥ 《新唐书》卷217下《黠戛斯传》，第6148页。

深,那儿发现死者被烧成的骨灰"①。火葬的习俗,首先在墓穴周围挖出用于火葬的火塘,举行火葬仪式,完毕则收骨掩埋与墓穴中。同时放入的墓穴的还有以绵羊胴为主的祭肉、陶器和其他用具等。

公元 9 至 10 世纪,黠戛斯人信仰摩尼教后,埋葬礼俗又发生了变化。据考古发现"陵墓中消失垂直的石头和坑,烧成的人骨放在陵墓内部的最上面"②。火葬的习俗几近消失,而流行以马随葬,但殷富的贵族仍存在火葬的习俗。③

随葬品与埋葬习俗,反映了黠戛斯社会结构的复杂化。考古发现,黠戛斯墓葬的陪葬品,与其经济生活息息相关。科彼内墓葬 2 号冢、6 号冢的出土器物,其陪葬物极见奢华,不仅陪葬有大量的牛羊骨架,还有铜、骨片、桦树皮、皮革、毛毡等不同材质、不同工艺制作的马镫、马具饰物、腰带等随葬品。④黠戛斯人的陪葬物多以马具为主,如 6 号冢发现了两个密室,所藏都是马具。⑤出土器物的浮雕,多以野兽纹为特色。陪葬物中还有不同材质、工艺的动物形偶,如恰阿塔斯墓出土木刻的包金、包银的绵羊饰,是公元 6 至 8 世纪非常流行的陪葬饰物。⑥公元 7 至 8 世纪的黠戛斯墓葬,还出土了一对马头形状的铜片。⑦此外,阿巴坎-米努辛斯克地区,已发现的有鲁尼文墓志铭的黠戛斯人墓主,几乎全部是青年男子(är)或

---

① 〔俄〕科兹拉索夫:《俄罗斯突厥考古新收获》第一讲《突厥考古》,2006 年北京大学法鼓山人文基金讲座。
② 同上。
③ 〔苏联〕C. B. 吉谢列夫:《南西伯利亚古代史》下册,第 136、137、138 页。
④ 同上书,第 128 页。
⑤ 同上书,第 129 页。
⑥ 同上书,第 143 页。
⑦ 同上书,第 121 页。

成年男子（ärdäm）。这种现象表明，唯有至少达到青春年龄的男子，才能树立墓碑[①]，墓碑碑文也唯有成年男性的"成年名字"才有权被登录于其中[②]。这也是包括黠戛斯在内的突厥语民族的普遍习俗。

黠戛斯男性还有"以环贯耳""勇黥其手"等习俗，男子戴耳环、勇士纹于手。[③]女性有佩戴金质耳环、手镯的喜好，科彼内墓葬6号冢就出土了残金耳环与手镯。[④]此外，黠戛斯人特别敬重铁。他们向人许诺或与人盟誓时，会拔出战刀横放在面前，说道："bu kɵk kirsün kïzïl qïksun / 让它青的进去，红的出来。"意即"如果违背诺言，就让刀染鲜血，让铁来报复"。[⑤]以此联系黠戛斯的"尚赤"习俗，或许都与出产铁矿有关联。

黠戛斯人的娱乐活动，"乐有笛、鼓、笙、觱篥、盘铃。戏有弄驼、师子、马伎、绳伎"[⑥]。汉文文献所列古代黠戛斯的乐器，基本都是中国古代的乐器。动物表演弄驼、狮子，杂技的马伎、绳伎等，也与欧亚大陆其他文明有共通之处。

（二）黠戛斯人宗教信仰与历法

黠戛斯人早期的宗教信仰是崇拜自然的萨满教，"祀神惟主水草，祭无时，呼巫为甘"[⑦]。原始萨满教源于人们对赖以生存的周边环境的敬畏，所以黠戛斯人相信水草至高无上。《阙特勤》东面第

[①] 〔苏联〕C. B. 吉谢列夫：《南西伯利亚古代史》下册，第126页。
[②] 同上书，第144页。
[③] 《新唐书》卷217下《黠戛斯传》，第6147页。
[④] 〔苏联〕C. B. 吉谢列夫：《南西伯利亚古代史》下册，第129页。
[⑤] 穆赫默德·喀什噶里：《突厥语大词典》第1卷，第380页。
[⑥] 《新唐书》卷217下《黠戛斯传》，第6148页。
[⑦] 同上。

10、11 行有载"突厥的上界天神与下界神圣土、水之神采取了如下的行动"①。此处显然与突厥的所推崇的"圣土圣水（ïduq yiri subï）"信仰相关。被称为"甘（kam）"的萨满巫师负责祭祀神灵，祭祀并无定时。《突厥语大词典》将 kam，释为 Saman（萨满），即萨满巫师。② 叶尼塞河沿岸和阿尔泰地区的居民，至今还用甘（kam）称呼萨满。③

公元 9 世纪时，黠戛斯人的宗教信仰发生了变化，据叶尼塞碑铭文献可知，除了萨满教、摩尼教，黠戛斯人还信仰过祆教、景教及伊斯兰教。摩尼教（Manichaeism）是公元 3 世纪在巴比伦兴起的世界性宗教。公元 9 世纪初，摩尼教寺院已普遍存在于天山以南的高昌、龟兹、焉耆、乌什、阿克苏和天山以北的北庭。来往于此的信奉摩尼教的粟特商人去黠戛斯经商，很可能将此教也传入黠戛斯。如《苏吉碑》（《黠戛斯之子碑》）记载："Oğl(ï)n(ï)m (e)rde m(a)r(ï)m(ï)nča bol q(a)nqa t(a)p q(a)t(ï)ğl(a)n./ 我的儿子们要像我的经师一样英勇，对汗效忠尽力。"表达了碑主人对儿子们的希望。《乌尤克·阿尔汗碑》也提到："Eš(i)m [m](a)rïm(ï)z/ 我的伴侣，我们的经师。"④ 以上两碑中都出现的"marïma"一词，系由 mar-+-ïm-+-a 构成。词干 mar- 源于叙利亚词，可解释为"师傅、教师、摩尼师"之意。黠戛斯碑铭文出现了"摩尼师"一词，说明黠戛斯人信仰过摩尼教。

黠戛斯人对摩尼教的信仰，除了碑铭的记载，还有画像遗迹。

---

① 《阙特勤碑》，耿世民：《古代突厥文碑铭研究》，第 123 页。
② 穆赫默德·喀什噶里，《突厥语大词典》第 3 卷，第 215 页。
③ 〔苏联〕C. B. 吉谢列夫：《南西伯利亚古代史》下册，第 142 页。
④ 胡振华编著：《柯尔克孜语言文化研究》，第 226、229 页。

在米努辛斯克古代岩画上，许多画面都出现了摩尼师的形象。[①]汉文文献只有黠戛斯崇信萨满教的记载，未见黠戛斯人信仰摩尼教的记载，或许与武宗朝禁断此教有关。考古发现进一步证明黠戛斯人接受了摩尼教。"古代黠戛斯人的大城市，阿拉伯、波斯文献记载了关于它的消息。考古发掘表明，古城没有城墙，房屋都是木结构，没有遗留下任何痕迹。城里发现高大的丘岗——公元8—12世纪建造的寺院废墟。寺院用砖坯砌成，房屋很大（大厅面积为24×32米和28×28米），还有一个寺庙建筑群的面积为76×36米，高达4米。寺庙平面图是各种各样，一个不重复另一个，这种多样性建筑属于摩尼教。此外，我们还确定了什么寺庙属于什么神。考古发掘证明，古代黠戛斯汗国正式接受了摩尼教。"[②]

黠戛斯人使用鲁尼文字，使用突厥历法。也使用中原王朝颁发的历法。黠戛斯"谓岁首为茂师哀，以三哀为一时，以十二物纪年，如岁在寅则曰虎年"[③]。黠戛斯人称"岁首"为"茂师哀"，古突厥文可转写为 barš āy，意即开头的月，如中原人的"正月"。也专指黠戛斯人的阳历新年（yāš）[④]，之所以如此确定，是参照了草木返青现象而确定的，并非是对月相观察的结果，与天文现象无关。[⑤]

黠戛斯人称"月亮"为"哀"，指代突厥的"阴历月"，"哀"即突厥语（āy）的对音。突厥语（āy）不仅表示"月亮"，同样也用月

---

① 〔德〕赫尔芬：《西伯利亚岩刻所见黠戛斯摩尼教》，杨富学译，《甘肃民族研究》1998年第3期。
② 〔俄〕科兹拉索夫：《俄罗斯突厥考古新收获》第一讲《突厥考古》，努尔兰·肯加哈买提译，2006年北京大学法鼓山人文基金讲座。
③ 《新唐书》卷217下《黠戛斯传》，第6147页。
④ 〔法〕路易·巴赞：《突厥历法研究》，第153页。
⑤ 同上，第102页。

亮表示月份，即月亮-月份。由此表明，突厥人已经发现了月份的循环与月相变化周期之间的对应关系，将历法月称为"阴历月"①。黠戛斯碑铭对月份的记载，就有"ōn āy ilätdi ögüm./ 她怀我十个阴历月，我的母亲"②。这里的月（āy），很显然就是突厥文的"阴历月"。此外，突厥历法以古代突厥语单词 kün，表示日和太阳，以"太阳"来称呼"日（日了）"，即太阳-日③。"二哀为 时"是指古代突厥语的四季之分，突厥人依据自然界植物的枯荣变化，将季节分为春（yāz）、夏（yāy）、秋（küz）、冬（kiš）四种。其中，春夏两季为美好季节④。黠戛斯人将每个季节又分为三个阴历月，如此一年也分为四个季节。

黠戛斯人以十二种动物纪年，但与中原的十二生肖稍有别。《突厥语大辞典》所见的突厥语民族的十二种动物是：鼠、牛、虎、兔、鳄鱼、蛇、马、羊、猴、鸡、狗、猪。除了用鳄鱼替代了龙，其他动物与中原的十二生肖基本相同。突厥汗国的碑铭，就以十二种动物名称纪年，说明这种纪年方法在突厥汗国非常流行。同样使用突厥语的黠戛斯人，想必也采用干支配合十二种动物名称的纪年法。⑤但迄今为止，并没有出现以十二生肖纪年的黠戛斯墓志铭⑥，虽然黠戛斯也普遍使用突厥历法。据研究，"十二种动物，对于中原汉族主要是标志个人生年的属相生肖，用于命相占验之类神秘习俗活动，纪年则自有干支、年号，而突厥并没有个人的属相生肖，只是借用

---

① 〔法〕路易·巴赞：《突厥历法研究》，第55页。
② 同上书，第149页。
③ 同上书，第50页。
④ 同上书，第62页。
⑤ 穆赫默德·喀什噶里：《突厥语大词典》第1卷，第365页。
⑥ 〔法〕路易·巴赞：《突厥历法研究》，第165页。

其名来专门纪年而已,二者毕竟有所不同"①。据此,中原的历法或十二生肖纪年法,或许并没有被黠戛斯人广泛地使用。

汉文文献记载,突厥人不知年历,唯以"草青为记",实则源于对突厥历法缺乏了解。叶尼塞的碑文中,早期黠戛斯人传统历法对"年"的表示方法,以某人的"第几岁(yāš)"来表示,具体所指是某人的"年龄之年"也就是"自然年",而不是具有社会性质的"历法年或民用年(yïl)"。②这种习惯在"8—10世纪时,几乎是完整地继续存在于叶尼塞河流域的墓碑中"③。因此,所有已发现的叶尼塞铭文,完全不见明确表示"年"的词汇,而是以碑文主人亡于"第几岁"见载。

至晚在公元6世纪末,突厥汗国使用了中原的历法。840年以后,黠戛斯人也多次遣使唐朝,索求中原历法和儒家经典。唐咸通四年(863),黠戛斯曾派遣使者合伊难支,向唐朝请求"经籍",同时还要求"每年遣使走马请历"④。虽然黠戛斯人求过唐朝的历法,却不见其使用的痕迹。

(三)黠戛斯的语言文字

黠戛斯语言属于阿尔泰语系突厥语族的黠戛斯语,使用古突厥(鲁尼)文字。黠戛斯人"文字、语言与回鹘正同"⑤,黠戛斯人"谓月为哀","哀"也是突厥语 āy(月亮的意思)⑥。表明黠戛斯人与突

---

① 饶尚宽:《漫话突厥纪年》,《文史知识》2006年第8期,第53页。
② 〔法〕路易·巴赞:《突厥历法研究》,第111页。
③ 同上书,第155页。
④ 《资治通鉴》卷250,唐懿宗咸通四年(863),第8229页。
⑤ 《新唐书》卷217下《黠戛斯传》,第6147页。
⑥ 〔苏联〕威廉·巴托尔德:《中亚突厥史十二讲》,罗致平译,第32页。

厥、回鹘人一样，使用基本相似的语言、文字。

唐会昌二年（842），黠戛斯击溃回鹘后，曾遣使者踏布合祖使唐，商议与唐联合歼灭回鹘余众问题，因言语不通，需要翻译。李德裕上奏《论释语人状》："右，缘石佛庆等皆是回鹘种类，必与本国有情。纥扢斯专使到京后，恐语有不便于回鹘者，不为翻译。兼潜将言语辄报在京回鹘，望赐刘沔、忠顺诏，各择解释蕃语人不是与回鹘亲族者，令乘递赴京，冀得互相参验，免有欺蔽。"[①]

石佛庆是回鹘人，是德宗朝的中书译语人（翻译）。宰相李德裕奏折拟不用石佛庆做黠戛斯与唐朝之间的翻译，原因是担心他不会按原话如实翻译，或者将机密泄露给在京的回鹘人。因此，建议从驻守太原的河东节度使刘沔处，借调译语人充任翻译。可见，黠戛斯与回鹘的语言是基本相通的。

11世纪70年代，伊斯兰学者穆罕默德·喀什噶里撰写的《突厥语大词典》指出，黠戛斯使用的语言，是上古突厥语中的"北部方言"。《突厥语大词典》中虽然并未专门论及黠戛斯语的特点，但称其为克普恰克语词和黠戛斯语词。从该部所处的地理位置以及现代柯尔克孜（吉尔吉斯）语的特点判断，黠戛斯语言当属于"ʤ方言"（北部方言）[②]。黠戛斯人使用的语言文字，与突厥、回鹘的语言文字，有许多不同之处。

俄罗斯考古新发现证实，"鄂尔浑鲁尼文与叶尼塞鲁尼文有着亲属关系，它们有其共同的起源。不过，它们不是同一种文字，而是

---

① 《会昌一品集》卷15《论用兵》，第96页。
② 李树辉:《古代回鹘文史诗〈乌古斯可汗的传说〉有关问题考辨》,《新疆文物》2004年第1期。

有区别的文字"。① 黠戛斯使用的文字，虽然与鄂尔浑古突厥文字有些相似，然而二者却并无直接关联。首先，从突厥鲁尼文字母的笔划入手，研究者发现叶尼塞的文字遗存"甚至比鄂尔浑－色楞格的遗存早二三百年"②，表明黠戛斯人使用文字的时间，要远远早于公元8世纪同样留下文字遗存的鄂尔浑突厥人。大约公元6世纪时，黠戛斯人就已经使用文字。③ 直至公元10世纪左右，叶尼塞河流域生活的黠戛斯汗国及其所属各部，都使用鲁尼字母拼写文字。其次，黠戛斯人使用的文字，更接近于与粟特人联系密切的西突厥人使用的鲁尼文字母。考古发现证实，西突厥聚居的七河之地（因周边有七条河流入巴尔喀什湖而名，泛指以中亚巴尔喀什湖、伊塞克湖及楚河为中心的地区），也是鲁尼文字的使用中心。相比之下，这一地区的文字与公元6至7世纪的叶尼塞铭文极为相似，而与鄂尔浑特别是色楞格铭文则有显著区别。④ 特别是现存于米努辛斯克博物馆，编号为2164号圆饼型石纺轮上的铭文，与七河之地塔拉斯木棍上的铭文更是极其相似⑤。尽管如此，人们还是将其与鄂尔浑河流域发现的东突厥汗国的碑铭，通称为鄂尔浑－叶尼塞河鲁尼文碑铭。因为黠戛斯人也使用突厥语，所以，苏联学者巴托尔德据此认为，7世纪的黠

---

① 〔俄〕科兹拉索夫:《俄罗斯突厥考古新收获》第一讲《突厥考古》，2006年北京大学法鼓山人文基金讲座。
② 鲁尼文字母（runic），原是古代北欧日耳曼民族文字。为便于刻在木板或石碑上，都用直线形组成，是一种碑铭体。欧洲学者最先在中亚塔拉斯河谷、叶尼塞河流域发现陶器、石头上刻有的文字时，因其字形与北欧鲁尼文相仿，而称其为鲁尼文字母文字。经过汤姆森等学者的解读，确认它是一种源于阿米拉粟特文音素与音节混合的拼音文字。公元7—10世纪，突厥、回鹘、黠戛斯等民族广泛使用这种文字，与北欧鲁尼文并无关联。但这种中亚文字的鲁尼文称谓却仍被长期沿用。与拉丁字母相比，鲁尼文更接近于早期的象形文字。
③ 〔苏联〕C. B. 吉谢列夫:《南西伯利亚古代史》下册，第138页。
④ 同上书，第140页。
⑤ 同上书，第142页。

戛斯，如果按语言分类，无疑是突厥人。^①但黠戛斯人使用突厥语言文字，源于自身的突厥化过程。

目前为止，已认定的叶尼塞碑铭大小共计70多种，集中分布在叶尼塞河流域的图瓦与米努辛斯克地区^②，散布于克姆契克、乌鲁克姆、别克姆、叶尼塞和阿巴干诸河及其支流沿岸草原，如《苏吉碑》(又名《黠戛斯之子碑》)、《乌尤克·塔尔拉克碑》等碑，其中有些碑铭的铭文还很长。仅墓志铭也已发现了大约50件，分布在西萨彦山以北和南及东南近叶尼塞河源地区^③。此外，该地区还陆续发现了刻写在墓石、岩壁、金属器皿和钱币上的古文字遗存。如刻在金属器皿和841年造的中国钱币上的铭文。某黠戛斯古代贵族的墓葬还曾出土过底部有铭文的素面小金罐，刻有古鲁尼文字"altuns(?) ïyacin/ 为金子……阿齐之贡礼"^④。甚至在黠戛斯人日常使用的器物上，也发现过刻有鲁尼文的陶片、纺轮等。

叶尼塞碑铭的时间上限大约为公元6世纪，最晚至公元13世纪的蒙古帝国时期。黠戛斯汗国的碑铭，集中在公元7至12世纪。碑铭按内容可大致分为：经济、社会制度、与其他民族的关系等三个方面^⑤。这些碑铭对研究黠戛斯的语言、文字、历史、民俗等诸多方面，具有较高的学术价值。

---

① 〔苏联〕威廉·巴托尔德：《突厥蒙古诸民族史》，〔日〕内田吟风：《北方民族史与蒙古史译文集》，第277页。
② 〔苏联〕С.Г.克利亚什托尔内：《古代突厥鲁尼文碑铭——中亚细亚史原始文献》，李佩娟译，黑龙江教育出版社1989年版，第54页。
③ 〔苏联〕С.В.吉谢列夫：《南西伯利亚古代史》下册，第141页。
④ 同上书，第137、141页。
⑤ 〔苏联〕А.伯恩什达姆：《6至8世纪鄂尔浑叶尼塞突厥社会经济制度（东突厥汗国和黠戛斯）》，第205页。

在叶尼塞上游发现的碑铭,基本很少涉及完整的历史事件,比较完整述及历史事件的黠戛斯碑铭当属《苏吉碑》(《黠戛斯之子碑》)。1900年,芬兰人兰司铁(G. J. Ramstedt)发现该碑于蒙古南部苏吉达板附近的小山坡上。从碑文内容推测是840年后黠戛斯击溃回鹘后所立。该碑首先讲到碑主人生前经历:从黠戛斯来到回纥人之地,是黠戛斯之子,是裴罗·骨咄禄高级执行官。是骨咄禄·莫贺·达干的执行官。碑主人生前很富有,"畜圈是十个,马无数",家庭成员有"弟弟七个,儿子三个,女儿三个",以及外孙和孙子,碑主人还给他的经师100个壮汉和住处。铭文最后还叮嘱儿子们为汗效忠尽力![1]该碑最初曾被认定是属于漠北回鹘汗国的碑铭,后来才确定是黠戛斯人的碑铭,并依据碑铭内容命名为《黠戛斯之子碑》。

从现有的叶尼塞碑铭看,乌巴特第3碑也是黠戛斯人的一通重要的墓志。碑文记载,"bädizin üčün, türk kan balbalï el ara, tokkuz ärig, uduš är oglïn ögürüp ödür-altï, ärdäm bägim a!/ 有关其装饰,在突厥可汗的杀人石之地,他非常高兴地抓住并选择9个人,为其侍从人员的儿子。我的诸官集团(訇),勇敢的人!"[2]。碑文大意是被从鄂尔浑突厥地区抓到的9人,是装饰墓碑的工匠。据考证该碑的主人是黠戛斯地区的一位大首领(位居达干将军,Tarkan Sangun),所以才有能力从鄂尔浑地区选择会装饰墓碑的突厥工匠。据此可以断定该碑勒立于840年至924年之间。该碑不仅反映出黠戛斯人曾占有鄂尔浑地区,而且还将该地的工匠迁至叶尼塞故地为黠戛斯人

---

[1] 胡振华编著:《柯尔克孜语言文化研究》,第224—226页。
[2] 〔苏联〕C. B. 吉谢列夫:《南西伯利亚古代史》下册,第124—125页。

服务。

　　此外，乌尤克河流域也有几块著名的碑铭，如乌尤克河支流塔尔拉克河畔，发现了《乌尤克·塔尔拉克碑》。该河的左岸有《乌尤克·阿尔汗碑》，碑上面除有文字外，还有鹿和野猪的图像，可能是碑主人民族的图腾。乌尤克河左侧支流的土兰河右岸边还有《乌尤克·土兰碑》。

　　从已释读的叶尼塞鲁尼文碑铭可知，碑文内容多以逝者所经历的重大事件为主，如丧失父母的时间，婚姻状况，曾经负有的使命，逝世的年龄等等。乌巴特第 3 碑记载："altï yāšïmta kaŋ adïrdïm./ 在我第 6 岁时，我丧父，当时对此尚不理解。"[①]《乌尤克·土兰碑》也记载 "üč yetm(iš) y(a) š(ï)ma (a)d(ï)r(ï)lt(ï)m./ 我 63 岁时离去了"[②]。这些碑铭的主要内容多是对某个人的去世表示悲叹和哀悼，表现逝者对尘世的留恋之词，叙述生前的财富如牛羊马匹的数量等，告别妻儿、叮嘱子女的话语也存于其中，"我离开了我的黔首，离开你们，离开了我的埃利"就成了黠戛斯贵族墓铭的套语[③]，字里行间都透露着对人世的不舍。

　　迄今为止，在叶尼塞发现的有关使者衣冠冢的墓志，也至少有两座。如乌巴特第 1 碑记录了一名出使突骑施的黠戛斯使者（yalabač）在出使期间失踪了，"kälmäd ï ŋiz./ 您未能回来，我的匐"[④]。还有一位出使吐蕃的使者也未能归来，"töpüt kanka yalabač bardïm. Kälmadïm./ 我作为出使吐蕃可汗的使者而出发，但我未能从

---

① 〔苏联〕C. B. 吉谢列夫：《南西伯利亚古代史》下册，第 145 页。
② 同上书，第 231、233 页。
③ 同上书，第 133 页。
④ 同上书，第 126 页。

那里返回"①。从所记载的内容可知，黠戛斯与吐蕃、突骑施的关系非同一般。

黠戛斯的文字遗存不只保留在墓志上，在米努辛斯克盆地附近的迈达沙山和奥格拉赫提山等处，还发现过刻有突厥鲁尼文符号的岩画。在叶尼塞河主要支流克姆契克河卡伊-巴什河口，还有一面语言表达比较完整的岩刻，全文如下：

"此碑立于吾可汗与吾埃利所有之喀喇-森吉尔。碑文系安申所书。汝众人等听喀喇-森吉尔之领主言。勇士。——伊南啜，奇格什匐，以吾之功勋吾乃克施季姆六族中之至高无上者，此吾之优越也。喀喇-森吉尔吾有之，岁次卅八年吾乃足智多谋之将军。奉可汗之……谕命（吾）系都督匐，疆土及于彼方。"②

将这种赞美与号令性的言语以文字形式，醒目地拓刻在崖壁之上，用以彰显可汗之威名、功绩，以达到威慑天下的作用。在歌功颂德之余，还暗喻民众听从统领的号令。此举显然不仅仅是面对黠戛斯人中的上层贵族而为，还有警示黠戛斯普通民众的用意。这也表明，黠戛斯人的文字辨识程度已较普及，否则也没有必要花费人工刻在崖石之上了。除此之外，黠戛斯的岩刻铭文还具有一定的纪念意义。如苏克列岩画上刻有"ac s baslyryol(ti)./ 意为阿奇勇士之首领死之（地）"③。

公元 6 世纪时，古突厥文就已创制并开始使用。虽然黠戛斯与突厥、回鹘使用的古突厥文字母基本一样。然而，表示某一相同语音的字母符号，及某些图形却并不完全相同。此外，已发现的古突

---

① 〔苏联〕C.B.吉谢列夫：《南西伯利亚古代史》下册，第 126 页。
② 同上书，第 141 页。
③ 同上书，第 148 页。

厥文碑铭的书写方式也略有不同：突厥、回鹘使用的一般都从右到左横写，黠戛斯字母也是从右到左横写[①]，但黠戛斯碑文中，也有从左到右横写的，还有前一行从右到左，下一行从左到右书写的。学者称这种书写方式为"牛耕式"的书写方向[②]。虽然如此，各民族在使用古突厥文时，相互之间存在些微的差异也并不相悖，而是共同为丰富这一古老文字，作出了自己的贡献。

黠戛斯与突厥、回鹘使用基本相似的文字，用碑铭石刻的方式记述了各自的历史文化。这些文字碑铭的发现，保留了一批很有学术价值的文献。是我们研究突厥、回鹘、黠戛斯历史文化的重要依据。

黠戛斯历史与文化极具多元特色，既有草原游牧民族的传统因素，又吸收了中原唐朝的文化，这种现象在所有北方民族中也普遍存在。

[①] 胡振华编著：《柯尔克孜语言文化研究》，第197页。
[②] 耿世民：《古代突厥文碑铭研究》，第61页。

第七章　后黠戛斯历史

唐开成五年（840），黠戛斯击溃漠北回鹘汗国后，其军队相继出现在今天山、金山（今阿尔泰山）地区。但考其西征所至的天山、金山等地，也没有长期统治的记载，同时，也未发现其占据蒙古高原的迹象。最终黠戛斯人仍回归了故地叶尼塞河。

这一章的内容，主要探讨黠戛斯的流向问题。其中黠戛斯是否占领并统治过蒙古高原，已成为中外研究者所关注的问题之一。如美国罗德学院的张国平（Michael R. Drompp）教授认为，"在打败回鹘汗国后，黠戛斯最多只对鄂尔浑河流域进行了短暂而无关紧要的控制。黠戛斯人留在了位于南西伯利亚叶尼塞河上游地区的故土。当10世纪契丹势力向鄂尔浑河流域扩张时，他们并没有在那里遭遇黠戛斯人"[①]。为了表明自己的观点，他撰写了一篇题为"Breaking the Orkhon Tradition: Kirghiz Adherence to the Yenisei Region after A. D. 840"（《打破鄂尔浑河传统：论公元840年以后黠戛斯对叶尼塞河流域的坚守》）的长篇研究论文，详尽梳理与辨析了我们所能利

---

① 〔美〕张国平（Michael R. Drompp）：《打破鄂尔浑河传统：论公元840年以后黠戛斯对叶尼塞河流域的坚守》（"Breaking the Orkhon Tradition: Kirghiz Adherence to the Yenisei Region after A. D. 840"），高菲池译，《内蒙古师范大学学报》（哲学社会科学版）2014年第5期。

用的汉文史料与西方学者的研究及观点。因此,本章的内容几乎无法脱离其论文所用的史料。在此,我们完全认同作者的观点,目前为止,黠戛斯是否占领并统治过蒙古高原的问题,仍没有证据可反驳张国平教授的观点。

黠戛斯的南下西征确实是有据可考的历史史实,所以,此处所指的"回归",是黠戛斯人进军漠北打击回鹘后,为了追击回鹘残众西征天山、南下唐边后,返回叶尼塞河故地。并非是黠戛斯人迁徙他处后再返回故地,更不是他们从蒙古高原的回归。至于学界认为黠戛斯因被契丹所迫而离开蒙古高原,回归叶尼塞的说法,目前无证可考。

该章涉及黠戛斯历史流向的问题,将黠戛斯回归叶尼塞、辖戛斯国王府对契丹的隶属,以及大蒙古国对乞儿吉思的征服归为一章,可总称之为后黠戛斯的历史。

第一节 回归叶尼塞河流域

蒙古高原历史上的鄂尔浑河流域,都被各游牧民族视为宜于生计、利于统治的最佳区域。因此,匈奴、突厥、回鹘、蒙古等各部族都以此为中心,繁衍发展扩张,并形成了强大的北方民族政权,统治着蒙古高原及其他更广的区域。

无论是汉文文献还是考古发掘,迄今都未见黠戛斯可汗牙帐迁入漠北的记录。黠戛斯之所以没有迁往蒙古鄂尔浑河的原因,张国平教授认为主要有两点:一是黠戛斯叶尼塞河的地理和经济环境较蒙古高原优越,二是突厥语民族在蒙古高原统治已经终结,蒙古语诸部正蓄势待发，唐朝迟迟不予册封可汗，这些都让黠戛斯缺乏动力将牙帐迁往漠北。① 这是目前为止较为客观全面的解释。

一、黠戛斯可汗牙帐的南迁

唐开成五年（840），黠戛斯经过数十年的抵抗，最终一举攻克鄂尔浑河畔的回鹘牙帐。其后黠戛斯是否占据了漠北回鹘汗国的领地，黠戛斯可汗的牙帐是否迁徙过，又迁到何处，是探讨黠戛斯"回归"叶尼塞问题的前提和关键。

汉文文献记载，黠戛斯阿热称汗后，曾建牙青山，可汗的牙帐号曰"密的支"。另据波斯文《世界境域志》记载，黠戛斯可汗的居地在 K. M. JKATH（Kämčikä-Kamčik-kä），苏联学者巴托尔德认为"K. M. JKATH"就是《新唐书》记载的"密的支"，是黠戛斯人唯一的定居地，汉文译写为"克姆契克"②，该地位于叶尼塞河上游的克姆契克河畔。

"阿热牙至回鹘牙所，橐它四十日行"③。击溃回鹘之后，黠戛斯可汗"遂徙牙牢山之南。牢山亦曰赌满，距回鹘旧牙度马行十五日"④。击溃漠北回鹘汗国牙帐后，黠戛斯可汗仅把牙帐南迁到牢山

---

① Michael R. Drompp, "Breaking the Orkhon Tradition: Kirghiz Adherence to the Yenisei Region after A. D. 840", *Journal of the American Oriental Society*, No. 3,1999, pp. 390-403.
② 〔波斯〕佚名:《世界境域志》，第86页。韩儒林认为，此就是元时的欠州（Kemidjkat）。韩儒林:《元代吉尔吉思及其邻近部落》，《穹庐集》，第342页。
③ 《新唐书》卷217下《黠戛斯传》，第6148页。
④ 同上书，第6150页。

(牢山、赌满，就是唐代文献中的贪漫山，即今蒙古国西北与俄罗斯交界处的唐努山，又称唐努乌梁山）以南。此举无疑是为了便于追歼回鹘余众，也利于提高黠戛斯在中亚的影响。但黠戛斯主体并没有随之迁徙，更没有迁往蒙古高原。

相关汉文史料佐证，见于唐武宗会昌年间，唐给黠戛斯使者的回复文书。击溃回鹘牙帐后，黠戛斯希图向突厥、回鹘一样受到中原王朝的册封，因此，连续四度向唐朝派出了使者，每次都带回唐朝回复的国书，国书均收载于唐武宗宰相李德裕的《会昌一品集》。

会昌二年（842）年底，黠戛斯使者踏布合祖入朝，宰相李德裕撰写《代刘沔与回鹘宰相书白》，将此事通报了回鹘，书曰："又踏布合祖云，纥扢斯即移就合罗川，居回鹘旧国"[1]，则此时黠戛斯还未占据回鹘故地。会昌三年（843）年初，踏布合祖返回时，李德裕撰写了题为《与纥扢斯可汗书奉宣撰》一份国书，言："比闻天宝以后，为回鹘所隔，久阻诚款。况回鹘夷灭，种族必尽，与可汗便为邻国，各保旧疆"[2]。唐朝提出了未来回鹘国灭后与黠戛斯互为邻国、和平相处的期许，反过来也证明此时黠戛斯仍未南下回鹘故地。

会昌四年（844），黠戛斯使者温仵合将军携唐武宗《与黠戛斯可汗书》返回，回书言："又闻合罗川回鹘牙帐，未尽毁除。想其怀土之心，必有思归之志。速要平其区落，无使孑遗，既表成功，彼当绝望"[3]。书文显示，黠戛斯仅仅是击溃了回鹘可汗的牙帐，却并未除尽，因而唐朝督促其尽快铲除以绝后患。会昌五年（845），黠戛

---

[1] 《会昌一品集》卷8《代刘沔与回鹘宰相书白》，第33页。
[2] 《会昌一品集》卷6《与纥扢斯可汗书》，第33页。
[3] 《会昌一品集》卷6《与黠戛斯可汗书》，第36页。

斯第四位使者谛德伊斯难珠入唐，表示"今秋欲移就回鹘牙帐"①。从史料所见，攻克漠北回鹘牙帐已然五年之后，黠戛斯还没有占据回鹘牙帐。在李德裕的《会昌一品集》中无论是给黠戛斯使者的回书，还是唐朝给回鹘的书信，均未见黠戛斯占领回鹘故土的字样。可见，黠戛斯没有占据蒙古高原，正如国内学者贾从江所言："直到大中二年（848）以前，黠戛斯的牙帐仍然没有迁到鄂尔浑流域，政治中心还在西面——唐努山以南地区。"②

《资治通鉴》亦载，唐僖宗乾符二年（875）冬十月，回鹘仆固俊还至罗川，罗川亦即合罗川，为回鹘故都。③此条史料表明，高昌回鹘仆固俊已经重新收复了漠北回鹘的失地。此处用"还至"一词，而不是"夺取"。可见，回鹘仆固俊并没有与黠戛斯人展开争夺就回归了故都，再次表明黠戛斯可汗的牙帐虽稍稍南移，却并没有占据漠北回鹘可汗的牙帐。

公元 10 世纪，加尔迪齐的著述讲到黠戛斯可汗的牙帐，仍然在那些山（贪漫山 Kū kmān, Kögmen）北七日程之地，同时也是"黠戛斯可汗的军帐"。说明阿热曾经南迁的牙帐，其后又迁回故地叶尼塞河地区。因为他们认为这里是黠戛斯"首要的和最好的地方"，这里交通发达"有三条可行的道路通向那里"④：向南通往九姓乌古斯，向西与寄蔑与葛逻禄相通，第三条则通向草原。此外再没有其他能到达可汗牙帐的道路。此地向西、向南的道路通畅，相反却没有直

---

① 《会昌一品集》卷 6《赐黠戛斯书》，第 37 页。
② 贾从江：《黠戛斯南下和北归考辨》，《西域研究》2000 年第 4 期。
③ 《资治通鉴》卷 252，唐僖宗乾符二年（875），第 8303 页。
④ 〔俄〕瓦·弗·巴托尔德：《加尔迪齐〈记述的装饰〉摘要——〈中亚学术旅行报告（1893—1894 年）〉的附录》，《西北史地》1983 第 4 期。

接朝东的道路，因此，黠戛斯才会集中主要向西发展。

因为史料匮乏、零散，尚不能明确黠戛斯可汗牙帐的具体的位置。但据其可汗牙帐的大致动向，可证黠戛斯部众并没有离开故地，也并没有占领蒙古高原。

二、黠戛斯未迁至蒙古高原的原因

文献记载与考古发现均显示，叶尼塞河上游米努辛斯克盆地的经济发展水平较高，不似漠北蒙古高原虽然也有农业经济，但仍以典型的游牧经济为主。叶尼塞地区水力资源丰富，黠戛斯人构筑了复杂的灌溉系统，他们除了发展畜牧业也发展谷物类农业。[①]《新唐书》记载，他们种植稷、大麦、小麦、青稞，大约在三月、四月种植，九月、十月即可收获。今天的叶尼塞河上游仍旧以种植谷物闻名，包括小麦、燕麦、大麦和青稞。考古发掘还在这一地区出土了农耕工具，表明那里既有本地制造的铁犁头，又有来自中原进口的铁犁头。这些带有铁犁头的木制犁需要较多畜力配合，而他们的畜力资源也是很丰富的。他们谷物的收割也已经使用了铁镰刀，粮食的加工也用上了磨盘。[②]

考古学和文献学资料显示，叶尼塞黠戛斯与蒙古高原的突厥、回鹘等民族相比，经济活动中农业因素居多。尽管公元9世纪的旅行者塔米姆提到部分回鹘废墟上的农业[③]，然而，与黠戛斯比较似乎

---

① 〔苏联〕C. B. 吉谢列夫:《南西伯利亚古代史》下册，134页。
② 同上书，122页。
③ 〔阿拉伯〕塔米姆·伊本·巴赫尔:《塔米姆·伊本·巴赫尔回鹘游记》，王小甫译，《中亚研究资料》1983年第3期。

还略逊一筹。叶尼塞河上游地区更适合于农业经营，鄂尔浑山谷显然更适宜游牧，而在此发展农业则并不具备叶尼塞河谷的优势。

此外，除了农业，叶尼塞河上游地区也适合饲养家畜。汉文史料记载，黠戛斯人并非是流动性很大的游牧民族，他们好似更多的是半定居、半游牧①。叶尼塞河的黠戛斯人饲养牛、骆驼、绵羊和马。其中"牛为多，富农至数千"②。而且，黠戛斯人的马匹较之蒙古马，也显得很高大。有关黠戛斯马匹的记载，《新唐书》显示骨利干"产良马，首似橐它，筋骼壮大，日中驰数百里"③。《唐会要》也记载"结骨（黠戛斯）马与骨利干马相似，少不如，印'出'"④。由于气候、自然条件等原因，黠戛斯人把谷物和干草储藏下来作为马料，以便度过寒冬。但是，在蒙古高原却没有这些优势，所以，每到冬季漠北各族便南下抢掠短缺的生活物资。

打猎和捕鱼也是黠戛斯人重要的经济。西伯利亚南部的森林和河流上生长着充足的动物和鱼类。《新唐书·黠戛斯传》记载，黠戛斯有"鱼，有蔑者长七八尺，莫痕者无骨，口出颔下"⑤。收获的皮毛，加工的毛织品和其他的一些织物，是黠戛斯人贸易的重要物品。他们的贸易伙伴主要有吐蕃人、粟特人，甚至可能有阿拉伯人。史载黠戛斯"内貂鼠、青鼠为赋"⑥，除了交换，毛皮也可用于黠戛斯人缴纳税收。

沿着叶尼塞河盆地的河谷，考古发现保留下来的古老冶铁炉，

---

① 《新唐书》卷 217 下《黠戛斯传》，第 6148 页。
② 同上书，第 6147 页。
③ 《新唐书》卷 217 下《骨利干传》，第 6144 页。
④ 《唐会要》卷 72《诸蕃马印》，第 1303 页。
⑤ 《新唐书》卷 217 下《黠戛斯传》，第 6147 页。
⑥ 同上书，第 6148 页。

周围伴随着成堆的碎渣和大量的碳。汉文史籍也记载,黠戛斯"有金、铁、锡,每雨,俗必得铁,号迦沙,为兵绝犀利,常以输突厥"①。其人擅于冶铁并输入给突厥。今天,在黠戛斯人居住过的米努辛斯克和阿巴坎周围的地区,还明显有碳、铁和其他金属沉积物的遗迹。②

黠戛斯的贸易交流对象,也主要分布在安西、北庭、天山北部黠戛斯的西南部,形成了一条重要商业和政治中轴线,与黠戛斯关系密切的民族也大多分布在这些地区。如葛逻禄、突骑施等突厥语民族。因此黠戛斯才有"女衣毾氉、锦、罽、绫,盖安西、北庭、大食所贸售也"的现象③,足见黠戛斯与吐蕃、大食、粟特等民族,都有贸易联系。

此外,汉文史籍还记载,漠北回鹘汗国灭亡前已接连遭遇天灾,导致人畜大量死亡。唐朝宰相李德裕说过,回鹘"兵折众叛,畜产大耗,国人荐饥"④。《唐会要》也载,回鹘"连年饥疫,羊马死者被地,又大雪为灾"⑤。《新唐书》也有类似记载:"方岁饥,遂疫,又大雪,羊、马多死,木及命"⑥。《资治通鉴》也载"会岁疫,大雪,羊马多死,回鹘遂衰"⑦。连年天灾使高原的生态环境遭到了毁灭性的破坏,几年之内此地的生态资源都难以得到恢复,可能也是黠戛斯没有迁往漠北的主要原因。此种情形,也受到国外学者的关注。因为

---

① 《新唐书》卷 217 下《黠戛斯传》,第 6147 页。
② 〔苏联〕C.B.吉谢列夫:《南西伯利亚古代史》下册,第 124 页。
③ 《新唐书》卷 217 下《黠戛斯传》,第 6148 页。
④ 《会昌一品集》卷 3《遣王会等安抚回鹘制-奉敕撰》,第 16 页。
⑤ 《唐会要》卷 98《回纥》,第 1749 页。
⑥ 《新唐书》卷 217 上《回鹘传》,第 6130 页。
⑦ 《资治通鉴》卷 246,唐文宗开成五年(840),第 8064 页。

伴随着雪灾导致大量牲畜死亡,很可能还发生了严重的传染病,一旦疫情蔓延短时间也难以扼制。①

综上,黠戛斯属于明显的农牧混合经济结构,叶尼塞河上游混合的森林-草地-草原环境,为黠戛斯发展繁荣提供了得天独厚的条件,这些是蒙古高原所不具备的优势。而且公元9世纪初蒙古高原遭遇过雪灾的破坏之后,继之又传染病肆虐,生存条件更加恶劣,难以迁居。

此外,对漠北局势及唐朝的顾虑,也是黠戛斯没有迁往蒙古高原的因素之一。突厥语民族的突厥、回鹘统治蒙古高原时期,不仅控制了高原西部广大地区,还将统治范围逐渐扩展到蒙古高原的东部,如对契丹、室韦-达怛的统治,完全打开了蒙古高原东西部的通道。②东部的契丹也逐渐展开全面扩张,室韦-达怛则逐渐迁徙到阴山地区。黠戛斯对回鹘的打击,完全颠覆了突厥语民族各部对蒙古高原的统治。突厥语民族在蒙古高原的霸主地位不复存在,也使高原处于政治真空状态。雄起的契丹、发展壮大的室韦各部,完全都处于蓄势待发的状态。黠戛斯可汗没有迁徙牙帐,与蒙古高原各部的发展形势不无关系。

又及,击溃回鹘后,黠戛斯虽然及时向唐朝派出了通报信息的使者,但却迟迟得不到唐朝肯定的答复,这或许也是黠戛斯没有迁帐的原因之一。唐朝一再推迟对黠戛斯册封,是因为"回鹘盛时有册号,今幸衰亡,又加黠戛斯,后且生患"③。唐朝方面担心昔日突厥、回鹘与之市马无度现象的重现,所以对黠戛斯的册封一再搁浅。

---

① 〔韩〕丁载勋:《回鹘汗国灭亡原因新探》,《文史哲》2001年第6期。
② 亦邻真:《中国北方民族与蒙古族族源》,《亦邻真蒙古学文集》,第554页。
③ 《新唐书》卷217下《黠戛斯传》,第6150页。

为了消除唐朝方面的顾虑，黠戛斯或许因此没有入驻蒙古高原。因为一旦黠戛斯将牙帐迁至漠北，必然会给唐朝造成大军压境的态势，唐朝上下所担心的问题就会变成现实。权衡漠北形势及唐朝方面的反应，黠戛斯也不可能长期进驻漠北。

从黠戛斯大军挺进天山的策略来看，其目的在于早日剪除回鹘残余。黠戛斯将战略重点放在回鹘西迁的西域地区，表明其既无心也无力经略蒙古高原。黠戛斯只是终结了回鹘在鄂尔浑河的统治，却并没有占据该地区的打算。但为了扩大汗国的影响并利于对回鹘的进攻，黠戛斯阿热将牙帐暂时南迁到唐努乌梁山以南。国内学者贾丛江撰文也指出："黠戛斯攻灭漠北回鹘之后，依照先西部（东部天山）后东部（漠北草原）的战略部署，首先全力经营西域，造成了从开成五年（840）直到大中二年（848），南迁回鹘被唐朝消灭为止，都始终不见黠戛斯对其进行南下追剿的奇怪现象。故《新唐书》载'逮咸通间，三来朝。然卒不能取回鹘'。"[①] 正因为如此，在漠北鄂尔浑地区才没有发现任何属于黠戛斯人的生活遗存。

综上所述，我们可以认为黠戛斯最终并没有驻扎蒙古高原。苏联学者巴托尔德在其所撰写的《中亚突厥史十二讲》《突厥蒙古诸民族史》《吉尔吉斯人历史概论》等论著中，认为黠戛斯占据了蒙古高原，而且"是最后一个统治蒙古的突厥民族"，终结黠戛斯统治的是契丹人。[②] 法国学者勒内·格鲁塞撰写的《草原帝国》中曾言"位于叶尼塞河上游（米努辛斯克和库苏泊之间）黠戛斯人，占领了回鹘都城哈喇巴喇哈森，杀回鹘可汗，推翻了回鹘帝国"；其后"黠戛

---

① 《新唐书》卷217下《黠戛斯传》，第6150页。
② 〔苏联〕瓦西里·弗拉基米罗维奇·巴托尔德：《中亚历史》，张丽译，兰州大学出版社2013年版，第552页。

斯取代了回鹘人，移居鄂尔浑河上游的'帝国的蒙古地区'即哈喇巴喇哈森和和林附近。他们一直是蒙古地区的主人，直到大约920年被蒙古族契丹人打败后返回叶尼塞草原"。[①] 他们甚至认为黠戛斯是被契丹人逐出蒙古高原，才退回叶尼塞河上游。这些论述现在看来并不能成立。

汉文史籍所见，目前为止，唯一涉及840年后黠戛斯与漠北关联的史事，是大中二年（848），南下回鹘内乱自相残杀，唐乘机剿灭乌介余部，回鹘余众被七姓室韦瓜分。其后，"黠戛斯相阿播领诸蕃兵称七万，从西南天德北界来取遏捻及诸回鹘，大败室韦。回鹘在室韦者，阿播皆收归碛北"[②]。碛北，唐代泛指大漠以北的蒙古高原，史官只言回鹘余众被带回碛北，并不能证明黠戛斯可汗牙帐就在碛北。

苏联和后来俄罗斯的考古学家甄别了黠戛斯墓葬，认为其一般特点是"墓葬有长方形或六边形石板做成的盖板，用插在地上的石头组成圆形的围墙。墓坑用原木砌壁面，在火化后将骨灰埋入墓坑。在墓坑中发现了偶像、陶器、动物骨骼、武器、器具和装饰品"[③]。但在今蒙古国境内的考古发掘，没有发现相近的黠戛斯墓葬。

因此，黠戛斯迁徙并短暂占领或统治蒙古高原，抑或黠戛斯在蒙古高原被契丹迫使返回故地叶尼塞故地的观点，或许都值得进一步的商榷。

[①] 〔法〕勒内·格鲁塞：《草原帝国》，蓝琪译，商务印书馆1998年版，第166页。
[②] 《旧唐书》卷195《回纥传》，第5125页。
[③] 〔蒙〕D.策温道尔吉、D.巴雅尔、Ya.策仁达格娃、Ts.敖其尔呼雅格：《蒙古考古》，〔蒙〕D.莫洛尔俄译，潘玲、何雨濛、萨仁毕力格译，杨建华校，上海古籍出版社2019年版，第178页。

三、黠戛斯从天山、金山的回归

汉文史籍可见黠戛斯西征的记载。会昌二年（842）冬十月，黠戛斯专使踏布合祖、达干迈悉禾亥义、判官元因娑拽汗阿已时等七人至天德。踏布合祖等人声言："已得安西、北庭、鞑靼五部落。"[1]《旧唐书》亦载"（会昌）三年（843），二月，赵蕃奏：'黠戛斯攻安西、北庭都护府，宜出师应援。'德裕奏曰：'据地志，安西去京师七千一百里，北庭去京师五千二百里，……自艰难以后，河陇尽陷吐蕃，若通安西、北庭，须取回纥路。今回纥破灭，又不知的属黠戛斯否？……臣恐蕃戎多计，知国力不足，伪且许之，邀求中国金帛，……恐计非便"[2]。唐廷就黠戛斯西征天山，讨论是否应援回鹘之事。可见，此时黠戛斯已经占据了安西、北庭。

宣宗大中十年（856），唐廷曾欲册封庞特勤并下《议立回鹘可汗诏》，文中提到："又有回鹘，随黠戛斯李兼至朝廷。"该处所指的黠戛斯，虽然具体位置不甚明确，但可以肯定这路使者是来自安西地区（天山东部南麓，龟兹一带）。诏书又"云庞特勤今为可汗，尚寓安西，众所悦附"[3]。懿宗咸通七年（866）春二月，"归义节度使张义潮奏北庭回鹘仆固俊克西州、北庭、轮台、清镇等城"[4]。回鹘仆固俊攻克北庭，说明此时黠戛斯已经失去该地。唐会昌二年（842）春末夏初以前，黠戛斯占据安西、北庭。在843—866年之间，黠戛斯就

---

[1] 《资治通鉴》卷247，唐武宗会昌三年（843），第8095页。
[2] 《旧唐书》卷174《李德裕传》，第4322、4323页。
[3] 《唐大诏令集》卷128《议立回鹘可汗诏》，第693页。
[4] 《资治通鉴》卷250，懿宗咸通七年（866），第8235页。

退出了该地区。

黠戛斯人南下安西的史实,还见于982年成书的波斯文史料《世界境域志》的零散记载。如:"喀什噶尔(疏勒)属于中国,但位于样磨、吐蕃、和黠戛斯与中国之间的边境上。喀什噶尔的首领们往昔是葛逻禄人或样磨人"①;"B. NJUL(即温宿,今新疆阿克苏附近)在葛逻禄国境内,但过去其国王代表九姓古斯人,现在被黠戛斯人所占据"②。

840年,黠戛斯追击回鹘余众,西征南下,天山地区始有黠戛斯人活动的迹象。喀什噶尔(疏勒)以前是唐朝的领地,但是,安史之乱时,唐朝已无力经营此地。于是,吐蕃、葛逻禄联盟与漠北回鹘爆发了争夺此地的北庭之战。790年,吐蕃、葛逻禄联盟获得胜利,790—808年间,吐蕃、葛逻禄联盟控制了天山东部地区。吐蕃在公元9世纪中叶前后,失去了塔里木盆地南部的统治,所以,B. NJUL在葛逻禄国境内。840年以前,此地不见黠戛斯进入的记载,866年以后,回鹘仆固俊逐渐强大并控制着该地区,黠戛斯也不可能越过北庭、高昌而占领喀什噶尔与温宿。因此,只有840—866年,黠戛斯军队为追逐回鹘残余,才会南下至此。

黠戛斯人南下阿尔泰山的史料,见于《世界境域志》:"在伊塞克湖附近,九姓古斯的边界上另有一山脉,延伸到突骑施和葛逻禄之交界处,然后又改变方向,并从这里分出一支山脉延伸到黠戛斯部落境内。此山叫图拉斯山(TULAS),山中有许多黑貂、灰松鼠和麝。而在延伸到黠戛斯境内的支脉中则发现有麝、犀牛-〔角〕、

---

① 〔波斯〕佚名:《世界境域志》,第66页。
② 同上书,第67页。

灰松鼠和黑貂。"① 图拉斯山（TULAS）所指是今阿尔泰山脉,此山也是黠戛斯与基马克的界山,据载:"另一座山位于北部,在基马克边境和黠戛斯的边界之间。该山始于基马克边境,向东延伸到黠戛斯边界。"② 提及黠戛斯与九姓古斯相邻的史料,还有"其（指九姓古斯）东为中国,南面是吐蕃的某些部分和葛逻禄;西面是黠戛斯的某些部分;北面也是黠戛斯。（黠戛斯人?）遍布于九姓古斯国全境沿边各地"③。可见在伊塞克湖以北和阿克苏,喀什噶尔一带,分布着黠戛斯的许多部落。

840年以后,西迁回鹘一支到达高昌、北庭后,向西到达了伊塞克湖东北及伊犁盆地,甚至还到了喀什噶尔。穆斯林作者笔下的九姓古斯,多数是指天山东部的回鹘王国（即高昌回鹘王国）。以上史料反映了黠戛斯及其属部曾与高昌回鹘为邻,即黠戛斯曾到过此地。在今吉尔吉斯斯坦伊塞克湖以北和新疆阿克苏、喀什噶尔一带,分布着黠戛斯的许多部落,他们应该也都是追随回鹘才到达这些地区。

唐咸通七年（866）左右,黠戛斯不得不退出了天山地区。黠戛斯从金山（阿尔泰山）地区向北回归的问题,目前为止,并没有相关的文字史料记载,但我们可以在萨彦岭外黠戛斯的考古遗址,看见黠戛斯逐渐北移的历史痕迹。④

公元10世纪末,黠戛斯回归叶尼塞河流域,除了自身渐呈弱势之外,也与金山地区各个民族的发展,原属于黠戛斯的拔悉密部迅

---

① 〔波斯〕佚名:《世界境域志》,第37页。
② 同上书,第39页。
③ 同上书,第65页。
④ 巴哈提·依加汉:《9世纪中叶以后黠戛斯的南下活动》,《西域研究》1991年第3期,第36页。

速崛起，以及契丹强势西进的等多种因素有关。唐代拔悉密居于金山南北，史载是回鹘外九姓之一，自天宝三年被回纥、葛逻禄击败。11世纪维吾尔学者麻赫默德·喀什噶里撰写的《突厥语大词典》有"拔悉密突厥的一个部落"的记载。在《突厥语大词典》中，作者列举了突厥各部的地理分布。其中，拔悉密已与黠戛斯等部并列[①]。11世纪时，拔悉密在此地已具有重要的地位[②]。由于拔悉密在金山地区兴起并逐渐发展强大，不仅摆脱了对黠戛斯的隶属，甚至对黠戛斯产生了直接的威胁，迫其不得不退回叶尼塞故地。

第二节　辖戛斯国王府

黠戛斯从汉代起，就被载入汉文史册，但直到唐代才与中原王朝发生直接联系。10世纪时，契丹兴起，黠戛斯与契丹也有贡使往来。《辽史》中"黠戛斯"族名被汉字译写为"辖戛斯"。研究发现，黠戛斯作为辽朝的属部，还受过大辽的册封。

契丹-辽兴起后，从蒙古高原向西发展，拥有广阔的疆域。北方各部纷纷附属，昔日的黠戛斯汗国，也被冠以"辖戛斯国王府"之名，位列于辽诸国之列的北面属国官，见载于《辽史·属国表》。辖戛斯国王府的出现，是辖戛斯国势之衰的写照。作为属国，黠戛斯

---

① 辽重熙十九年（1050），"远夷拔思母部遣使来贡"。参见［元］脱脱等《辽史》卷20《兴宗本纪》，《辽史》卷46《百官志二·北面属国官》，中华书局1974年版，第241、758页。参见巴哈提·依加汉《辽代的拔悉密部落》，《西北民族研究》1992年第1期。
② 穆赫默德·喀什噶里：《突厥语大词典》第1卷，第31页。

先后三次遣使入辽：辽太宗耶律德光天显六年（931），"西南边将以慕化辖戛斯国人来"①；穆宗应历二年（952），"回鹘及辖戛斯国来贡"②；景宗保宁八年（976），"辖戛斯国遣使来贡"③。辽太宗、穆宗、景宗等朝均有辖戛斯国遣使来贡。从《辽史》的记载可见，来访使者的身份均以"辖戛斯国"相称。表明他们并不是散居于高昌等地的辖戛斯人，而是来自叶尼塞流域的辖戛斯汗国。

辖戛斯国王府位于今叶尼塞河上游，当属于辽的"绝域之地"。辽刑法中有"流刑"之法，其一有"罚使绝域"的刑罚。《辽史》记载，辽世宗天禄二年（948），辽朝遣盆都使辖戛斯国。盆都作为辽将因参与谋反而获罪，被罚流放出使辖戛斯国。这也是辽以处罚罪人之名，向辖戛斯国唯一一次"派出"的使者。具体史事如下：

辽世宗天禄二年（948）春正月，"天德、萧翰、刘哥、盆都等谋反。诛天德，杖萧翰，迁刘哥于边，罚盆都使辖戛斯国"④。该条史料所述史实，为辽太宗三子天德，密结萧翰欲反世宗未遂，获罪被杀。盆都是辽的一名将军，参与了此次天德的谋反。盆都因属从罪而被罚"使辖戛斯国"，当属"流刑"。辽代"流刑"的处罚情况，据《辽史·刑法志》记载，"流刑量罪轻重，置之边城部族之地，远则投诸境外，又远则罚使绝域"⑤。流刑的远近分为"边城""境外"

---

① 《辽史》卷 70《属国表》，第 1129 页。"西南"应该是"西北"之误。相同记载，还见于《辽史》卷 3《太宗本纪》，第 32 页，载"西南边将以慕化辖戛斯国人来"。
② 《辽史》卷 70《属国表》，第 1135 页。
③ 同上书，第 1137 页。景宗保宁八年（976 年），亦载"辖戛斯国遣使来贡"，《辽史》卷 8《景宗本纪》，第 96 页。
④ 《辽史》卷 5《世宗本纪》，第 64 页。
⑤ 《辽史》卷 62《刑法志》，第 936 页。

"绝域",《辽史·刑法志》还以"遣盆都使辖戛斯国"为例,对"罚使绝域"做了解读①。由此可见,契丹人对辖戛斯国的认知:第一,辖戛斯是辽境之外的"国";第二,辖戛斯是远离契丹的"绝域"。

或许我们可以这样理解:地处偏远的黠戛斯在辽代仍然是北方的一个汗国。《辽史》中数条关于盆都受罚出使的记载,如"罚盆都使辖戛斯国"②,"以盆都使辖戛斯国"③,"使于辖戛斯国"④。这些记载表明虽然辽向黠戛斯派出的使者是一位受罚的罪人,但史官却用"使"或"遣"、"国"等字样来描述此事。此外,从辽代属国职名总目的划分,如"某国大王。某国于越"⑤,以及"辖戛斯国王府",并位在"诸国"之列⑥,都足以印证,在辽人的认知中,黠戛斯仍以"国"的形式存在。

辽与辖戛斯国王府的关联,还见于10世纪左右叶尼塞阿苏拉第26号碑铭的记载,铭文显示墓主是一位拥有"于越"尊号的黠戛斯人。⑦考辽代考"于越(üge)"之职,据《辽史·百官志一》记载,是"非有大功德者不授"的契丹本族的职官⑧,是一种表示恩宠的"加衔",被视为"尊官"。此外,"终辽之世,以于越得重名者三人:耶律曷鲁、屋质、仁先,谓之三于越"⑨,可见其位尊贵显赫。关于"于越"的含意,有"兀赫(aūheh)"的解读,意谓莽夫、强盗和勇

---

① 《辽史》卷62《刑法志》,第937页。
② 《辽史》卷5《世宗本纪五》,第64页。
③ 《辽史》卷77《耶律屋质传》,第1257页。
④ 《辽史》卷113《逆臣中·耶律刘哥盆都》,第1508页。
⑤ 《辽史》卷46《百官志二·北面属国官》,第755页。
⑥ 同上书,第758页。
⑦ 〔法〕路易·巴赞:《突厥历法研究》,第147页。
⑧ 《辽史》卷45《百官志一·北面朝官》,第694页。
⑨ 同上。

士。"于越（üge）"在契丹-蒙古语中，还有"英雄"之意。考"兀赫"，是契丹-蒙古语的"üge"之汉译，成吉思汗的怯薛长者勒蔑就是具有"兀赫"头衔的勇士。① 由于难得此号，故有学者考证"有辽一代，得践此职者皆契丹人"②，学界也基本认可此说。

但考辽朝为笼络域外之民，也确有授予契丹人以外的他族首领为"于越"的记载。如辽会同四（941）三月，辽太宗耶律德光特授回鹘使阔里为于越③；辽景宗保宁三年（971），"胪朐河于越延尼里等率户四百五十来附"④。作为附辽朝的辖戛斯国王府，获得辽朝"于越"名号，当也不无可能。⑤ 此时，黠戛斯国势虽已不再强大，但昔日的影响尚存。黠戛斯虽然属于辽代的"绝域"之国，但在《辽史》中尚多有记载，足见其在辽代还是北方强族，与东方的联系尚属密切。

《辽史》中辖戛斯作为辽的属国，应尽"命将出师，臣服诸国。人民皆入板籍，贡赋悉输内帑"的义务⑥。《辽史》载辽的属国义务是"朝贡无常。有事则遣使征兵，或下诏专征；不从者讨之。助军众寡，各从其便，无常额"⑦。辖戛斯位列于《辽史·兵卫志·属国军》下⑧，但史册中并不见辖戛斯对辽履行上述义务的记载。那么，黠戛斯与辽朝的关系，与其和唐朝的隶属关系有一些区别。

---

① 〔波斯〕拉施特：《史集》第1卷第1分册，第257页。
② 何天明：《辽代大于越府探讨》，《内蒙古大学学报》（哲学社会科学版）2006年第1期。
③ 《辽史》卷4《太宗本纪》，第49页。
④ 《辽史》卷8《辽景宗本纪》，第92页。
⑤ 《辽史》卷46《百官志二·北面属国官》，第758页。
⑥ 《辽史》70《属国表》，第1125页。
⑦ 《辽史》卷36《兵卫志·属国军》，第429页。
⑧ 同上书，第431页。

宋人胡峤的《陷虏记》记载回纥西北又其西，有"辖戛"[①]，宋人将"黠戛斯"称为"辖戛司"，故"辖戛"当为"辖戛司"的漏记。辽时通往辖戛斯的路线，就是草原丝绸之路的北线。大致走向是："由上京西北上边防河董城（一名回鹘可敦城，今乌兰巴托南）、西南至皮被河城（今蒙古境内）、西行至塔懒主城（额尔古纳河侧）、西行至镇州，途经今乌兰巴托西北的辽属防州、维州，经招州（鄂尔浑河西岸，原有古回鹘城），西北行经乃蛮部就能到辖戛斯国。"[②]此间的黠戛斯的历史，还见于11世纪中叶（1050—1053）一些波斯文零散的记载。加尔迪齐的著作《记述的装饰》提到了9—10世纪有关突厥诸族的地理和部落起源及风俗习惯等内容[③]。加尔迪齐记载，从九姓乌古斯（高昌回鹘）即从甘州出发到黠戛斯，大约要走两个半月。一路上要经过草地、荒漠、森林、草原与牧场，才能到达"黠戛斯可汗的军帐"。而且，黠戛斯汗国对外交通发达，并盛产"麝香、毛皮和鷇突角"，所以常常运出这些物品与阿拉伯人贸易[④]。

11世纪下半叶，杰出的维吾尔学者穆赫默德·喀什噶里撰成了《突厥语大词典》。作者宣称曾亲自调查突厥各部的住地、历史、语言、风俗习惯等情况，并制作成"圆形地图"，展示了突厥及其突厥语各部的地理分布，是学界公认的价值高而又可信的第一手史料。

[①] 《新五代史》卷73《四夷附录第二·契丹下》，[宋]欧阳修撰：《新五代史》，中华书局1974年版，第907页。
[②] 项春松：《辽代历史与考古》，内蒙古人民出版社1996年版，第202页。
[③] 作者全名是"阿布·沙依德·阿布德·哈耶·本·札赫哈克·加尔迪齐"。这部著作唯一所知的写本现藏于牛津大学图书馆。
[④] 〔俄〕瓦·弗·巴托尔德：《加尔迪齐〈记述的装饰〉摘要——〈中亚学术旅行报告（1893—1894年）〉的附录》，《西北史地》1983第4期。

据载黠戛斯（kïrkïz）是突厥部落之一，分布在秦（契丹，hïtay）的附近。①11世纪时，黠戛斯早已完成了突厥化，因与契丹有一定的联系，所以作者才用与"契丹"的距离来表述黠戛斯的地理方位。

12世纪，黠戛斯又以"乞儿吉思"（Kirgis）之译名，见于波斯文献。辽朝衰亡之际，耶律大石自立并率部西迁，《世界征服者》载"他们抵达吉利吉思（黠戛斯）国，向该地区的部落发动进攻，后者也反过来袭扰契丹人"②。志费尼没有明确此时的具体时间，但据拉施特《史集·成吉思汗纪》载可知，事发于1128—1129年（伊斯兰教历522—523年）间，"当女真王出兵攻打哈剌契丹，将他灭掉时，哈剌契丹的一个有势力的异密大石太傅从那里逃到了乞儿吉思（黠戛斯）、畏兀儿和突厥斯坦地区上"③。汉文史料可证，辽延庆三年（1124），耶律大石建立西辽，定都巴拉沙衮之后，为了报复吉利吉思人，派出一支军队到吉利吉思人的国土，以报他在他们手中受辱之仇。④其后，文献仍有吉利吉思与西辽的东北部接壤的记载，证明吉利吉思人（黠戛斯）最终也没有被耶律大石征服。⑤

上述两部波斯文文献虽然成书年代较晚，但所述史实大多是作者亲闻亲历过的事情，所以比较可靠。耶律大石西迁，后有女真的追逐，前面主要面临三个民族：正西面乃蛮部是蒙古高原各部中比较强大的部落；西南的高昌回鹘部，当时据有天山北麓的别失八里

---

① 穆赫默德·喀什噶里：《突厥语大词典》第1卷，第31页。
② 〔伊朗〕志费尼：《世界征服者史》，何高济译，内蒙古人民出版社1980年版，第417页。
③ 〔波斯〕拉施特：《史集》第1卷第2分册，第109页。
④ 〔伊朗〕志费尼：《世界征服者史》，第418页。该年又是西辽康国元年。
⑤ 魏良弢：《西辽史研究》，宁夏人民出版社1987年版，第121、130页。

和东部天山南麓的高昌城；西北方的吉利吉思人（黠戛斯部），他们在与漠北回鹘的多年战争中，实力消耗很大尚在恢复阶段。所以，耶律大石才选择了这里作为西进的突破口。但是，耶律大石对黠戛斯人的进攻并没有得到预期的效果，只好绕过阿尔泰山，再辗转到达他的目的地叶密立。[1] 以上两条史料表明，黠戛斯虽然历经多年战争消耗，实力有所削弱却仍可一战。

1115年，女真建立金朝，与黠戛斯似乎并没有发生直接的联系。但金人所著的《北使记》曾提到西北有"纥里迄斯"一族（即黠戛斯族名的异写）。1220年，金朝遣乌古孙仲端北使大蒙古国，谒见太师木华黎。乌古孙仲端一路向西北行，经过"磨里奚、磨可里、纥里迄斯、乃蛮、航里、瑰古、途马、合鲁"等部，到达益离城。[2] 此处再次提到了"纥里迄斯"。但文中没有具体的行进路线，因而很难确定所列各部的方位。另外，我们也缺乏依据判定这些民族所居之地，是讲述者亲历的抑或是途中听说，无法得出正确的结论。但此处的"纥里迄斯"，也很有可能是黠戛斯迁往天山地区的某些部落，因为黠戛斯人从匈奴时代（时称坚昆），就已经开始从叶尼塞河流域向天山地区的迁徙。

黠戛斯之名，还散见于徐梦莘《三朝北盟会编》收录的宋人范仲熊《北使记》一文："丙午岁（1126）十一月，粘罕陷怀州，杀霍安国，范仲熊贷命，令往郑州养济。途中与燕人同行，因问：'此中来者是几国人？共有多少兵马？'其番人答言：'此中随国相来者，

---

[1] 纪宗安：《西辽史论·耶律大石研究》，新疆人民出版社1996年版，第35—37页。
[2] ［金］刘祁：《归潜志》，中华书局1986年版，第167页。

有鞑靼家、有奚家、有黑水家、有小葫芦家、有契丹家、有党项家、有黠戛斯家、有火石家、有回鹘家、有室韦家、有汉儿家,共应为不得见数目。"[1]在金朝大将粘罕的部队中,集结了鞑靼(应为阴山鞑靼)、小葫芦(即小勃律)、党项、黠戛斯、回鹘等各民族的兵士,此处的黠戛斯或许就是前述南下天山的那些部众,他们也许已经隶属于金朝,与叶尼塞河流域的黠戛斯无多大关系。

第三节　大蒙古国的征服

12世纪,渐呈弱势的乞儿吉思,历经西辽、乃蛮数次攻击,乞儿吉思曾经阻止耶律大石,并遭到西辽的报复,还曾遭到乃蛮部的重创。但乞儿吉思并没有受到毁灭性的打击。直至13世纪初,成吉思汗派人去收复乞儿吉思(黠戛斯),乞儿吉思最终被成吉思汗大蒙古国的军队彻底击溃。

大蒙古国及元代,黠戛斯族名译写作"乞儿吉思"(Qirqiz)或"吉利吉思"(Kirghiz),《蒙古秘史》将黠戛斯人称作"乞儿吉速惕(Kirgisut)",为复数的形式。[2]《元史·地理志》记载,吉利吉思"南去大都万有余里";"其境长一千四百里,广半之,谦河经其中,西北流。又西南有水曰阿浦,东北有水曰玉须"。[3] 前文已述,谦河即"剑河"(又名克姆契克河),"阿浦"即《周书》之"阿辅水",

---

[1] [宋]徐梦莘,《三朝北盟会编》,上海古籍出版社2008年版,第738页。
[2] [波斯]拉施特:《史集》第1卷第1分册,第362页。
[3] 《元史》卷63《地理六·西北地附录》,第1574页。

为今谦河支流阿巴坎河。至此，前代史书都没有指出叶尼塞河的另一条支流安加拉河。《元史·地理志》首次记载了玉须水流经吉利吉思境内，此即源于北海（今贝加尔湖）的安加拉河。这不仅完善了黠戛斯的历史地理资料，也进一步证实了黠戛斯（吉利吉思）自古就在阿巴坎河至叶尼塞河中游一带居住。①

波斯人拉施特撰写的《史集》中，将黠戛斯称为"乞儿吉思（qirqiz）"。由乞儿吉思（鄂毕河上游至叶尼塞河之间）和谦谦州（k(a)mk(a)mīūt，唐努岭以北至叶尼塞河上游之间）两个地区，构成一个国家（m(a)ml(a)k(a)t）。②韩儒林先生将m(a)ml(a)k(a)t一词，译成"国家"，当不为过。乞儿吉思君主尊号为"亦纳勒"（aināl），显贵姓氏为"也迪"（yidi）。谦谦州的显贵为"也迪-斡伦"（yidi-aūrūn），君主为"兀鲁思-亦纳勒"（aūrs-aināl）。③"亦纳勒"（aināl）一词，在突厥语中是皇帝、汗的意思。也有解读为"乞儿吉思人称其君主为亦纳勒，正如蒙古人与塔吉克人所说的帕迪莎"的说法④。亦纳勒（亦纳里、亦难）为乞儿吉思诸部君长的称号，该词即突厥语 inäl，是一个古老的突厥语称号。这表明原来的黠戛斯汗国，此时已分为两部分。

8世纪中叶，黠戛斯就与乃蛮部为邻，但双方的关系并不稳定。乃蛮居地以阿拉泰为中心，西至也儿的石河，东邻克烈，北接乞儿

---

① 乌兰：《蒙古征服乞儿吉思史实的几个问题》，《中国蒙古史学会成立大会纪念集刊》，中国蒙古史学会编印，1979年。
② 〔波斯〕拉施特：《史集》第1卷第1分册，第245页。韩林儒：《元代的吉利吉思及其相邻诸部》，《穹庐集》，第401页。
③ 〔波斯〕拉施特：《史集》第1卷第1分册，第246页。
④ 阿布尔哈齐：《突厥世系》，罗贤佑译，中华书局2005年版，第40页。

吉思，南至今黑额尔齐斯河，隔沙漠与畏兀儿相望。大蒙古国时期，乞儿吉思与乃蛮、克烈相邻。谦谦州与乃蛮诸部和唐努岭相接。乃蛮部的疆域达到阿尔泰山东西两山麓和额尔齐斯河流域。乞儿吉思在也儿的石河北岸与乃蛮为邻。[①] 唐努岭沿着乃蛮边境一直延伸到蒙古高原，与王汗相邻，乃蛮人经常与克烈部王汗发生纠纷，并互相敌对。乃蛮较为强盛，他们曾多次针对克列亦惕部王汗发起过进攻，同时也是正在兴起的大蒙古国的强劲对手。乃蛮的君主是纳儿乞失-太阳（nārqiš-tāyānk）和阿尼阿惕（aniāt）合罕。[②]13世纪时，乃蛮部落及其君主，因为强大而受人尊敬。两个君主联合击溃了乞儿吉思。其后，乃蛮的两个君主不和，导致了乃蛮部的分裂，实力也就随之削弱。[③]1199年，乃蛮遭到成吉思汗攻击时，乃蛮的不亦鲁黑汗逃到了乞儿吉思的谦谦州地区。[④]

1203年，克列亦惕部落受到成吉思汗的重创，克烈部王汗的儿子鲜昆也逃亡到乞儿吉思，鲜昆获得帮助后重振旗鼓。[⑤]在成吉思汗的打击下，乃蛮人、克烈人纷纷逃往乞儿吉思避难，乞儿吉思成为接纳逃亡各部的庇护所。乞儿吉思的影响引起成吉思汗的关注。1206年，成吉思汗派遣了"阿勒坛（aitān）和不忽剌（būq(u)reh）为急使，到这两个有君主（乞儿吉思）处去，召（他们）归顺。那两个君主派遣了自己的三个异密兀鲁惕-兀秃术、额里克-帖木儿和

---

① 〔波斯〕拉施特：《史集》第1卷第1分册，第224页。刘正寅：《〈史集·部族志·乞儿吉思部〉研究》，《中国边疆史地研究》2013年第1期。
② 〔波斯〕拉施特：《史集》第1卷第1分册，第222页。
③ 同上书，第224页。
④ 〔波斯〕拉施特：《史集》第1卷第2分册，第150页。
⑤ 〔波斯〕拉施特：《史集》第1卷第1分册，第219页。

安乞剌黑,带着一只白鹰,作为臣下对尊长表示的敬意,与他们一同回来,(向他)称臣"①。《元史》也记载,太祖铁木真二年,太祖"遣按弹、不兀剌二人使乞力吉思。既而野牒亦纳里部、阿里替也儿部,皆遣使来献名鹰"②。《蒙古秘史》同载,兔儿年(1206),成吉思汗命拙(术)赤占领斡亦剌诸部后,继续向乞尔吉思进军,"至万乞儿吉思种处,其官人也迪亦纳等。也归附了。将白海青、白骟马、黑貂鼠来拜见拙赤"③。乞儿吉思人的行为,仅表示他们愿意降顺,并不代表他被彻底征服。

最终导致成吉思汗再次征服乞儿吉思,并使其彻底灭亡的诱因,是乞儿吉思的邻族秃马惕人反抗大蒙古国的起义。秃马惕即秃巴思,是一族的同名异译,也是该族名的复数形式,他是唐代黠戛斯的属部木马三突厥之一的都波。13世纪,秃马惕人与乞儿吉思人,分别居住在叶尼塞河上游、中游。由叶尼塞河东至安加拉河沿岸,是乞儿吉思人活动的区域,也是秃马惕人居处游牧之地。秃马惕的住地在巴儿忽真-脱窟木和拜鲁克,两族交错杂居,休戚相关。《蒙古秘史》称秃马惕人为"秃巴思"族,是"林木中百姓","秃马惕人住在乞儿吉思人地区内,是一支非常好战的部落和军队"④。

虎年(1218),住在巴儿忽真-脱窟木和拜鲁克的一个部落秃马惕作乱时,乞儿吉思不但不给出兵,反而附和共同反抗大蒙古国的军队。成吉思汗派遣自己的儿子术赤率领军队前去。最终,乞儿

---

① 〔波斯〕拉施特:《史集》第1卷第1分册,第246页。使者的名字,还被译写为按弹、不兀剌。
② 《元史》卷1《太祖本纪》,第14页。
③ 《蒙古秘史》,第239节,余大钧译注:《蒙古秘史》,第438页。
④ 《史集》第1卷,第1分册,第200页。

吉思人的首领忽儿伦（qūrlūn）不敌蒙古人先锋不化的军队，被蒙古军队击溃。① 术赤穿过谦谦州诸冰河，彻底讨平并征服了乞儿吉思（qīrqīz）。② 秃马惕人反抗大蒙古国的叛乱，导致成吉思汗再次征服乞儿吉思，并使其彻底灭亡。13世纪的乞儿吉思国，是黠戛斯汗国历史的延续。征服乞儿吉思国的人，是大蒙古国的领袖成吉思汗，对此学术界已有共识③。虽然此时乞儿吉思国与黠戛斯汗国已经不能同日而语，但我们也只能将黠戛斯汗国的消亡，归结到乞儿吉思国历史的终结。

8世纪，黠戛斯汗国兴起，至13世纪的乞儿吉思国，大约有五六百年左右的历史。唐咸通年间以后，黠戛斯不见载于唐代史册。其后也未见黠戛斯通宋的记录。辽兴起后，黠戛斯与辽有直接联系。经过和乃蛮、大蒙古国多次征服与反征服的较量，乞儿吉思最终亡于大蒙古国。

1225年，成吉思汗将乞儿吉思之地封与其子拖雷，成为拖雷之妻唆鲁禾帖尼的分地，被称为"别吉大营盘"。元世祖忽必烈时代至元末，乞儿吉思之地又成为阿里不哥系的分地。④《元史·地理志二》载，元世祖至元三十年（1293），"世祖谓哈剌八都鲁曰：'乃颜故地曰阿八剌忽者产鱼，吾今立城，而以兀速、憨哈纳思、乞里吉思三

---

① 刘正寅：《〈史集·部族志·乞儿古思部〉研究》，《中国边疆史地研究》2013年第1期，第146页。
② 〔波斯〕拉施特：《史集》第1卷第1分册，第247页。
③ 乌兰：《蒙古征服乞儿吉思史实的几个问题》，《中国蒙古史学会成立大会纪念集刊》，1979年。郭平梁：《十至十八世纪初的乞儿吉思》，《新疆社会科学》1983年第4期，第108—120页。刘正寅：《〈史集·部族志·乞儿吉思部〉研究》，《中国边疆史地研究》2013年第1期。
④ 《元史》卷169《刘哈剌八都鲁传》，第3795页。

部人居之，名其城曰肇州，汝往为宣慰使。'既至，定市里，安民居，得鱼九尾皆千斤来献。元贞元年，立肇州屯田万户府，以辽阳行省左丞阿散领其事。"[1]元世祖忽必烈东迁部分乞儿吉思人，欲立城于"肇州"（今黑龙江省肇东市四站镇的八里城一带）。[2]其后，部分乞儿吉思人又被陆续迁至今黑龙江富裕县。此外，另有大部分黠戛斯人南下天山，现居于新疆克孜勒苏柯尔克孜自治州。

公元8世纪初黠戛斯形成汗国。公元9世纪40年代，黠戛斯击溃了漠北回鹘汗国。10世纪后，关于黠戛斯的记载几乎全部消失。直到13世纪，其后裔乞儿吉思人的踪迹才重新见诸历史。约公元1130年，黠戛斯与西辽间爆发了冲突，抑或臣服了西辽。1207或1208年，乞儿吉思归附了成吉思汗统治下兴起的大蒙古国。在蒙古统治期间，黠戛斯迅速进入一段动荡时期，他们卷入了蒙古内部忽必烈与阿里不哥间，以及随后忽必烈与海都间的汗位继承之争。这些战争造成了一批黠戛斯人迁离故地叶尼塞河上游地区。其中一部分南下天山地区，成为当今的柯尔克孜人。

---

[1] 《元史》卷59《地理志二》，第1396页。
[2] 《元史》卷169《刘哈剌八都鲁传》，第3795页。

结　论

　　黠戛斯是北方民族史上占有重要地位的古代民族。从汉代起见诸史册，与中原王朝的直接联系始于唐代。同时，黠戛斯亦先后与匈奴、丁零、鲜卑、柔然、突厥、漠北回鹘等北方民族发生联系。黠戛斯民族在保持自己民族特色的同时，兼融或承继了其他民族的传统文化，如官职的设置、军队的组成方式、冶炼技术的掌握、文字的使用、多元的生产方式等等诸多方面。

　　公元7世纪，黠戛斯始与唐朝直接来往，唐太宗在其活动地区设立了坚昆都督府。受唐朝册封的黠戛斯，政治上借鉴了唐朝许多的官号、官职，使其在因袭北方民族传统官制的基础上，吸收了中原王朝的典章制度，呈现出多元性。军事上，黠戛斯与唐朝联合行动，出兵突厥并助唐平定沙陀李克用之乱。经济上，黠戛斯与唐朝有密切的贸易往来。击溃回鹘后，黠戛斯还得到了唐朝的册封，是与唐朝关系密切的民族之一。

　　公元8世纪初，黠戛斯在与后突厥的抗争中，逐渐发展并形成了汗国。9世纪40年代，黠戛斯击溃漠北霸主回鹘汗国，其后追击回鹘余众南下西征，势力影响远播至天山以及中亚。10世纪时，波斯、阿拉伯文献对黠戛斯均以汗国相称，说明黠戛斯汗国依然存在。黠戛斯的珍贵特产也闻名世界各地。汉文文献以及波斯、阿拉伯文献都有黠戛斯的对外贸易情况的记载，特别是黠戛斯与大食有密切的经济联系。10世纪末至13世纪，黠戛斯汗国从强盛逐渐走向衰弱。辽朝设辖戛斯国王府，为辽的属部之一，双方有贡使往来。辽亡后，乞儿乞思与耶律大石有过接触。金朝时，部分黠戛斯人加入了金将粘罕的队伍。成吉思汗的大蒙古国兴起后，黠戛斯后裔乞儿吉思诸部试图反抗大蒙古征服，但并未摆脱汗国消亡的命运。

唐开成五年（840），黠戛斯击溃漠北回鹘汗国，迫使回鹘人西迁、南下，黠戛斯人也随即南下、西征回鹘残众。黠戛斯虽然并未实施对蒙古高原的实际统治，也没有像匈奴、突厥和回鹘一样占据辽阔疆域，但黠戛斯击溃漠北回鹘汗国这一事件的历史意义还需进一步阐发。

首先，黠戛斯直接击败漠北回鹘汗国，引发了一系列的历史性变化：漠北回鹘离开了蒙古高原，大部西迁进入西域地区，相继建立政权，于是高昌回鹘兴起；契丹西进蒙古高原，扩展势力，造成了整个亚洲内陆统治格局的剧烈变化，从而对蒙古高原乃至中亚历史产生巨大影响。黠戛斯堪称蒙古高原与中亚历史转变的原动力。

其次，唐开成五年（840），漠北回鹘汗国余部西迁，标志着蒙古高原的突厥语族民族统治的结束，蒙古语族各部的势力日渐扩大，获得了极大的发展空间。居于呼伦贝尔草原的原蒙古人（即室韦–达怛人，蒙古民族的先民），逐渐西迁到蒙古高原的核心区域。伴随着各部的陆续迁入，蒙古语族各部的接触与往来也日益频繁，凝聚力得以增强。至13世纪，古代蒙古民族共同体得以形成。

纵观汉文文献的记载，唐代黠戛斯从受赐为坚昆都督府，到黠戛斯汗国建立，始终没有困扰劫掠过唐朝边境，反而成为助力唐朝并受到过两次册封的古代北方民族。黠戛斯历史的研究，具有极其深远的历史与现实意义。

附 录

附表一 古代黠戛斯地区出土的部分马具、马饰

名称	特征	数量	编号	现收藏地（俄罗斯）
马镫	上部铁条弯曲成8字形、下部蹬板扁平并带有透雕纹饰。	83件	6371、6372、6374-6378、6394、6396、6420-6433、6461-6520	米努辛斯克博物馆
	弧形铁条的顶上安一块正方形薄片，上面有系皮带的耳。还有錾花的马镫。	70件	6379-6415、6434-6448、6451-6460、6443、6570、6573、1258、1259、49439	米努辛斯克博物馆 国立历史博物馆
铁马衔	6-10世纪，两节有环马衔，两端各加一个活动环。大多数装有S形马镳上铆接穿系缰绳的耳。8-9世纪马镳上部饰有羊头，下部兽蹄形象。9-10世纪马衔上的铁马镳，两端较粗或采用S形骨镳。此外，还有的马衔带有锤揲的兽形马镳和活动环。	780件	5183、5591-6371	米努辛斯克博物馆

（续表）

名称	特征	数量	编号	现收藏地（俄罗斯）
带扣马掌	弧形、有连轴转动的扣舌。6-10世纪期间使用过。	不详	5183号	国立历史博物馆米努辛斯克博物馆
铁带饰铁络饰	有长尖的带上薄片，上部有精致的圆点、圆圈和鳞状几何形錾形花。还有三叶形、心形等图形的饰牌。	不详	5183号	米努辛斯克博物馆
马鞍饰物	有花瓣形錾花的锤揲饰牌，共有两层用花纹状小钉铆在一起。花瓣形以外，还有狮子纹、鱼鳞纹的饰牌，	11件	编号不详	不 详

附表二　古代黠戛斯地区发现的部分中原王朝的古钱币汇总表

朝代与国别	古钱币年代	数量	编号	现收藏地
西魏	恭帝拓跋廓元年（554年）	4枚	5620-5623号	米努辛斯克博物馆
唐朝	高祖武德四年（621年）	45枚	5295-5339号	米努辛斯克博物馆
	7世纪下半叶至8世纪上半叶	无		

（续表）

朝代与国别	古钱币年代	数量	编号	现收藏地
唐朝	肃宗乾元元年（758-759）	12枚	5244-5268、5617-5618、5709、5710、5716、5718、5720号	米努辛斯克博物馆
	德宗建中元年（780）	6枚	5177-5715、5717号	米努辛斯克博物馆
	宪宗元和九年至武宗会昌六年（814-846）	237枚	5340-5558、5279-5290、5816、5884-5886号，另外5枚编号不明。	米努辛斯克博物馆
五代	10世纪中叶	4枚	5191-5194号	米努辛斯克博物馆
宋朝	10世纪末至11世纪	37枚	5569、5574-5609号	米努辛斯克博物馆
日本		3枚	5652-5654号	米努辛斯克博物馆
金朝	12世纪	8枚	5610-5616、5619a号	米努辛斯克博物馆
元朝	13世纪	无		
	14世纪	1枚	5619号	米努辛斯克博物馆

附表三　古代黠戛斯地区出土的兵器

兵器名称	数量	编号	现收藏地
三棱 三翼镞、铲型扁镞	2377 件	1287-3322、5234-5574	米努辛斯克博物馆
菱形扁平厚镞	1767 件	3425-5191、5183-5191	米努辛斯克博物馆
单刃大军刀	1 件	编号不详	米努辛斯克博物馆
短剑	1 件	5183 等号	米努辛斯克博物馆
鳞甲残片	200 件	6579-6779	米努辛斯克博物馆
头盔	件数不详	编号不详	收藏地不详

注：以上三表均依据 C. B. 吉谢列夫《南西伯利亚古代史》下册相关数据编制。

参考书目

（中文史料按照作者编著的历史年代排序；国外史料与国内外学术论著按照作者中文或中译姓氏音序排序。）

一、史料

（一）中文史料

［汉］司马迁：《史记》，中华书局，1988年。
［汉］班固：《汉书》，中华书局，1988年。
［南朝宋］范晔撰、［唐］李贤等注：《后汉书》，中华书局，1965年。
［晋］陈寿撰、［南朝宋］裴松之注：《三国志》，中华书局，1952年。
［梁］沈约：《宋书》，中华书局，2018年。
［梁］萧子显：《南齐书》，中华书局，1972年。
［北齐］魏收：《魏书》，中华书局，1974年。
［唐］令狐德棻：《周书》，中华书局，1971年。
［唐］魏徵等：《隋书》，中华书局，1973年。
［唐］李延寿：《北史》，中华书局，1983年。
［唐］杜佑撰、王文锦点校：《通典》，中华书局，1988年。
［唐］唐玄宗撰、母煚等执笔：《宋本大唐六典》，中华书局，1991年。

［唐］李林甫等撰、陈仲夫点校:《唐六典》中华书局，1992年。
［唐］李德裕:《会昌一品集》，上海古籍出版社，1994年。
［唐］段成式:《酉阳杂俎》，中华书局，2012年。
［后晋］刘昫:《旧唐书》，中华书局，1975年。
［宋］苏轼:《苏东坡全集》，上海世界书局，1936年。
［宋］王钦若等编纂:《册府元龟》，中华书局，1960年。
［宋］王钦若等编纂、周勋初等校订:《册府元龟》，凤凰出版社，2006年。
［宋］李昉等编:《文苑英华》，中华书局，1966年。
［宋］欧阳修、宋祁:《新唐书》，中华书局，1975年。
［宋］欧阳修:《新五代史》，中华书局，1974年。
［宋］司马光编著:《资治通鉴》，中华书局，1956年。
［宋］王溥:《唐会要》，中华书局，1955年。
［宋］乐史编著、王文楚等点校:《太平寰宇记》，中华书局，2007年。
［宋］徐梦莘:《三朝北盟会编》（附索引）上海世纪出版股份有限公司 上海古籍出版社，2008年。
［宋］宋敏求:《唐大诏令集》，中华书局，1959年。
［宋］陈振孙:《直斋书录解题》，上海古籍出版社，1987年。
［金］刘祁撰、崔文印点校:《归潜志》，中华书局，1983年。
［元］脱脱等:《辽史》，中华书局，1974年。
［元］脱脱等:《宋史》，中华书局，1977年。
［明］王夫之:《读通鉴论》，国学整理社，1936年。
［明］宋濂等:《元史》，中华书局，1976年。
［清］彭定求等校点:《全唐诗》，中华书局，1960年。
［清］董诰等纂修:《全唐文》，中华书局，1983年。
［清］钱绎:《方言笺疏》，上海古籍出版社，1984年。
［清］黄以周等辑注、顾吉辰校:《续资治通鉴长编拾补》，中华书局，2004年。
张氏泽存堂影印本:《宋本广韵》，北京中国书店，1982年。

王国维校注:《圣武亲征录》,上海古籍出版社,1983年。
孔凡礼点校:《苏轼文集》,中华书局,1986年。
余大钧译注:《蒙古秘史》,河北人民出版社,2001年。
吴钢主编:《全唐文补遗》(千唐志斋新藏专辑),三秦出版社,2006年。

(二)国外史料

〔阿拉伯〕塔米姆·伊本·巴赫尔:《塔米姆·伊本·巴赫尔回鹘游记》,王小甫译,《中亚研究资料》1983年第3期。

〔俄〕瓦·弗·巴托尔德:《加尔迪齐著〈记述的装饰〉摘要——〈中亚学术旅行报告(1893—1894年)〉的附录》,王小甫译、陈继周校,《西北史地》1983年第4期。

〔法〕费琅编:《阿拉伯波斯突厥人东方文献辑注》,耿昇、穆根来译,中华书局,1989年。

〔阿拉伯〕伊本·胡尔达兹比赫:《道里邦国志》,宋岘译,中华书局,1991年。

〔中亚〕穆赫默德·喀什噶里:《突厥语大词典》,校仲彝等译,民族出版社,2001年。

〔波斯〕拉施特主编:《史集》,余大均、周建奇译,商务印书馆,1983年。

〔中亚〕马卫集:《马卫集论突厥》,胡锦州、田卫疆摘译,《中亚研究资料》1984年第3期。

〔美〕路易斯·亨利·摩尔根:《古代社会》,杨东莼译,商务印书馆,1977年。

〔日〕森安孝夫:《敦煌藏语史料中出现的北方民族——DRU-GU与HOR》,陈俊谋译,《西北史地》1983年第2期。

〔波斯〕佚名:《世界境域志》,王治来、周锡娟译,新疆社会科学院中亚研究所,1983年。

〔伊朗〕志费尼:《世界征服者史》,何高济译,内蒙古人民出版社,1980年。

二、国内学术论著

(一)学术专著

岑仲勉:《突厥集史》中华书局,1958年。
岑仲勉:《西突厥史料补阙及考证》,中华书局,1958年。
岑仲勉:《通鉴隋唐纪比事质疑》,中华书局,1964年。
岑仲勉:《岑仲勉史学论文集》,中华书局,1990年。
丁声树:《古今字音对照手册》,科学出版社,1958年。
傅璇琮、周建国校笺:《李德裕文集校笺》,河北教育出版社,2000年。
耿世民:《古代突厥文碑铭研究》,中央民族大学出版社,2005年。
顾颉刚、章巽编,谭其骧校:《中国历史地图集》(古代史部分),地图出版社,1955年。
郭宏珍:《突厥语诸族社会组织研究》,社会科学文献出版社,2008年。
郭锡良:《汉字古音手册》,北京大学出版社,1986年。
韩儒林:《穹庐集》,河北教育出版社,2000年。
贺继宏、张光汉主编:《中国柯尔克孜族百科全书》,新疆人民出版社,1998年。
侯林柏:《唐宋两朝边疆史料比事质疑》,香港–南天书业公司,1986年。
胡振华:《柯尔克孜语言文化研究》,中央民族大学出版社,2006年。
华涛:《西域历史研究(八至十世纪)》,上海古籍出版社,2000年。
纪宗安:《西辽史论·耶律大石研究》,新疆人民出版社,1996年。
《柯尔克孜族简史》编写组:《柯尔克孜族简史》,新疆人民出版社,1986年。
林幹:《突厥与回纥历史论文集》,中华书局,1987年。

林幹：《突厥史》，内蒙古人民出版社，1988年。

林幹、高自厚：《回纥史》，内蒙古人民出版社，1994年。

刘美崧：《两唐书回纥传回鹘传疏证》，中央民族学院出版社，1989年。

马长寿：《突厥人和突厥汗国》，上海人民出版社，1957年。

马长寿：《乌桓与鲜卑》，上海人民出版社，1962年。

马大正、冯锡时主编：《中亚五国史纲》，新疆人民出版社，2000年。

芮传明：《古突厥碑铭研究》，上海古籍出版社，1998年。

塔拉、恩和图布信主编：《蒙古国浩腾特苏木乌布尔哈布其勒三号四方形遗址发掘报告（2006年）》，文物出版社，2008年。

谭其骧主编：《中国历史地图集》第二册（秦·西汉·东汉时期），中国地图出版社，1982年。

谭其骧主编：《中国历史地图集》第五册（隋·唐·五代十国时期），中国地图出版社，1982年。

王国维：《观堂集林》，中华书局，1959年。

王力：《汉语语音史》，中国社会科学出版社，1985年。

王力：《同源字典》，商务印书馆，1999年。

王元化主编：《学术集林》，上海远东出版社，1996年。

王小甫：《唐、吐蕃、大食政治关系史》，北京大学出版社，1992年。

王仲荦：《𪩘华山馆丛稿续编》，山东大学出版社，1995年。

魏良弢：《西辽史研究》，宁夏人民出版社，1987年。

薛宗正：《突厥稀见史料辑成》，新疆人民出版社，2005年。

严耕望：《唐代交通图考》，上海古籍出版社，2007年。

杨富学：《中国北方民族历史文化论稿》，甘肃人民出版社，2001年。

亦邻真：《亦邻真蒙古学文集》，内蒙古人民出版社，2001年。

余太山主编：《欧亚学刊》第1辑，中华书局，1999年。

郁贤皓、胡可先：《唐九卿考》，中国社会科学出版社，2003年。

赵力光编：《李寿墓志·南川县主墓志·刘中礼墓志》，上海古籍出版社，

2012年。

中国社会科学院历史所隋唐宋辽金元史研究室主编:《隋唐辽宋金元时论丛》（第1辑），紫禁城出版社，2011年。

周清澍:《内蒙古历史地理》，内蒙古大学出版社，1994年。

周伟洲:《敕勒与柔然》，上海人民出版社，1983年。

周祖谟校笺、吴晓铃通检:《方言校笺及通检》，科学出版社，1956年。

周祖谟:《唐五代韵书集存》，中华书局，1983年。

（二）学术论文

巴哈提:《蒙古兴起前金山地区及其周围的突厥语诸部》，南京大学博士学位论文，1991年。

巴哈提·依加汉:《9世纪中叶以后黠戛斯的南下活动》，《西域研究》1991年第3期。

崔明德:《李陵·拓跋氏·黠戛斯——兼论汉唐时期北方少数民族的寻根现象和认同心态》，《烟台大学学报》（哲学社会科学版）1995年第1期。

陈庆隆:《坚昆、黠戛斯与布鲁特》，《大陆杂志》第51卷，1975年第5期。

甘长新:《贡赐体系下的黠戛斯与唐朝关系》，云南民族大学硕士学位论文，2012年。

郭平梁:《十至十八世纪初的乞儿吉思》，《新疆社会科学》1983年第4期。

郭平梁:《从坚昆都督府到黠戛斯汗国》，《西域史论丛》第二辑，新疆人民出版社，1985年。

华涛:《回鹘西迁及东部天山地区的政治形势》，《西北民族研究》1990年第1期。

胡可先、咸晓婷:《〈唐九卿考〉订补》，《湖南大学学报》（社会科学版）2009年第2期。

贾丛江:《黠戛斯南下和北归考辨》，《西域研究》2000年第4期。

贾丛江:《回鹘西迁诸事考》，《西域研究》2001年第4期。

蒋其祥、周锡娟:《九至十三世纪初突厥各部的分布与变迁》,《新疆社会科学》1983年第4期。

李经纬:《突厥如尼文〈苏吉碑〉译释》,《新疆大学学报》1982年第2期。

李树辉:《突厥语数词toquz文化附加义探析》,《语言与翻译》1998年第4期。

李树辉:《S.6551讲经文写作年代及相关史事考辨》,《敦煌研究》2003年第5期。

李树辉:《古代回鹘文史诗〈乌古斯可汗的传说〉有关问题考辨》,《新疆文物》2004年第1期。

李树辉:《尉犁地名和柔然源流考》,《新疆大学学报》(哲学·人文社会科学版)2007年第2期。

林梅村、陈凌、王海城:《九姓回鹘可汗碑研究》,《欧亚学刊》1999年第1辑。

刘正寅:《〈史集·部族志·乞儿吉思部〉研究》,《中国边疆史地研究》2013年第1期。

罗权、李鑫鑫:《叶尼塞河碑铭所见唐代黠戛斯的社会生活》,《中华文化论坛》2021年第1期。

孟楠:《古代黠戛斯人"剺面"习俗小考》,《中国西北边疆》2004年第1期。

孟楠:《黠戛斯人剺面习俗研究》,《西域研究》2007年第3期。

宁夏回族自治区博物馆、固原博物馆:《宁夏固原北周李贤夫妇墓发掘简报》,《文物》1985年第11期。

潘其风:《从颅骨资料看匈奴的人种》,《中国考古学研究》第二集,科学出版社,1986年。

齐达拉图:《乃蛮部历史若干问题研究》,内蒙古大学硕士学位论文,2010年。

芮传明:《暾欲谷征讨黠戛斯的行军路线考》,《铁道师院学报》1990年第

2期。

通拉嘎:《叶尼塞鲁尼文碑铭译注与相关社会文化初探》,内蒙古大学硕士学位论文,2017年。

王洁:《唐咸通年间授封黠戛斯考》,《内蒙古社会科学》(汉文版)2014年第2期。

乌兰:《蒙古征服乞儿吉思史实的几个问题》,中国蒙古史学会编印:《中国蒙古史学会成立大会纪念集刊》,1979年。

武仙竹、王照魁:《鹊影菱花满光彩——俄罗斯米努辛斯克盆地古代文明交融新证》,《大众考古》2016年第4期。

薛宗正:《柔然汗国的兴亡——兼论丁零、铁勒系族群的西迁与崛起》,《西域研究》1995年第3期。

薛宗正:《黠戛斯的崛兴》,《民族研究》1996年第1期。

雅森·吾守尔:《古代汉文文献中"匈奴"等名称的回鹘语译名》,《民族语文》2006年第1期。

杨铭:《唐代吐蕃与突厥、回纥关系述略》,《西南民族大学学报》2005年第6期。

亦邻真:《中国北方民族与蒙古族族源》,《内蒙古大学学报》1979年第3—4期。

张定京主编:《中亚民族语言文化研究:中央民族大学建校60周年胡振华教授诞辰80周年"2011中亚民族语言文化论坛"论文集》,中央民族大学出版社,2012年。

张广达、荣新江:《有关西州回鹘的一篇敦煌汉文文献——S6551讲经文的历史学研究》,《北京大学学报》(哲学社会科学版)1989年第2期。

张全民:《唐河东监军使刘中礼墓志考释》,《敦煌学辑刊》2007年第2期。

张久和:《阴山达怛史迹钩沉》,《内蒙古大学学报》(人文·社会科学版)1999年第2期。

郑元珧:《隋唐时代黠戛斯部与中原王朝关系初探》,《福建师范大学学报》

（哲学社会科学版）2004年第4期。

周连宽：《苏联南西伯利亚发现的中国式宫殿遗址》，《考古学报》1956年第4期。

周锡娟：《从〈世界境域志〉看唐末五代时西域突厥诸部的分布》，《中亚研究资料》1983年第3期。

朱泓：《人种学上的匈奴、鲜卑与契丹》，《北方文物》1994年第2期。

三、国外学术论著

（一）学术专著

〔日〕安部健夫：《西回鹘国史的研究》，宋肃瀛、刘美崧译，新疆人民出版社，1986年。

〔苏联〕威廉·巴托尔德：《中亚突厥史十二讲》，罗致平译，中国社会科学出版社，1984年。

〔苏联〕瓦西里·弗拉基米罗维奇·巴托尔德：《中亚历史》，张丽译，兰州大学出版社，2013年。

〔法〕路易·巴赞：《突厥历法研究》，耿昇译，中华书局，1998年。

〔苏联〕K.彼得洛夫：《吉尔吉斯族源概论》，伏龙芝，1963年。

〔苏联〕A.伯恩什达姆：《6至8世纪鄂尔浑叶尼塞突厥社会经济制度（东突厥汗国和黠戛斯）》，杨讷译、郝振华校，新疆人民出版社，1997年。

〔法〕伯希和：《魏略·西戎传笺注》，冯承钧译，《西域南海史地考证译丛》（第二卷，第七编），商务印书馆，1995年。

〔日〕长泽和俊：《丝绸之路史研究》，钟美珠译，天津古籍出版社，1990年。

〔蒙〕D.策温道尔吉、D.巴雅尔、Ya.策仁达格娃、Ts.敖其尔呼雅格：《蒙古考古》，D. 莫洛尔俄译，潘玲、何雨濛、萨仁毕力格中译，杨建华校，上海古籍出版社，2019年。

〔苏联〕符阿库德里亚夫采夫、格恩鲁缅采夫等：《布里亚特蒙古史》，高文德译，中国社会科学院民族研究所社会历史室，1978年。

〔法〕勒内·格鲁塞：《草原帝国》，蓝琪译，商务印书馆，1998年。

〔法〕勒内·吉罗：《东突厥汗国碑铭考释——骨咄禄、默啜和毗伽可汗执政年间（680—734）》，耿昇译，新疆社会科学院历史研究所，1984年。

〔苏联〕C. B. 吉谢列夫：《南西伯利亚古代史》，新疆社会科学院民族研究所，1985年。

〔日〕江上波夫：《ユウラシア北方民族の葬礼における剺面、截耳、剪发について》，《ユウラシア北方文化の研究》，山川出版社，1951年。

〔哈萨克斯坦〕阿不来提·卡马洛夫（A. K. Kamalov）：《8—9世纪回鹘汗国史》（*Drevnie Uygury VIII-IX vv.*），阿拉木图，2001年。

〔苏联〕C. Г. 克利亚什托尔内：《古代突厥鲁尼文碑铭——中亚细亚史原始文献》，李佩娟译，黑龙江教育出版社，1989年。

〔俄〕B. A. 李特文斯基主编：《中亚文明史》，马小鹤译，中国对外翻译出版公司，2003年。

〔法〕列维-施特劳斯：《图腾制度》，渠敬东译，梅非校，商务印书馆，2012年。

〔美〕W. M. 麦高文：《中亚古国史》，章巽译，中华书局，1958年。

〔苏联〕A. Л. 蒙盖特：《苏联考古学》，中国科学院考古研究所资料室，1963年。

〔日〕内田吟风等：《北方民族史与蒙古史译文集》，余大均译，云南人民出版社，2003年。

〔俄〕Д. Г. 萨维诺夫：《古突厥时期南西伯利亚诸族》，列宁格勒，1984年。

〔法〕沙畹：《西突厥史料》，冯承钧译，中华书局，1958年。

〔日〕森安孝夫、オチル主編：《モンゴル国現存遺跡·碑文調査研究報告》，中央ユーラシア学研究会，1999年。

〔日〕松田寿南:《古代天山历史地理学研究》，陈俊谋译，中央民族学院出版社，1987年。

〔苏联〕Л. A. 叶夫秋霍娃:《叶尼塞黠戛斯的考古学遗迹》，阿巴干，1984年。

（二）学术论文

〔日〕白石典之:《9世紀後半から12世紀のモンゴル高原》,《東洋学報》第82巻第4号，東洋文庫和文紀要，2001年。

〔美〕尼古拉斯·波佩:《阿尔泰语和乌拉尔语复数语尾研究》，耀堂译，李祥瑞、牛汝极:《阿尔泰学论丛》第1辑，新疆大学出版社，1994年。

〔日〕大澤孝:《イェニセイ河流域の突厥文字銘文石人について－その作成年代を中心に－》，古代學協会:《古代文化》，1992年12号。

〔日〕大澤孝:《8世紀初頭のイェニセイ·キルギズ情勢－バルス·ベグの出自と対東突厥征伐計画をめぐって－》,《史朋》28号，北海道大学東洋史談話会，1996年。

〔苏联〕Г. B. 德鲁日涅夫斯卡:《萨彦岭之外的叶尼塞黠戛斯遗址》,《北亚考古》，新西伯利亚，1982年。

〔韩〕丁载勋:《回鹘汗国灭亡原因新探》,《文史哲》2001年第6期。

Michael R. Drompp, "Breaking the Orkhon Tradition: Kirghiz Adherence to the Yenisei Region after A. D. 840", *Journal of the American Oriental Society*, 1999(Jul.), vol.119, no. 3.

Michael R. Drompp, "The Yenisei Kyrgyz from Early Times to the Mongol Conquest", Murat Ocak, *The Turks: Early ages*, Yeni Turkiye, 2002.

〔法〕韩百诗:《谦河考》，耿昇译，《蒙古学信息》1999年第1期。

〔德〕赫尔芬:《西伯利亚岩刻所见黠戛斯摩尼教》，杨富学译，《甘肃民族研究》1998年第3期。

〔苏联〕Ю. С. 胡德雅科夫:《连接古丝绸之路和南西伯利亚的商道》,联合国教科文组织 中国社会科学院考古研究所编:《十世纪前的丝绸之路和东西文化交流》,新世界出版社,1996年。

〔俄〕Ю. С. 胡佳科夫:《论中世纪时代外贝加尔与南西伯利亚的文化联系》,王清民译,《北方文物》1996年第1期。

〔俄〕Ю. С. 胡佳科夫:《萨彦-阿尔泰古代和中世纪游牧民的武器窖藏》,内蒙古博物院、内蒙古自治区文物考古研究所编:《中国北方及蒙古、贝加尔、西伯利亚地区古代文化》,科学出版社,2015年。

〔苏联〕С. В. 吉谢列夫:《蒙古的古代城市》,《史学译丛》1957年第6期。

〔哈萨克斯坦〕阿不来提·卡玛洛夫:《8—9世纪中亚游牧回鹘人的物质文化》,彭杰译,《新疆师范大学学报》2005年第2期。

〔俄〕科兹拉索夫:《俄罗斯突厥考古新收获》,努尔兰·肯加哈买提译,2006年北京大学法鼓山人文基金讲座。

〔俄〕С. Г. 克里亚施托尔内:《新疆与敦煌发现的突厥卢尼文文献》,杨富学、王立恒译,《吐鲁番学研究》2010年第2期。

〔苏联〕С. Г. 克利亚什扎尔内:《铁尔浑碑》(研究初稿),伊里千译,《民族译丛》1981年第5期。

〔俄〕科维切夫:《东外贝加尔的中世纪焚尸葬墓及其民族文化的阐释》,邱立英译,《北方文物》1996年第1期。

〔匈牙利〕马尔丁奈兹:《迦尔迪齐论突厥》,杨富学、凯旋译,何天明、云广主编:《朔方论丛》第四辑,内蒙古大学出版社,2015年。

〔日〕片山章雄:《突厥ビルゲ可汗の即位と碑文史料》,《東洋史研究》第五十一卷第三号,東洋史研究會,平成4年。

〔加〕蒲立本:《柯尔克孜族称考》,李祥瑞、牛汝极编:《阿尔泰学论丛》,新疆出版社,1984年。

齐会君:《唐のキルギス宛国書の発給順と撰文過程——ウイグル交替期を

中心に》《東洋學報》第 100 卷，2018 年。

〔德〕沃尔夫冈-埃克哈特·夏利普著:《古突厥碑铭中提到的中国和吐蕃》，欣慰译，《第欧根尼》1997 年第 1 期。

〔日〕岩佐精一郎:《突厥毗伽可汗碑文の紀年》，《東洋學報》第 23 卷第 4 号，昭和 11 年。

后　记

值此拙稿付梓出版之际，首先感谢我的母校内蒙古师范大学与历史文化学院对我的支持，也真挚地祝福母校七十周年校庆吉祥。

感谢原中国社会科学院边疆史地研究中心李方研究员与中央民族大学历史文化学院教授、著名唐史专家李鸿宾先生的认可与推荐。感谢商务印书馆的垂爱。

2001 年，我考入内蒙古大学蒙古学学院的研究生，有幸拜张久和导师门下攻读硕士学位，至今仍非常感谢导师引我涉足黠戛斯历史，以致受益良多。2006 年，我开始攻读博士研究生，仍继续黠戛斯历史研究。时光荏苒，转眼已近二十年。回溯硕士学位论文选题时，导师建议我做黠戛斯历史研究，我竟不知从何做起。正因为鲜有人研究，以至于至今每与人提及我的研究方向，仍需稍做解释。说实话，我的硕士学位论文《黠戛斯若干历史研究》（2004），用功仅三年，很惭愧研究尚浅。可谓仅仅较为全面地梳理了相关的零散史料与历史流变的脉络而已，然却在学界引起了不小的影响。2009年，时已博士毕业从教，我偶然发现，"教育部人文社会科学重点研究基地重大项目"《中国西北少数民族通史》（隋、唐、五代卷：尹伟先著，民族出版社，2009），采用了拙文的大部内容。受到如此的关注，着实令我喜出望外。

2006年，读博之后，恩师建议我继续深入黠戛斯的历史研究。诚然，硕士研究生期间我并没有完全搜全与读懂所有相关文献，尤其是考古学资料，故有必要展开更深入的研究，遂听取了导师的提议。博士论文撰写期间，有赖于敦煌研究院民族宗教文化研究所所长杨富学研究员的热情帮助，相继提供了《世界境域志》及日本学者森安孝夫与蒙古学者オチル主编的《モンゴル国現存遺跡・碑文調查研究报告》等复印本。学妹萨如拉在中央民族大学图书馆，帮助复印了吉谢列夫的《南西伯利亚古代》（1985）汉译本，为我的深入研究提供了重要的参考资料。

2014年，以博士论文为基础，研究获准国家社会科学基金资助项目。此时，我的学生高菲池刚好在英国杜伦大学攻读硕士研究生（今在英国劳特里奇出版社做编辑），适时，亦有幸获杨富学老师推荐的一篇英文论文，于是，就拜托高菲池帮助翻译。此文是美国东方学会（American Oriental Society）前主席、罗德学院教授张国平（Michael R. Drompp）撰写的关于黠戛斯历史研究的论文。高菲池通过邮件与张国平教授取得了联系，并获得了翻译发表的版权。张国平教授的论文，题为"Breaking the Orkhon Tradition: Kirghiz Adherence to the Yenisei Region after A. D. 840"（原文发表于1999年7月的 Journal of the American Oriental Society），我们中译题为《鄂尔浑传统的终结：公元840年以后黠戛斯在叶尼塞河区域的活动》，由我整理后，发表在《内蒙古师范大学学报》2014年第5期。张国平教授收到我们寄出的刊物后，表示非常高兴自己的论文能在中国汉译首发并肯定了我们的译文。为此，我也非常感谢高菲池与张国平教授，让我了解了国外的相关研究。我此后的研究参考并吸纳了张国平教授的研究成果，大大拓展了研究思路，获益匪浅。

提及我的研究，必当追述柯尔克孜族朋友。唐代黠戛斯是今柯尔克孜族的远祖，因此，热爱本民族历史的柯尔克孜族朋友们都非常关注相关的历史研究，收集了我发表的所有研究论文。通过我的研究，使他们了解到古代黠戛斯历史，他们非常感谢我所做的工作。2014年10月，原《语言与翻译》杂志社社长、《语言与翻译》柯尔克孜文杂志主编，兼中国《玛纳斯》研究会秘书长的马克来克·玉买尔拜先生，特意从远在千里之外的乌鲁木齐飞到呼和浩特市来见我，令我非常感动。通过马克来克·玉买尔拜先生，我的相关研究也传到了吉尔吉斯斯坦，得到其国家社会科学院专家的认可。2016年，受邀赴吉尔吉斯斯坦访问交流，并获聘为吉尔吉斯国立师范大学荣誉教授。

2019年，我完成了国家社科基金项目并提交结项。与此同时，收到中国历史研究院欧亚研究所主办的刊物《欧亚学刊》主编李锦绣的约稿，欲以《欧亚学刊》为媒介做一期吉尔吉斯（柯尔克孜）专刊，以完成他们与吉尔吉斯国家社会科学院的合作项目。据称这期刊物在吉尔吉斯引起很大的反响。2020年2月，课题以优秀成果结项，我才多少有了点自信，计划付诸出版，以向关爱我的恩师、家人及柯尔克孜族朋友们交上一份答卷。

虽然我的研究持续较久，恐有负众望而尽力为之，但囿于史料零散匮乏，加之个人能力与水平有限，尚有诸多不足之处。目前与未来，黠戛斯历史都值得研究与关注，勉为抛砖引玉之作，恳请学界各位专家学者斧正。

于内蒙古师范大学
辛丑年，冬